GEORG LUKÁCS

FUNDAÇÃO EDITORA DA UNESP

Presidente do Conselho Curador
Mário Sérgio Vasconcelos

Diretor-Presidente
José Castilho Marques Neto

Editor-Executivo
Jézio Hernani Bomfim Gutierre

Assessor Editorial
João Luís Ceccantini

Conselho Editorial Acadêmico
Alberto Tsuyoshi Ikeda
Áureo Busetto
Célia Aparecida Ferreira Tolentino
Eda Maria Góes
Elisabete Maniglia
Elisabeth Criscuolo Urbinati
Ildeberto Muniz de Almeida
Maria de Lourdes Ortiz Gandini Baldan
Nilson Ghirardello
Vicente Pleitez

Editores-Assistentes
Anderson Nobara
Fabiana Mioto
Jorge Pereira Filho

NICOLAS TERTULIAN

GEORG LUKÁCS

ETAPAS DE SEU PENSAMENTO ESTÉTICO

Tradução
Renira Lisboa de Moura Lima

Revisão técnica
Sérgio Lessa

© 2003 Nicolas Tertulian

Título original: *Georg Lukács: etapes de sa pensée estétique*
(versão francesa de Fernand Bloch)

© 2003 da tradução brasileira:

Fundação Editora da UNESP (FEU)
Praça da Sé, 108
01001-900 – São Paulo – SP
Tel.: (0xx11) 3242-7171
Fax: (0xx11) 3242-7172
www.editoraunesp.com.br
www.livrariaunesp.com.br
feu@editora.unesp.br

CIP – Brasil. Catalogação na fonte
Sindicato Nacional dos Editores de Livros, RJ

T318g

Tertulian, Nicolas, 1929-
    Georg Lukács: etapas de seu pensamento estético / Nicolas Tertulian; tradução Renira Lisboa de Moura Lima; revisão técnica Sérgio Lessa. – São Paulo: Editora UNESP, 2008.

    Tradução de: Georges Lukács: étapes de sa pensée estétique
    ISBN 978-85-7139-833-7

    1. Lukács, Gyorgy, 1885-1971 – Estética.   2. Romance – Estética.   3. Comunismo e literatura.   I. Lukács, Gyorgy, 1885-1971.   II. Título.

08-2458   CDD: 199.439
                                                                       CDU: 1(439)

Editora afiliada:

Asociación de Editoriales Universitarias   Associação Brasileira de
de América Latina y el Caribe   Editoras Universitárias

SUMÁRIO

7 Apresentação
Ester Vaisman e Rainer Câmara Patriota

19 Prefácio à edição francesa

23 A evolução do pensamento de Georg Lukács

67 Às origens do pensamento estético de Georg Lukács

103 A teoria do romance

119 A estética da juventude (período de Heidelberg)

167 O romance histórico

189 A grande estética marxista – Georg Lukács e os
problemas filosóficos da estética

285 Notas sobre o último Lukács

APRESENTAÇÃO

Ester Vaisman
Rainer Câmara Patriota

O livro que o leitor tem em mãos é um facho de lucidez aceso em meio à espessa noite de equívocos, preconceitos e distorções que até hoje – e provavelmente ainda por muito tempo – cerca e condena o pensamento e a vida de Georg Lukács. Trata-se de uma reunião de ensaios escritos ao longo de uma década, o primeiro, como nos informa seu autor, parcialmente publicado numa revista francesa, em 1971, mas concebido poucos anos antes, mais precisamente, em 1969. O leitor mais especializado talvez fique surpreso em saber que a primeira edição desta obra data do já distante ano de 1980. Por que então só agora, com quase três décadas de atraso, é que este trabalho chega ao público brasileiro?

Mas não lamentemos, pois, embora tardia, a presente publicação surge em ótimo momento. Um momento, de fato, promissor, que a Editora UNESP soube muito bem avaliar e aquilatar. O interesse por Lukács no Brasil está aos poucos se renovando, ganhando novos adeptos, tanto no plano editorial quanto no da pesquisa acadêmica, o que já é, por si, sinal de bons ventos. Não nos referimos, evidentemente, ao interesse pelo "jovem Lukács", que sempre esteve em moda, *urbi et orbi*, mas do Lukács maduro, alvo de um sem-número de refregas teóricas, tratado, ora com escárnio, ora com desprezo altivo e isso, principalmente, pelos mais pertinazes admiradores de sua produção juvenil, muitos deles, diga-se de passagem, marxistas consagrados.

O fato é que este outro Lukács, isto é, o Lukács modificado pela experiência de Moscou junto ao Instituto Marx-Engels, pela interlocução amiga – talvez a mais fértil e calorosa de sua vida – com o jovem esteta Mikhail Lifschitz, pela descoberta dos *Manuscritos de 1844*, de Karl Marx, sempre viveu entre dois fogos: o marxismo soviético da era stalinista e o chamado marxismo ocidental, que o próprio Lukács ajudara a construir com *História e consciência de classe*, obra que, como se sabe, para a infelicidade de muitos de seus intérpretes, também não iria resistir ao espírito crítico de seu autor.

Na verdade, este Lukács esteve sempre na "oposição". Oposição solitária, oposição às vezes subterrânea, às vezes aberta, com poucos, raros, simpatizantes. A solidão teórica de Lukács é deveras espantosa! Pois mesmo aqueles que, mais tarde, quando de seu retorno à Hungria, passaram a se apresentar como discípulos seus, ostentando os brasões de uma muito rarefeita "Escola de Budapeste", não demorariam a se mostrar pródigos em reservas e críticas apressadas em relação ao seu suposto patrono intelectual.

Os ensaios de Nicolas Tertulian reunidos nesta coletânea estão, porém, muito acima dessa mesquinha fortuna crítica. Com sagacidade, lucidez e erudição, Tertulian, este bravo romeno, expõe uma densa visão de conjunto do complexo e extenso itinerário de Lukács pelo terreno da estética, terreno, vale dizer, onde a alma do filósofo húngaro encontrou, mais do que em qualquer outra parte, os horizontes infinitos de que carecia para se expandir e frutificar.

A maneira como Tertulian reconstrói a história da estética lukácsiana não se resume às análises abstratas de exegetas que lidam com seu objeto como um anatomista com seus cadáveres. Não! Para Tertulian, o *corpus* estético de Lukács é um organismo vivo, um produto ideal que, não obstante, pulsa e respira, na medida em que não deixa indiferente aquele que o defronta. Mas, sobretudo isto: Tertulian não acalenta nenhuma nostalgia em relação ao mitológico "jovem Lukács", embora também saiba mensurar a sua grandeza e mostrar como, já nas suas primeiras obras, a exemplo de *A alma e as formas* e *Teoria do romance*, muitos daqueles problemas e temas desenvolvidos nos textos tardios estão presentes como que *in nuce*, ressaltando também que para o filósofo húngaro a arte é concebida como consciência de si do gênero humano.

A propósito, um dos méritos do livro de Tertulian é exatamente este: evidenciar, na trajetória descontínua de Georg Lukács, o seu caráter orgânico, a unidade de fundo que confere sentido e direção às várias metamorfoses de seu pensamento, só aparentemente erradio, pois que impulsionado, no íntimo, por inquietações e convicções firmes, próprias de sua personalidade rebelde, determinada, mas também flexível e de um equilíbrio psíquico a toda prova. Personalidade ímpar, que desafia, tanto quanto sua obra, o olhar do mais arguto analista. E é justamente a percepção desta "unidade do uno e do diverso" que, como sugere Tertulian, nos faculta compreender a razão pela qual o "verdadeiro Lukács" não pode, sob pena de fracasso e erro, ser buscado nas obras de juventude, mas sim nas grandes "obras de síntese", a saber, a *Estética* e a *Ontologia do ser social*. Cumpre ressaltar, ademais, que a adesão ao marxismo por parte do pensador húngaro foi a de um intelectual de formação densa e complexa, o que por si só coloca ao intérprete desafios que Tertulian não deixa de abordar, levantando hipóteses acerca das possíveis influências de sua trajetória anterior no âmbito de seu pensamento maduro.

A *Estética*, em particular, (*Die Eigenart des Ästhetischen*, no original alemão, que data de 1963) seria, a seu ver, a obra capital de Lukács, aquela que fornece o único prisma adequado para uma compreensão retrospectiva da evolução do filósofo húngaro no campo dos grandes problemas que obsedaram seu espírito desde o princípio. Citemo-lo:

> Formulando a síntese teórica de sua vasta atividade de crítico e de historiador literário, entre os anos trinta e sessenta de nosso século, mas marcando também a liberação de todo traço de inibição ou de coerção, a *Estética* representa um ato de verdadeira descompressão de todo o universo intelectual de Lukács.

Tertulian, com argumentos arrimados em passagens textuais, chama, assim, a atenção para a fragilidade e inconsistência de todo um conjunto de críticas dirigidas ao pensamento estético de Lukács, críticas advindas de portentosos filósofos, tais como

Ernest Bloch e Theodor Adorno, para citar apenas os mais célebres. Tertulian demonstra que ambos, furtando-se ao embate com
a "grande *Estética*", incorreram em acusações injustas e infunda-
das contra seu adversário. Por via de consequência, Tertulian,
diante das interpretações de Bloch e Adorno, predominantes em
determinados círculos no dias que correm, se propõe a descobrir
o verdadeiro Lukács. Essa tarefa implicou, entre outras, a pesquisa sobre as continuidades e descontinuidades existentes no
pensamento estético de Lukács, como afirmado linhas acima.

Todavia, para dissipar de antemão possíveis mal-entendidos,
advirta-se que Tertulian não é afeito ao polemismo e que o tom
de suas críticas e objeções, via de regra, inspira genuína sereni-
dade e benevolência teórica, bem ao estilo do *sine ira et studio*.
Acrescente-se ainda que Tertulian, embora se revele profundamente simpático ao "velho" Lukács, irmanando-se a sua causa,
não ignora os problemas em aberto deixados pelo filósofo húngaro. Sua leitura é, sem dúvida, "interessada", porém isenta de
dogmatismos e adesão fanática.

****

Georg Lukács – etapas de seu pensamento estético reúne sete
ensaios. O primeiro – A *evolução do pensamento de Georg Lukács* –
oferece ao leitor, tal como o próprio título indica, uma visão pa-
norâmica do caminho traçado por Lukács no decorrer de cinco
décadas. Síntese introdutória, pois, que nos prepara para o que
vem em seguida. O segundo ensaio – *Às origens do pensamento
estético de Georg Lukács* – é uma análise brilhante do universo
de *A alma e as formas*. Comentando os ensaios desta obra que
projetou o nome de seu autor no ambiente intelectual cheio de
maus presságios da primeira década do século, Tertulian nos
convida a repensar a propalada tese especulativa de que Lukács,
o suposto modelo original do sinistro judeu terrorista de Thomas
Mann, o personagem Naphta, algum dia fora um irracionalis-
ta romântico. Ao mesmo tempo, são aí rastreados os primeiros
embriões das ideias posteriormente desenvolvidas na grande
Estética. Ponto a destacar na análise do autor sobre *A alma e as
formas*: a arte e a ética constituíram o único ponto de apoio sólido para Lukács na consecução dessa obra, pois, nesse momento,

para o pensador húngaro a vida real empírica emergia como um domínio do relativo e do não essencial. Assim, a forma aparecia como uma espécie de antídoto para a anarquia da vida existencial. Ética – princípio coagulante do livro em questão. Toda obra literária revela "uma experiência viva", vale dizer, um determinado modo do "espírito vital". Mas, o que seria o culto da forma? Para Lukács, isso nunca significou o produto de um estado de graça miraculoso ou coisa do gênero. Ao contrário, a forma era concebida como um tipo muito especial de equilíbrio, difícil de ser obtido, e o conceito de "essência humana" está presente já de modo latente. A forma significa, antes de mais nada, a resolução ideal do divórcio entre exterioridade *empírica* e interioridade *essencial*. Tertulian também chama a atenção do leitor para o significado que a *crítica* assume no jovem Lukács: não se trata de um ato puramente passivo ou subordinado a seu objeto, isto é, a obra literária. Muito ao contrário, implica em uma *iniciativa espiritual*. A própria crítica seria, assim, uma forma de arte? Essas e outras questões de mesmo teor e envergadura são continuamente levantadas pelo autor.

Seguem-se mais dois ensaios sobre o jovem Lukács, o primeiro examinando a etapa demarcada por *Teoria do romance* e o segundo abordando os manuscritos conhecidos como *Estética de Heidelberg*. Desse modo, o leitor poderá acompanhar a evolução do pensamento de Lukács em meio à "selva ideológica" do neokantismo, da fenomenologia, da filosofia da vida e do hegelianismo – correntes que, na especificidade de seus influxos, estão na origem da formação filosófica do futuro pensador marxista. Ademais, é interessante observar que, segundo Tertulian, nas origens do pensamento estético de Lukács, pode-se encontrar já a convicção que a grande arte é perpassada por uma aspiração fervorosa de uma existência total orgânica e harmoniosa, inspirada por um sentimento de uma possível harmonia entre interioridade e exterioridade, entre alma e destino etc. Assim, mesmo reconhecendo os momentos de ruptura e descontinuidade que caracterizam o longo percurso intelectual de Lukács, o autor não deixa de observar que as obras de juventude contêm em *nuce* a ideia central da obra de maturidade: a arte implica a imagem de um equilíbrio possível entre subjetividade e objetividade, no interior de uma relação de conformidade com as aspirações fundamentais da humanidade. Ademais, Lukács experimentou seu método de análise da transformação da história das formas artísticas ao longo de uma vasta atividade de crítico e historiador literário.

A *teoria do romance* poderia ser concebida como uma obra típica do modo lukácsiano de compreender a literatura e, ao mesmo tempo, como uma introdução a uma vasta exegese histórico-filosófica da obra literária de Dostoievski.

Como deve ser lida A *teoria do romance*? Segundo Tertulian, a partir de uma perspectiva dupla: o espetáculo das formas como a expressão de um drama do espírito, no sentido hegeliano da expressão, mas, quanto à dialética interna da forma romanesca, é necessário levar em conta como expressão da tensão interior da personalidade do autor na época da redação de seu livro.

A Primeira Grande Guerra se lhe apresentava como expressão paroxística de todas as tendências negativas acumuladas no interior da sociedade burguesa. Trata-se de um momento de intensa revolta contra tudo aquilo que provocara o grande embate mundial, que denunciava uma posição anticapitalista, mas de talhe romântico. Tertulian identifica nessa obra que do ponto de vista filosófico podemos encontrar uma certa simpatia por Kierkegaard e, por outro lado, uma certa reserva em relação a Hegel, a despeito da influência desse último nesse momento da trajetória de Lukács. Contudo, Lukács não aceitava de bom grado o princípio de que tudo que é real é racional e, sobretudo, a famosa tese da "reconciliação com a realidade" exposta no Prefácio da *Filosofia do Direito*. Para Lukács de A *teoria do romance*, tratava-se de uma inclinação no sentido de sancionar o poder constituído. Assim, Tertulian constata a existência de um profundo pessimismo social articulado com uma revolta moral que explica essa aproximação com Kierkegaard e o elogio da singularidade do indivíduo.

Defrontamo-nos com a caracterização da história dos momentos épicos constituída por Lukács a partir da contraposição entre "alma" e "mundo das convenções", entre interioridade e exterioridade, contraposição que se constitui como marca indelével dessa fase intelectual do filósofo húngaro. Em suma, o romance é concebido como expressão da época da "pecaminosidade consumada", para utilizar a fórmula de Fichte.

A marca hegeliana aparece, entre outros aspectos, no momento em que Lukács realiza a historicização das categorias estéticas e, desse modo, o desaparecimento da epopeia e surgimento do romance são explicados por uma modificação na "topografia transcendental do espírito". Um outro exemplo desse tipo de abordagem é a consideração do livro *A educação sentimental* de Flaubert como expressão mais acabada do novo tipo de romance, o da desilusão e da renúncia. Mas Tertulian chama atenção para um fato importante: há na *Teoria do romance* uma exceção e não se trata de qualquer exceção, trata-se do *Wilhelm Meister* de Goethe:

> O destino do herói goethiano foi considerado como uma superação singular da antinomia entre os heróis pertencentes ao "idealismo abstrato" e a fuga romântica para a pura interioridade.

Enfim, de acordo com Tertulian, mesmo que Lukács tenha tomada distância de modo resoluto em relação à obra em tela, esta permanece "como uma das mais belas e significativas."

Em relação à chamada estética de Heidelberg, é necessário atentar para a fina e rigorosa análise que mais uma vez Tertulian dedica ao pensamento lukácsiano. No capítulo dedicado a esses manuscritos, descobertos entre os papéis de Arnold Hauser, Tertulian demonstra o tipo de influência recebida por Lukács da obra de Emil Lask, não por acaso, o menos formalista dos neokantianos do início do século. O ponto de partida aqui é a "experiência vivida", o *Erlebnis*. E para o jovem Lukács, o aparato categorial neokantiano aparecia como o único que garantia a autonomia das diversas formas da atividade espiritual, sobretudo, a atividade artística, preocupação central de Lukács à época. E ainda mais, de acordo com a avaliação precisa de Tertulian "fazendo do *Erlebnis* o conceito fundamental de sua estética de juventude, Lukács consagrou a primeira parte de sua obra inacabada a uma fenomenologia *do vivido*".

O ensaio sobre *O romance histórico*, por sua vez, descortina os novos horizontes do pensamento estético de Lukács. Segundo Tertulian, esta é a "primeira grande obra escrita por Georg Lukács depois que suas concepções estéticas marxistas tomaram forma".

Trata-se agora de um pensador maduro – O *romance histórico* foi redigido durante o inverno de 1936-1937 –, pensador não só distante das "ficções da juventude" da filosofia burguesa, que, verdade seja dita, o tinham encurralado num verdadeiro beco sem saída teórico, como também muito diverso daquele marxista hegeliano e algo messiânico de *História e consciência de classe*. Tertulian reconstitui aqui as circunstâncias e o itinerário prévio do filósofo residente em Moscou, ao mesmo tempo em que elucida o valor imenso desta obra que até hoje permanece pouquíssimo conhecida. No interior do percurso longo e sinuoso de Lukács, o *Romance histórico* representa "a primeira grande obra escrita por Lukács depois que suas concepções estéticas marxistas tomaram forma". Tal empreitada explicita a tese essencial do autor a respeito da conjunção estreita que há entre a autenticidade histórica (tomada no sentido *substancial* e não no sentido de exatidão documental) e o grau de valor estético da obras. Lukács analisa a perspectiva histórica dos escritores no plano de suas convicções explícitas. Nesse sentido é que Walter Scott representa uma verdadeira transformação na história do romance. Os romances do tipo aqui indicado apresentam características importantes que servem de apoio para a argumentação lukácsiana, sempre de acordo com a análise desenvolvida por Tertulian. Dentre as inúmeras características que poderiam ser indicadas há uma em especial que merece destaque: "a ação dos romances gira em torno de crises históricas decisivas". Há, assim, um certo tipo de "osmose entre os critérios sócio-históricos e os critérios estéticos" que é visível no *Romance histórico*, não apenas em função da caracterização sócio-histórica dos personagens, mas porque Lukács estabelece uma relação entre a *autenticidade épica* e o modo de vida cotidiano da época. De acordo com a avaliação de Tertulian, o valor do *Romance Histórico* é, sobretudo, teórico, na medida em que inaugura um novo tipo de leitura e interpretação das obras literárias. Trata-se enfim de "uma nova página da história e da crítica literária das últimas décadas".

Mas é com o ensaio sobre a grande *Estética* que chegamos ao coração do livro de Nicolas Tertulian. Sua análise percorre e ilumina nódulos precípuos desta obra que se pode dizer "incomensurável", dada a complexa teia de problemas aflorados no universalismo transbordante de seu extenso tecido argumentativo. De acordo com o autor, a grande *Estética* significou um verdadeiro ato de descompressão de todo universo intelectual de Lukács. É enfático também ao afirmar sem hesitação alguma que depois de Kant e Hegel a estética lukácsiana – com exceção, talvez, de B. Croce – não se conhece uma obra com tal envergadura e profundidade. Desse modo, assistimos delinear-se, neste momento central de seu estudo, a fisionomia de um pensador em sua plena vitalidade intelectual, em tudo distinto do arremedo esboçado por aqueles que, em seus sonhos nostálgicos, insistem em eternizar a imagem do filósofo quando jovem, em desprezar o que se renova pelo devir para cultuar uma juventude tornada velha e superada pelo homem vivido e intelectualmente refeito. A propósito disso, Tertulian é contundente:

> Em suas últimas grandes obras, a *Estética* e a *Ontologia do ser social*, Lukács revelou os alicerces mais profundos de sua concepção final sobre as formas do espírito, em geral, e da arte, em particular. Mas, de fato – e isso é fácil de verificar – nenhum de seus contraditores se deu o trabalho, até o momento, de discutir os temas contidos nessas últimas grandes obras de síntese.

É verdade que hoje, passados quase trinta anos desde sua constatação, o diagnóstico de Tertulian requer um redimensionamento cuidadoso. Porém, no final das contas, somos tentados a concluir que, de lá para cá, pouco avanço houve no que concerne aos estudos da obra tardia de Lukács, a qual, em sua solidez e rigor "à moda antiga", parece ferir a sensibilidade fugidia dos nossos tempos. Sensibilidade "hipercrítica", que, num passe de mágica, pulveriza as determinações mais candentes do real, postulando, no reino quimérico de suas ideias, a "liberdade absoluta" de quem detém o poder de fazer e desfazer as formas e nexos objetivos da vida concreta. Sem dúvida, a *Estética* é o monumento o mais expressivo entre os escritos publicados por Lukács durante sua vida, como se sabe, extremamente profícua. Tertulian sublinha que, em grande medida, significa uma reação de princípio ao método utilizado por Kant em suas *Críticas*. Por via de consequência, as faculdades de criação artística não são qualidades constitutivas, inatas, do espírito. Ao contrário, são aptidões nascidas em uma certa etapa do desenvolvimento histórico. Entre elas, a categoria da antropormofização estética do mundo surgiu relativamente tarde. Lukács se esforça em demonstrar e reconstituir a passagem, por exemplo, da antropomorfização mágica do mundo – que tem um caráter pragmático – para a antropomorfização estética propriamente dita.

Naturalmente, nesta fluida atmosfera espiritual, o alto humanismo professado por Lukács em sua *Estética* – sua defesa intransigente de uma arte orientada ao mundo efetivo, capaz de extrair dele o imo de suas essências, e que fosse, acima de tudo, como refiguração peculiar do real, um baluarte contra as forças que aviltam e imobilizam o homem – esta profissão de fé no humano, enfim, não poderia mesmo encontrar grande eco entre os intelectuais e artistas contemporâneos.

Neste sentido, o epílogo *Notas sobre o último Lukács*, com que Nicolas Tertulian encerra seu livro, é um complemento precioso ao ensaio sobre a grande *Estética*. Nele, os passos solitários do "velho Lukács" no campo dos problemas ontológicos são examinados com base nas suas cartas trocadas, durante este fecundo período final, com antigos amigos e alguns poucos admiradores. O autor da *Estética* e da *Ontologia do ser social* é descrito por Tertulian – que, diga-se de passagem, frequentou por mais de uma vez a casa do filósofo quando este escrevia suas derradeiras páginas – como um pensador plenamente cônscio de sua condição de *outsider*, profundamente decepcionado com os rumos do processo de desestalinização na Rússia (portanto, com os rumos da própria reforma do sistema soviético), mas, ao mesmo tempo, em atividade febril e, *last but not least*, convicto da importância fundamental de sua obra para o "renascimento do marxismo".

Georg Lukács – etapas de seu pensamento estético reafirma a coerência de uma divisa cara a Lukács: o começo torna-se devidamente compreensível apenas em retrospecto, ou seja, à luz do que se perfila ao final do processo. O pensador marxista que situou os problemas estéticos no plano da história, entendendo-a a partir do prisma marxiano como um devir objetivo onde os homens tecem seus próprios destinos; que refutou toda metafísica em prol de uma perspectiva imanente, terrena, centrada no homem, no ser social; que admitiu a contradição e rompeu com toda rigidez dualista, acreditando ser possível – por meio da revolução social e dos indivíduos – a construção de uma humanidade para além do "inferno capitalista", dos estranhamentos e da manipulação fetichista da vida burguesa – este pensador foi o testemunho inequívoco, na filosofia do século XX, de uma existência exemplar que cresce organicamente na descontinuidade, que se refaz a cada passo, a cada ruptura, avançando paulatinamente na direção de si mesmo.

PREFÁCIO À EDIÇÃO FRANCESA

Apresentando aos leitores franceses esta coletânea de ensaios, o autor lhes deve alguns esclarecimentos preliminares.

Trata-se de textos produzidos em diferentes circunstâncias, a partir de 1969, cuja finalidade era ter acesso, por etapas sucessivas, à evolução do pensamento de Georg Lukács. A obra lukácsiana é extremamente vasta e até o momento não foi objeto de nenhuma monografia exaustiva. Esse atraso se explica não somente pela imensidão dos territórios a explorar (numerosos manuscritos inéditos foram descobertos após a morte de Lukács, ocorrida em 1971), mas também pelo fato de a última obra do pensador, *Para uma ontologia do ser social* (*Zur Ontologie des gesellschaftlichen Seins*), não ter sido ainda publicada integralmente em uma língua de circulação internacional. Tivemos o privilégio de poder lê-la na versão manuscrita e aproveitá-la em nossas pesquisas, mas isso só ocorreu recentemente, muito tempo depois do começo de nossos estudos lukácsianos portanto.

Em vez de produzir uma monografia no sentido rigoroso do termo, preferimos estudar a obra de Lukács por segmentos sucessivos, desenhando inicialmente um mapa global (o primeiro estudo, publicado parcialmente na revista *L'Homme et la Société*, em 1971, data de 1969) e fazendo em seguida análises mais detalhadas das principais obras.

Este livro, que reúne os textos sobre o pensamento estético, representa um primeiro volume: trata-se de reconstruir um *devir*, escandindo as principais etapas, os projetos estéticos de Lukács. Tanto a estética da juventude (a do "período de Heidelberg") como a grande *Estética*, de 1963, ficaram, até o presente, quase que completamente desconhecidas na França. O autor espera que estes estudos chamem a atenção para a importância desse trabalho teórico considerável desenvolvido por Lukács, e que esse vazio seja progressivamente preenchido.

Um segundo volume deverá reunir os estudos sobre as etapas do pensamento filosófico lukácsiano, tomando-se o termo em sua acepção mais vasta; a análise terá por objeto livros famosos, como *História e consciência de classe*, passando pelas duas obras complementares, *O jovem Hegel* e *A destruição da razão*, tendo como termo *ad quem* a grande *Ontologia*.

Os dois volumes em conjunto irão concretizar a intenção de fornecer uma introdução ao pensamento de Georg Lukács.

Escritos com intenções diversas (como introduções ou prefácios às traduções romenas das obras de Lukács ou como capítulos de um livro publicado na Romênia intitulado *Crítica, estética, filosofia*), os textos reunidos neste livro são de alcance desigual e, por sua natureza, não excluem certas repetições ou variações sobre um mesmo tema, que serão facilmente percebidas pelo leitor.

O objetivo principal do autor era valorizar as grandes obras de síntese escritas por Lukács no fim de sua vida, a *Estética* e a *Ontologia*, para reconstruir, sob um novo ângulo, a evolução de seu pensamento. Seu procedimento se situa nos antípodas do de Lucien Goldmann. Não se trata de glorificar as obras da juventude de Lukács, à custa de sua evolução ulterior, mas de seguir pacientemente o caminho extremamente complicado dessa reflexão até a realização das obras finais, que em nossa opinião representam sua mais acabada e legítima expressão.

Esse ponto de vista se situa deliberadamente em "contracorrente", desde que se leve em conta que, na França, como em outros lugares, foram principalmente as obras da juventude de nosso autor que reuniram o maior número de sufrágios. Mas pensamos que já é tempo de submeter essa imagem da obra lukácsiana a uma revisão crítica criteriosa e que é preciso fazer justiça ao "Lukács mal conhecido": o primeiro passo é adquirir um real conhecimento desse pensamento na riqueza de suas articulações e abrir com ele um verdadeiro diálogo.

Nicolas TERTULIAN
Heidelberg, verão de 1980

1. A EVOLUÇÃO DO PENSAMENTO DE GEORG LUKÁCS

Na introdução de seu ensaio "Que é o marxismo ortodoxo?" (1919), publicado em *História e consciência de classe* (1923), Georg Lukács formulara recentemente uma tese memorável, profundamente reveladora de toda a orientação de um pensador que iria se tornar a personalidade mais marcante da cultura marxista contemporânea. Ali Lukács se referia às animadas discussões em torno da definição autêntica de "marxismo ortodoxo" que conheciam os círculos intelectuais da época. Em sua tese, defendia que um marxista sério poderia aceitar, em princípio, a título de hipótese, a inexatidão *de facto* de todas as afirmações particulares de Marx e reconhecer a necessidade de substituí-las pelos novos resultados da pesquisa sem deixar de ser, um só momento, por causa disso, um marxista ortodoxo. Afirmação paradoxal que representava uma atitude polêmica diante de uma concepção "literal", dogmática, do marxismo. O marxismo autêntico não podia ser identificado a uma adesão e a uma fidelidade automáticas a respeito dos resultados da pesquisa de Marx, à "crença" em uma tese ou numa outra, na exegese de uma criação "sagrada". Em matéria de marxismo, a ortodoxia se prendia exclusivamente – segundo Lukács – ao problema do *método*. Distinção que poderia parecer ou sutil demais, ou simplesmente não fundamentada (os resultados particulares de um método não são utilizados para verificar sua justeza?). Mas a afirmação tinha por finalidade valorizar a dimensão *filosófica* do marxismo. Aliava-se à consciência da superioridade do marxismo como método a recusa lúcida de todo sentimento de infalibilidade e de toda certeza de tipo dogmático ou escolástico. Sublinhar tanto a complexidade da ordem do real quanto a necessidade de uma *adaequatio rei et intellectus* como resultado de uma adaptação dinâmica ao *devir* da realidade – era a que visava o dialético Lukács. O método formulado por Marx constitui a condição necessária a qualquer procedimento da consciência diante da realidade, mas o resultado desse procedimento está ligado à aptidão de captar todas as determinações essenciais do objeto e à adaptação perpétua ao seu *devir*. Em princípio, qualquer resultado particular da pesquisa é suscetível de ser corrigido, modificado ou enriquecido, sem que seja abalada por isso a justeza do método, cuja existência é a própria condição do desenvolvimento de um tal processo fundamentado objetivamente. A ortodoxia em matéria de marxismo era definida por Lukács como a convicção de que, com o marxismo, tinha sido encontrado o método de pesquisa adequado, método que só podia ser desenvolvido, aperfeiçoado ou aprofundado no sentido de seus fundadores. Quanto à sua hipótese matizada de paradoxo sobre a renúncia, *de facto*, a todas as teses particulares de Marx, visava, em sua aparente heterodoxia, a sublinhar, ao mesmo tempo, a natureza *filosófica* desse método e seu não dogmatismo fundamental. A afirmação formulada por Lukács, há uns cinquenta anos, tem uma ressonância muito atual, uma vez que a sociedade e a cultura contemporâneas oferecem um grande número de particularidades desconhecidas na época de Marx, e que a vitalidade do marxismo exige, mais do que nunca, ser confirmada pela iniciativa – em matéria de pensamento e de criação original – de todo pesquisador fiel ao método eleborado pelo autor de O *capital*. (No prefácio crítico – 1967 – de sua obra da juventude *História e consciência de classe*, o próprio Lukács destacava a atualidade de sua tese, quando lhe parecia que nos encontrávamos às vésperas de um autêntico "renascimento do marxismo".)

É sob um aspecto semelhante ao da tese enunciada acima que é preciso considerar uma afirmação formulada por Georg Lukács em uma outra ocasião. Esse pensador marxista rigoroso insistia em realçar o fato de que a posse de um instrumento superior não é, por si só, a garantia de uma superioridade cultural, e que, consequentemente, Montaigne continuará sempre mais interessante do que um marxista medíocre, pois – para servir-nos de sua comparação – o esquilo do Himalaia não deve considerar--se maior do que o elefante da planície. A afirmação de Lukács era, ao mesmo tempo, um justo e severo alerta contra a suficiência (para não dizer a arrogância) de certos marxistas, comodamente instalados na convicção da superioridade automática de seu método, e um convite firme para realçar a superioridade do método de Marx pela independência de pensamento e pela criação original. A profissão de fé, implicada nos dizeres de Lukács, era bem contrariante para os espíritos dogmáticos. Com efeito, uma personagem da época, com veleidades doutrinárias (Alexandre Fadeev), se mostrava prestes a aproveitar-se da comparação de Lukács para acusá-lo de ver os marxistas como esquilos e os burgueses como elefantes: estava aí um procedimento que traía um reflexo agressivo próprio dos espíritos sectários, incapazes de compreender a verdadeira essência do marxismo.

Uma conversa que tive com Georg Lukács serve para ilustrar o modo como a fidelidade intransigente aos princípios (cuja elaboração é, todavia, o resultado de uma meditação longa, laboriosa e extremamente meticulosa) se mescla em seu espírito com uma grande flexibilidade. Na ocasião dessa conversa em seu apartamento de Budapeste (o filósofo acabava de completar, naquela primavera – era 1965 –, seus oitenta anos), eu tentei fazer umas reservas a um comentário virulento de Lukács sobre a fórmula épica de Faulkner em seu romance *Le Bruit et la Fureur* e à larga estima de que gozava um escritor como Sinclair Lewis: Lukács me respondeu, sorrindo, que se considerava o menos lukácsiano de todos os seus discípulos e que estava prestes a aceitar qualquer demonstração convincente, mesmo contrária a suas afirmações, desde que – o que era fundamental para ele – estivesse de acordo com *os princípios*.

A evolução intelectual de Georg Lukács oferece uma imagem singular da formação e do *devir* de uma personalidade nas condições agitadas de um século não menos singular por sua complexidade e pelo caráter dramático de sua história. Lukács enfrentou as mais variadas experiências espirituais e, aparentemente, as mais heterogêneas: sua biografia intelectual é por demais sinuosa e a descontinuidade, à primeira vista, das etapas percorridas tão forte que um observador – e não dos mais superficiais – estaria inclinado a renunciar à pesquisa de uma unidade nessa variação e nessa descontinuidade caleidoscópica. Num certo momento, o próprio Lukács abjurou suas posições anteriores tão categórica e severamente, e renegou a orientação filosófica de certas obras que o tinham tornado célebre (*Teoria do romance* ou *História e consciência de classe*) tão peremptoriamente, que qualquer tentativa feita por um pesquisador com o objetivo de estabelecer uma identidade de pensamento nessa não identidade de posições sucessivas poderia parecer *a priori* condenada ao fracasso. Não menos digna de ser discutida é igualmente a tese daqueles que consideram que o "verdadeiro Lukács" é o das obras da juventude e que a fase da maturidade de sua obra (sua fase rigorosamente marxista) constituiria uma evidente involução. É verdade que, como se sabe, tal tese fora formulada antes de Lukács ter publicado sua *Estética* (seus dois primeiros volumes foram lançados em 1963). Essa obra é, com efeito, uma síntese das concepções estéticas do "velho" Lukács. (A tese acima não é defendida apenas pelos adversários confessos do filósofo húngaro, como Adorno, mas é igualmente sugerida por um de seus discípulos "heterodoxos", Lucien Goldmann.) A publicação da *Estética* e da *Ontologia do ser social* (da qual somente alguns fragmentos são acessíveis),* permite reconstituir, sob uma nova luz, sua evolução intelectual e torna possível, com maiores chances de sucesso, a descoberta de motivos comuns e de orientações análogas ao longo de sua atividade. Não se trataria de diminuir a significação considerável de todas as rupturas, de todos os deslocamentos e de todas as soluções de continuidade de seu *devir* ideológico; trata-se de descobrir a *organicidade* desse processo, sua causalidade íntima e seu valor *exemplar* enquanto história de um intelectual que, em sua evolução, sintetizou a história de seu século.

Nascido em 1885, em Budapeste, numa família da burguesia húngara, que se tornou nobre graças aos Habsburgo, Lukács enfrentou em seus anos de juventude preocupações bastante seme-

---

* Hoje já contamos com a edição completa em alemão e em italiano. Em português, vários capítulos já foram traduzidos e podem ser conseguidos no Centro de Documentação Lukács, Biblioteca Central da Universidade Federal de Alagoas. (Nota da Edição Brasileira – N.E.)

lhantes às de um Thomas Mann. Aquele que trazia o nome de Georg von Lukács – nome com o qual apareceram seus primeiros livros, A alma e as formas [Die Seele und die Formen] (1911), publicado um ano antes, em Budapeste, em húngaro, e A teoria do romance* (1920), publicado, inicialmente, na revista de Max Dessoir Zeitschrift fur Aesthetik und allgemeine Kunstwissenschaft (1916) – tinha apresentado uma receptividade bem particular aos problemas colocados tanto em certas obras de Thomas Mann – como a célebre novela Tonio Kröger – como no "Epílogo", de Ibsen, Quando despertarmos dentre os mortos.

Tendo como tema a História do drama moderno (escrito em 1908, mas publicado em 1911), seu primeiro livro em húngaro obtivera um prêmio literário importante (alguns de seus extratos foram publicados em 1914, em alemão, na célebre revista Archiv für Sozialwissenschaft und Sozialpolitik). O conhecimento das obras de G. Simmel, Sociologia** e, principalmente, Philosophie des Geldes [Filosofia do dinheiro] (lançada em 1900) é visível, em Lukács, em sua História do drama moderno. A crítica dirigida à vida cada vez mais artificial da civilização capitalista na cidade grande moderna, crítica que Simmel faz segundo o espírito de um romantismo tipicamente anticapitalista em sua Filosofia do amor, era utilizada para definir a infraestrutura sócio-histórica do drama moderno, comparado ao drama antigo ou ao do Renascimento. Retomada e ampliada por Simmel depois de Tönnies, a oposição entre o caráter "orgânico" da vida comunitária das épocas pré-capitalistas e o caráter "mecânico" ou "abstrato" da existência no quadro da civilização burguesa era utilizada pelo jovem Lukács para estabelecer a diferença entre o caráter sempre mais "problemático" do drama moderno e a "ingenuidade" ou a "organicidade" do drama antigo. Os termos "naïf" e "problemático" eram uma transcrição direta da famosa distinção schilleriana entre a poesia ingênua e a poesia sentimental (moderna), distinção utilizada, pela primeira vez, por Lukács

---

* Edição brasileira: LUKÁCS, Georg. A teoria do romance. São Paulo: Ed. 34, 2000. (N.E.)

** Edição brasileira: SIMMEL, Georg. Sociologia. São Paulo: Ática, 1983. (N.E.)

naquela obra da juventude, mas que iria marcar profundamente a orientação e o conteúdo de sua obra da maturidade.

Os fragmentos da *História do drama moderno* traduzidos em alemão revelam os germes de preocupações que a obra ulterior amplificará em um contexto filosófico completamente diferente. O tema do caráter alienante da civilização capitalista, impróprio para inspirar obras dramáticas comparáveis às do teatro antigo ou do teatro shakespeariano, as observações, muitas vezes sutis, que se prendiam à dissociação entre *o teatro* – compreendido como representação destinada ao sucesso – e a *literatura dramática* propriamente dita (aquela que evolui, em certos casos, para o intimismo ou para o intelectualismo) prefiguram o cuidado que Lukács terá mais tarde em estabelecer pontes entre a dialética das formas sociais e a das formas literárias (no caso, o drama), mesmo se as ligações estabelecidas nos parecem abstratas demais ou impregnadas de esquematismo. Mais tarde, o próprio Lukács vai criticar nessa *Literatursoziologie*, que aspirava a desenvolver em sua obra da juventude, o caráter abstrato das determinações sociológicas, caráter que ele atribui à insuficiência – sob a influência de Simmel – de sua visão da base econômica real dos fenômenos sociais. Em sua fase da maturidade – fase totalmente marxista –, Lukács não demonstra, de forma alguma, a menor simpatia pela "sociologia" constituída como disciplina autônoma, separada da economia política, e, consequentemente, refuta a ideia de leis sociológicas "puras", separadas da realidade econômica. Ora, a sociologia de Simmel era exatamente isso. De uma forma autocrítica, o próprio Lukács assinalou que se encontravam em suas primeiras obras considerações sociológicas depuradas de seu conteúdo histórico real, e lamentou o fato de que a influência de Marx aí estivesse filtrada pelas lentes de Simmel e de Max Weber. Com esse mesmo espírito de autocrítica, lamentou que em suas análises estéticas as considerações sociológicas tivessem ficado exteriores ao assunto tratado.[1]

É preciso que reconheçamos, ao mesmo tempo, que o prefácio de 1909 para os dois volumes da *História do drama moderno*

---

1 LUKÁCS, G. Mein Weg zu Marx (1933). In: _____. G. *Lukács zum 70º Geburtstag*. Berlim: Aufbau-Verlag, 1955. [Publicado, no Brasil, em *Marx Hoje*, J. Chasin (org.), Ensaio, 1987. (N.E.)]

continha uma polêmica explícita sobre todo "economismo" ou qualquer tomada em consideração apenas do "conteúdo" como interpretações simplificadoras da literatura. A arte ali era definida, em primeiro lugar, como "forma", e a forma autêntica era considerada, no verdadeiro artista, uma realidade *a priori*. Os caracteres "simplificadores" e "abstratos" de seu procedimento, lamentados depois por Lukács, resultavam, sem dúvida alguma, da insuficiência de um método que não permitia estabelecer as verdadeiras relações dialéticas entre a evolução sócio-histórica e a estrutura das obras literárias.

Foi, contudo, com a coletânea de ensaios *A alma e as formas* (lançada em 1911, em alemão) que Lukács despertou o interesse de diversos membros da elite europeia. Lukács tinha então apenas 26 anos, e a maior parte dos ensaios fora redigida de 1908 a 1910. Em sua célebre obra *Considerações de um apolítico* (1918), Thomas Mann a elogia no capítulo "Bürgerlichkeit". O último ensaio do livro *A alma e as formas* – que muitos comentaristas consideram o texto capital dessa coletânea – é consagrado à apologia da tragédia. Aos olhos do jovem Lukács, a tragédia aparecia como a encarnação superlativa da vida essencializada, como o modo supremo de articulação dessa *forma* para a qual tendiam todas as suas aspirações e nas quais ele via a condição inalienável da verdadeira arte. Mais tarde, Lukács confessou que a problemática ilustrada por heróis, como o Tonio Kröger de Thomas Mann, ou como o professor Rubek da última peça de Ibsen, determinou nele, de maneira decisiva, toda a produção intelectual de seus anos de juventude. Não podemos decifrar, na ardente tendência lukácsiana a ultrapassar a vida empírica pelo culto quase místico da *forma*, a tensão entre a platitude da vida cotidiana e a aspiração à salvação por meio da arte que domina os heróis de Ibsen e de Thomas Mann? O trágico era celebrado por Lukács como a forma por meio da qual a existência corrente, caracterizada pela relatividade, pelo compromisso, pelas possibilidades infinitas de adaptação, é definitivamente suprimida, e o ser humano, forçado a existir no nível de suas possibilidades extremas, no lugar em que tudo se torna unívoco, estável e exemplar. Era como se um *hiato* irremediável separasse, na visão do jovem Lukács, a existência empírica da existência essencial, a vida corrente da "verdadeira vida". O autor do ensaio intitulado

Metafísica da tragédia (consagrado aos dramas de Paul Ernst) sublinhava, com deleite, o modo pelo qual os atos do herói trágico ultrapassavam a zona das motivações empíricas, para deter-se na zona privilegiada de certas motivações essenciais, além do espaço e do tempo habituais, e adquirir, assim, o sinete unívoco de atos determinados pelo destino. "A tragédia tem apenas uma única direção: a da altitude. Ela intervém no momento em que energias misteriosas extraem do homem sua essência, forçam-no àquilo que é essencial...".

Nesse ensaio, mostra-se a ideia de uma hierarquia das possibilidades essenciais, e o elogio feito à existência trágica se explica pela convicção de que ela exprimiria, do modo mais completo, a ordem das essências no campo da existência humana. Além disso, o estudo se abria com uma epígrafe do místico alemão Mestre Eckhart, destinada talvez a exprimir a oposição entre o caráter evolutivo da existência corrente e a *fixidez* da ordem trágica: "A natureza faz o homem a partir da criança e a galinha, a partir do ovo; Deus faz o homem antes da criança e a galinha, antes do ovo". A *Metafísica da tragédia* continha uma fórmula reveladora da separação nítida que o jovem filósofo estabelecia entre a existência fenomenal e a existência essencial: "O estilo interno do drama é realista no sentido escolástico medieval, que exclui, por isso, todo realismo moderno". Os acentos polêmicos contra "a racionalidade árida" da existência comum ou contra as aspirações à "segurança" (consideradas formas que visam o afastamento da verdadeira dimensão existencial) e o elogio do trágico como manifestação de um modo de existência autêntica, revelando os limites inexoráveis da existência humana, induziram certos comentaristas a descobrir aí uma prefiguração do existencialismo heideggeriano, e Lucien Goldmann não hesita em designar *A alma e as formas* como "a primeira obra existencialista".* Mas o fim último do elogio da tragédia por Lukács era determinado pelo fato de que a tragédia personificava do modo mais puro um momento da existência despojado de toda inessencialidade. Na representação de Lukács, tal purificação da existência era a condição fundamental da gênese da *forma*. O fervor que ele manifesta

---

* Ver *Kierkegaard Vivant*, p.130. (Nota da Edição Francesa – N.E.F.)

diante da ideia de forma, considerada a expressão de uma existência na qual todos os movimentos adquirem um sentido simbólico e necessário, ilustra claramente o *kantismo* do jovem Lukács. A oposição entre a vida empírica e a vida "autêntica" atinge seu ponto culminante no elogio da forma artística (à qual o filósofo atribui, além disso, uma significação ética, designando-a como o símbolo de uma ordem ideal, acima do caos empírico): a forma como produto de uma subjetividade ideal, purificada, é, no entanto, tipicamente kantiana.

No texto com o qual se abria *A alma e as formas* e que tinha como título: "Sobre a essência e a forma do ensaio", encontrava-se uma interessante tentativa de definir o ensaio (e a crítica em geral) como uma forma intermediária entre a obra de arte – imagem pura – e a ordem sistemática dos conceitos no quadro de um sistema filosófico. Para o jovem Lukács, a crítica era o equivalente de um ato artístico, mas diferindo estruturalmente da criação artística propriamente dita (mais tarde, iria abandonar totalmente esse ponto de vista e manifestar-se contra a concepção de Oscar Wilde ou de Alfred Kerr sobre a crítica como forma de arte). A crítica estaria destinada a tornar sensível a *transparência* das imagens que compõem a obra de arte, a descobrir a *significação* dessas imagens, a fixar o que é *Weltanschauung* na forma. Na concepção de Lukács, o ensaio não era, de forma alguma, um simples decalque da obra, mas sim, ao contrário, uma espécie de diálogo existencial entre a obra dada e o ponto de vista do crítico. Este era assimilado pelo jovem Lukács, em seu ensaio consagrado a Rudolf Kassner (incluído no mesmo volume), ao tipo "platônico", àquele que é chamado para descobrir a *ideia* cuja reminiscência seria a imagem artística. O autor do texto "Sobre a essência e a forma do ensaio" se mostra menos interessado pela reprodução *objetiva* do sentido da obra que pelo modo como a interiorização desse sentido da consciência do crítico está ligada à expressão necessária de sua personalidade. Todo ensaísta autêntico imprime à obra que analisa seu próprio "espírito vital", e os ensaios dedicados a Goethe por Grimm, Schlegel ou Dilthey conservam autônomo o valor deles, sem anular-se reciprocamente de forma alguma. Sem dúvida, poder-se-ia tomar um tal relativismo estético como um eco direto do relativismo filosófico professado, na época, por Georg Simmel. Em Berlim, Luckács fora aluno de Simmel e assistira a seus cursos em 1909 e 1910. O jovem Lukács se declarava prestes a considerar possível uma *Dramaturgia* que faria o elogio de Corneille contra a apologia de Shakespeare feita por Lessing na *Dramaturgia de Hamburg* (sem diminuir, por isso, o valor desta), e afirmava, com o mesmo espírito, que tudo o que escreveram Burckhardt e Pater, Rohde ou Nietzsche sobre a Antiguidade não poderia alterar o valor das visões helênicas de um Winckelmann. O paradoxo do ensaio crítico seria análogo ao do "retrato" na pintura: este oferece uma "semelhança" sem que seja necessário, para aquele que o olha, procurar verificar a identidade do modelo e do retrato. Assim, o problema da "verdade" não se colocaria na crítica e no ensaio, como é o caso no domínio das ciências positivas: para o Lukács de *A alma e as formas* a aspiração fundamental do crítico deve ser a criação de um "mundo" autônomo, superposto às obras de arte existentes e que, por sua coerência e sua vitalidade, adquire uma existência independente. A ideia de que o objetivo do ensaio crítico deve ser criar *vida* e não oferecer "verdades" (não se saberia medir, segundo um Goethe "verdadeiro", a evocação diferente que dele fazem Grimm, Dilthey ou Schlegel) mostra o quanto as considerações do jovem Lukács eram influenciadas pelo relativismo da *filosofia da vida* (*Lebensphilosophie*) que dominava o pensamento alemão do início do século XX. Parece, no entanto, que o núcleo da argumentação de Lukács deva ser procurado em outro lugar. Para o Lukács daquela época, a crítica verdadeira jamais fica prisioneira da obra analisada, ela tende perpetuamente, ao contrário, ao confronto desta com "a ideia" que ela incorpora. Lukács pensava poder descobrir em qualquer discurso crítico verdadeiro a existência de uma certa "ironia" e de um "humor" secreto: parece que o crítico só fala da obra, mas, no fundo, são os grandes problemas da existência que ele coloca sob o calor da discussão. Assim, o ensaísta se move em uma espécie de *intermundium*: ele procura guardar o contato com a matéria concreta da obra, sem perder de vista "a ideia" que a obra de arte exprime. Dessa forma, Lukács desenvolvia a tese engenhosa segundo a qual o ensaio crítico se situaria numa zona intermediária entre a criação artística propriamente dita e a especulação filosófica sistemática. "A ideia" (no sentido platônico do termo) não aparece separada do modo concreto no qual a obra a encarna: "O ensaísta é um Schopenhauer escrevendo seus *Parerga* esperando a chegada de seu *Mundo como vontade e como representação*" (alusão à obra feita de aforismos ou de pensamentos de Schopenhauer, *Parerga e Paralipomena*, comparada à sua obra sistemática fundamental). Esse ponto de vista é ainda o de Lukács da maturidade (integrado, evidentemente, em outras articulações filosóficas), e seria interessante estabelecer sua continuidade num texto como "*Schriftsteller und Kritiker*" ("Escritor e Crítico"), escrito em 1939.

Nada ilustra mais eloquentemente o paradoxo do "caso Lukács" que o destino das obras que lhe deram prestígio e um renome definitivo entre os intelectuais europeus das últimas décadas: *A teoria do romance*, escrita durante o inverno de 1914--1915, publicada pela primeira vez em 1920, reeditada em 1963 com um prefácio crítico do autor, e *História e consciência de classe*, publicada em 1923 e recentemente reeditada, com um estudo crítico de Lukács, em março de 1967.* Seus adversários se obstinam em afirmar que essas obras representariam o verdadeiro Lukács e não poupam seus elogios ao "genial hegeliano" que escreveu *A teoria do romance* e *História e consciência de classe*. Era com um elogio incondicional das obras da juventude de Lukács que Theodor W. Adorno inaugurava o artigo polêmico, de rara agressividade, publicado contra Lukács, em 1958. Para Adorno, *A teoria do romance* é uma obra que, "pela profundidade e pelo entusiasmo da concepção, pela densidade e pela intensidade do exposto ... constituiu um modelo de estética filosófica, cujo valor não envelhece".[2] Nos anos 1940, Ernst Bloch, que se tornou, por sua vez, uma personalidade eminente do pensamento marxista, se opôs a Lukács a respeito de suas teses relativas ao expressionismo apoiando-se justamente na *Teoria do romance*. Com uma confiança inabalável na solidez de suas convicções ulteriores à *Teoria do romance* ou à *História e consciência de classe*, Lukács explicou pacientemente, com um espírito de perfeita compreensão histórica, os móveis de sua evolução, as razões objetivas e subjetivas

---

* Edição brasileira: LUKÁCS, Georg. *História e consciência de classe*. São Paulo: Martins Fontes, 2003.

2 ADORNO, Theodor. Erpresste Versöhnung. In: _____. *Noten zur Literatur*. Frankfurt am Main: Suhrkamp, 1963, v.II, p.152.

que determinaram sua obra de juventude e o sentido profundo do deslocamento de seu pensamento para a orientação marxista de sua obra da maturidade. A imagem de um pensador que se separa, com tenacidade, dos numerosos admiradores de suas obras da juventude, que, algumas vezes, admoesta violentamente (como é o caso de Merleau-Ponty), outras vezes também com um humor pleno de desapego (é o caso de Lucien Goldmann) os que o aclamam com termos superlativos oferece um dos aspectos mais paradoxais do "caso Lukács". Onde descobriremos, então, o "verdadeiro" Lukács?

A *teoria do romance* marca, na evolução de Lukács, o momento de transição de Kant a Hegel. A cada concepção filosófica corresponde, no *devir* intelectual do pensador, uma atitude determinada diante das realidades sociais e históricas, e existem poucas trajetórias ideológicas às quais se possa melhor aplicar a expressão "ideias vividas". O estado de espírito no qual A *teoria do Romance* foi escrita – por alguém que, até aquele momento, tinha levado uma vida de intelectual puramente acadêmico, discípulo de Georg Simmel, influenciado pela escola dos neokantianos de Baden (Rickert e Windelband), fazendo parte do grupo dos íntimos de Max Weber, em Heidelberg – era o de um violento desespero provocado pela deflagração da Primeira Guerra Mundial. A época histórica, de que o autor de A *teoria do romance* era o contemporâneo mais profundamente transtornado, se encontra definida nas últimas páginas do livro pela expressão "época de perfeita culpabilidade", oriunda de Fichte. Com suas distorções e suas contradições, a História ia fazer uma irrupção brutal no pensamento daquele que assinava ainda, naquela época, Georg *von* Lukács. Na coletânea de ensaios A *alma e as formas*, aparece uma tensão entre a vida cotidiana, não autêntica, e a vida essencial, incorporada no absoluto das formas artísticas, entre o "eu empírico" da vida prosaica e o "eu inteligível" expresso pela verdadeira obra de arte. (São esses os termos puramente kantianos que Lukács utiliza quando, na obra pré-citada, analisa A *vida e as opiniões do Cavalheiro Tristam Shandy*, o romance de Sterne.) Sua problemática aí se aparenta diretamente à dos heróis das primeiras novelas de Thomas Mann, à tensão devorante de que Tonio Kröger ou Gustav von Aschenbach são a presa, dilacerados entre a platitude da vida burguesa corrente e o desejo de se refugiar no absoluto da arte. Na *Teoria do romance*, desvela-se uma consciência estética que se torna muito mais sensível à dialética da história. Sob a aparência de um texto de pura especulação estética, o olho atento descobre a infraestrutura social e histórica das teses: é o que o próprio Lukács mostra, claramente, no prefácio à edição de 1963. Para o autor, a epopeia representaria a expressão artística ideal das épocas de perfeita organicidade da vida social e histórica, enquanto o romance seria a expressão necessária de uma época histórica que se tornara problemática. Quando evoca o mundo antigo, gerador das epopeias homéricas, o tom do pensador tem acentos patéticos, de uma inspiração quase sublime. O mundo da epopeia é o de uma perfeita harmonia entre a objetividade e a subjetividade, um mundo no qual os fins do indivíduo se encontram em uma relação de concordância total com os da coletividade. Os atos do herói exprimem, sem falha, suas mais profundas exigências interiores, a exterioridade e a interioridade se fundem em uma feliz osmose. Não é um destino individual que o herói da epopeia encarna, é o destino de uma coletividade. Em contrapartida, o romance aparece no lugar onde se produziu uma irremediável cisão entre o mundo objetivo e as aspirações individuais, no lugar onde não existe mais essa harmonia espontânea da existência em sua totalidade. O mundo das relações sociais objetivas não se apresenta mais como o receptáculo natural das aspirações de uma interioridade transbordante. Para utilizar as expressões neokantianas ou hegelianas de Lukács, o "lugar transcendental" do romance, "o espaço histórico-filosófico" que tornaria necessário o seu aparecimento, é o de um mundo deslocado, que caracteriza uma heterogeneidade radical entre exterioridade e interioridade. É o momento em que o mundo objetivo perde sua substancialidade e não aparece mais como uma concentração espontânea das aspirações da alma individual. Torna-se frio, convencional, petrificado e atrai consigo o dobrar-se do indivíduo no mundo da interioridade; ele o determina a procurar um refúgio nos "ideais" e cria uma ruptura entre a ação e a interioridade. É ao tipo demoníaco que pertence o herói do romance, que se encontra numa pesquisa incessante determinada pela inadequação perpétua entre os atos aos quais o força o contato com um mundo prosaico e suas aspirações íntimas. Tornando-se problemática, a realidade teria determinado, como consequência, a substituição da forma da epopeia pela do romance. Tal historicização das categorias estéticas fundamentais representa uma tentativa notável de ressurreição do hegelianismo, em nossa época, e a ligação estabelecida por Lukács entre a existência de uma categoria estética e o *devir* histórico (mais orgânico do que em Hegel) constitui uma das contribuições mais originais de *A teoria do romance* para as ciências do espírito.

Na *Teoria do romance*, a tipologia dos romances era elaborada a partir de um esquema abstrato: o tipo do romance em que a consciência do herói é mais estreita do que a zona da realidade objetiva, engendrando a atitude do "idealismo abstrato" (*Dom Quixote*), e o do romance em que a consciência do herói, por sua riqueza interior, ultrapassa a realidade (o romance da desilusão, ilustrado, entre outros, por *Educação sentimental*, de Flaubert). Mais tarde, o próprio Lukács denunciou as insuficiências de tal esquema. Considerou que eram devidas à influência do método esquemático de sintetização rápida de certas realidades espirituais díspares, métodos desenvolvidos por Dilthey e Simmel no domínio das ciências do espírito (*Geistesgeschichte*). Mas as análises concretas dos romances são, muitas vezes, de uma rara penetração. O que queríamos sublinhar aqui é o papel particular atribuído por Lukács à *ironia* na estrutura do romance (o termo ironia tomado, explicitamente, na acepção dada pelos grandes teóricos do romantismo, como Schlegel e Solger). Hoje parece evidente que a descrição que Lukács fazia do caráter *conflituoso* da realidade moderna, com sua cisão típica entre a convencionalidade sempre mais pronunciada da realidade objetiva e as aspirações sempre mais desprovidas de esperança da consciência individual, era um reflexo direto da situação histórica particular em que se encontrava a própria consciência do autor quando redigia *A teoria do romance*. Sua sensibilidade e sua consciência se encontravam profundamente afligidas pela irredutibilidade do divórcio entre a aridez do mundo "objetivo" (a imagem apenas sublimada da civilização capitalista contemporânea) e a interioridade "sem pátria" da alma individual. A descontinuidade das duas esferas, condenadas a uma relação de heterogeneidade, ameaçaria o equilíbrio interior da forma épica e tornaria incerta a exigência para com a "imanência do sentido" que caracteriza toda obra de arte digna desse nome. Para Lukács, o distanciamento irônico do romancista, denunciando simetricamente o prosaísmo da realidade "objetiva" e o solipsismo sem saída da consciência encerrada em sua própria interioridade (ver o exemplo de *Dom Quixote*), aparecia como um fator unificador possível, para salvaguardar a coerência da forma épica.

Tal dialética estética escondia em si a mais profunda aspiração secreta de Lukács: a sede de *totalidade*. Em seu conjunto, a obra de Lukács poderia ser definida como uma verdadeira teodiceia da ideia de totalidade. *A teoria do romance* deixa entrever quão possante era sua aspiração de fazer cessar o exílio da consciência individual diante de uma realidade que se tornara árida ou privada de substância e de recobrar esse equilíbrio harmonioso entre subjetividade e objetividade que caracteriza as épocas orgânicas da humanidade. A crise da civilização burguesa da época, que atingiu seu ponto culminante no momento da deflagração da Primeira Guerra Mundial, engendrara na consciência do filósofo um estado de espírito tipicamente kierkegaardiano: o "eu" se encontrava numa relação de tensão sem saída com a realidade objetiva. Recentemente,[*] Lukács confessava que se consagrara, durante aquele período, à redação de um estudo sobre Kierkegaard e sobre a crítica kierkegaardiana do hegelianismo (estudo inacabado). Na última parte de *A teoria do romance*, como vimos, a época era definida como "época de perfeita culpabilidade", segundo a expressão fichtiana, mas, em seu prefácio, de 1962, Lukács mostra que tal fórmula representa, na realidade, uma "maneira de kierkegaardizar a filosofia hegeliana da história". Dessa forma, Lukács antecipava o estado de espírito que iria dar uma ampla audiência a Kierkegaard depois da Primeira Guerra Mundial e deveria culminar com o aparecimento do existencialismo de Heidegger e de Jaspers. Nas primeiras páginas de *A teoria do romance*, Lukács lamentava que a época de crise que denunciava não conhecesse mais uma "totalidade espontânea da existência". (Lukács descobre nessa época uma analogia entre essa constatação pessimista e o estado de espírito decorrente do ponto de vista do expressionista Gottfried Benn,

---

[*] Convém lembrar que esse texto é de 1969. (N.E.F.)

aquele que escreveria mais tarde: "Não há mais realidade, há, quando muito, a sua caricatura".) O romance seria a expressão de uma mesma alteração da relação harmoniosa da consciência e da realidade, da subjetividade e da objetividade. O restabelecimento do equilíbrio ao qual aspirava tão intensamente o autor de A teoria do romance não tinha a ver com a estética, mas era um problema de caráter social e histórico. Na verdade, Lukács desejava ver as formas épicas adquirirem de novo, num grau mais elevado, aquela totalidade "ingênua" que tinham conhecido em suas épocas felizes (ideia que reencontraremos, mais tarde, nos estudos dedicados a Thomas Mann). No entanto, essa tendência tomava, no plano sócio-histórico, uma forma puramente *utópica*. Ao desespero causado pelo presente se juntava, na consciência de Lukács, uma aspiração por um mundo onde "o homem se apresenta como homem", e não como "um ser social" ou como uma "interioridade isolada e incomparável, pura e, por isso, abstrata...".[3] Parecia-lhe que os pressentimentos de um tal "mundo novo" podiam ser decifrados nos romances de Tolstoi (que, entretanto, apenas opunham ao mundo *convencional* a ideia-limite de uma natureza eterna) ou, principalmente, nas obras de Dostoievski (ainda que, por essa razão, este último "não teria escrito romances"). O caráter utópico do desejo de Lukács estava demonstrado pelo fato de que sua recusa polêmica da civilização capitalista se traduzia por um repúdio do mundo inteiro, do "social" e do "econômico" ao qual o autor de A teoria do romance opunha o sonho de uma humanidade pura, liberta das servidões das categorias "econômicas" e "sociais". Aliás, o último capítulo do livro tem um título significativo: "Tolstoi e o ultrapassar das formas sociais da vida". Ainda que seja evidente, o caráter ingênuo de tal utopismo exprime, de uma forma abstrata, essa aspiração entusiástica por uma existência total, orgânica e harmoniosa, de que está repleta toda a obra de Georg Lukács.

É à grande revolução russa que se deve o desfecho decisivo da crise espiritual aguda que Lukács atravessava na época de A teoria do romance. "Ao fim dos fins", como exclamou mais tarde, essa crise encontrava uma solução. A Revolução Socialista de

---

3 *Die Theorie des Romans*. Luchterhand Verlag, p.157.

Outubro prometia, definitivamente, colocar um termo na guerra e num tipo de civilização cujos efeitos alienantes Lukács tinha tão vigorosamente incriminado. Em 1917, Lukács já estava de volta à Hungria, depois de ter passado anos fecundos em Heidelberg. No fim de 1918, aproximadamente, depois de toda uma série de contatos com Béla Kun, futuro líder da revolução húngara, Lukács aderia ao partido comunista húngaro. Como membro do comitê central, em 1919, tomava parte ativa na revolução húngara de então, nas posições, alternadamente, de comissário do povo na Instrução Pública da República Húngara, de comissário político do Exército Vermelho Húngaro no *front* e, depois, de militante clandestino notável, em Budapeste, depois que a revolução tinha sido sufocada. Não nos é possível descrever aqui todos os avatares da trajetória política complicada que Lukács conheceria no decorrer da década que vai de sua adesão ao movimento revolucionário à elaboração das famosas "Teses Blum" (teses do programa político redigido por Lukács, sob esse pseudônimo, em 1928, e condenadas pela Internacional Comunista).

Aquele que aderira com entusiasmo à revolução socialista teve que percorrer um caminho relativamente longo antes de chegar a assimilar e a aprofundar a teoria de Marx até suas últimas consequências. Convém lembrar aqui que, nos últimos anos da guerra, a revista alemã de filosofia *Logos* publicara um texto de grande densidade: "Die Subjekt-Objekt-Beziehung in der Aesthetik" [A relação sujeito-objeto na estética]. Hegel, Kant e Husserl eram as principais referências de uma argumentação que compreendia *in nuce* toda a estética ulterior. À morte de Georg Simmel (outubro de 1918), Lukács escrevia na *Pester Lloyd* uma necrologia em que prestava uma homenagem respeitosa àquele que fora um dos mestres de sua juventude que o haviam ensinado a pensar. Parece interessante constatar hoje que, ali, caracterizava Simmel como "o mais notável filósofo de uma época de transição" e como "o verdadeiro filósofo do impressionismo", precursor de um novo "classicismo". O que nos interessa aqui não é a exatidão dessa caracterização, mas, antes, a aspiração que ela deixa adivinhar: a ultrapassagem do impressionismo caleidoscópico para uma nova forma de pensamento e de cultura, caracterizada por uma tendência a adotar a riqueza múltipla da vida sob formas rigorosas e estreitamente articuladas. Há pouco tempo,* Ernst Bloch confessava ao autor destas linhas, durante uma conversa, que, naquela época de decomposição de todas as formas antigas e de intensa efervescência das pesquisas, sua simpatia ia para a nova pintura expressionista de Franz Marc e do grupo Der Blaue Reiter, enquanto Lukács mostrava uma nítida preferência pelo grande rigor formal da pintura de Cézanne. Quando, na necrologia de Simmel, Lukács escrevia: "Era um Monet da filosofia que, até aqui, não seguiu nenhum Cézanne", não temos o direito de ver aí uma antecipação clara da direção que ia tomar seu próprio pensamento filosófico? (O texto dedicado a Simmel, em 1918, tinha sido publicado no livro intitulado *Buch des Dankes an Georg Simmel* [Livro dos agradecimentos a Georg Simmel]).[4]

A adesão de Georg Lukács à causa da revolução comunista era, consequentemente, a de um intelectual de formação complexa nutrido, à saciedade, da grande filosofia alemã, em toda a sua estrutura intelectual; a de um intelectual que percorrera a escola sociológica de Max Weber e de Georg Simmel, devorado pela problemática ética das obras de Dostoievski, de Kierkegaard e dos místicos alemães (Mestre Eckhart em primeiro lugar); a de um intelectual, num momento dado, adepto da filosofia sindicalista professada por Georges Sorel (sob a influência de Ervin Szabo, teórico da esquerda do socialismo húngaro). Na época da Revolução Húngara, e no decorrer dos anos que a seguiram, os textos de Lukács manifestam as tendências contraditórias que se entrechocavam em seu pensamento. Como era complicada a dialética espiritual que traduzia as antinomias da época e a posição contraditória da geração de intelectuais à qual pertencia Georg Lukács! O frenesi do entusiasmo revolucionário e as exigências do realismo político, ditadas pelos imperativos práticos da revolução, encontravam um reflexo original nos textos doutrinários do revolucionário neófito. É verdade que ele teve, mesmo, um momento de hesitação: em 1918, Lukács oscilou entre as ideias de "ditadura" e de "democracia" e se colocou o proble-

---

* Cf. nota da edição francesa, p.37. (N.E.)

4 Berlim, 1958.

ma da legitimidade dos *meios* ditatoriais para atingir o fim desejado, isto é, uma revolução total da condição humana. É o que se constata com a leitura do artigo intitulado "O bolchevismo como problema moral". Em 1919, em *Tática e ética* [*Taktik und Ethik*], o problema é retomado sob um ângulo novo, e os meios de luta revolucionária veem afirmada sua legitimidade se subordinados ao objetivo final, o da revolução mundial. O diagrama das convicções filosóficas de Lukács seguia fielmente a evolução de sua posição diante dos problemas cruciais, sociais e históricos, da época. Ao lado de um recrudescimento das tendências inspiradas pelo sindicalismo "revolucionário" de Georges Sorel, a febre e o messianismo revolucionário que então caracterizavam a atitude de Lukács determinavam nele não somente a adoção entusiasta da doutrina marxista, mas também uma acentuação das influências do idealismo alemão. As antinomias éticas, diante das quais pode encontrar-se o revolucionário de profissão, e que estão presentes no pensamento de Lukács sob a influência da problemática de Dostoievski ou dos textos de certos defensores do terrorismo russo, como Savinkov, encontravam então sua solução numa apologia reveladora do *sacrifício*: os escrúpulos do "eu" individual ("o eu" menor do revolucionário) deviam ser imolados no altar da "ideia" incorporada na causa histórico-mundial da revolução.[5]

Era na repulsa que a intransigência de Lukács nutria diante da ideia de todo compromisso ou de toda *Realpolitik* que seu moralismo se encontrava expresso. Mais tarde Lukács explicou o caráter neófito de sua atitude naquela época pela ausência de contatos com as obras de Lenin que conheceu na época de sua emigração vienense. Mas, no pensamento do filósofo, o fervor revolucionário, com seus acentos do tipo messiânico, tinha efeitos extremamente fecundos, não desprovidos de aspectos paradoxais, por exemplo a presença maciça da ressurreição vigorosa, em seus textos dessa época, da *dialética* da filosofia clássica alemã, método que o revolucionário frenético Lukács utilizava em sua polêmica contra "o economismo" ou o oportunismo de marxistas como Kautsky. Notório é o fato de que os marxistas da Segunda Internacional – seja Kautsky ou, num outro plano,

---

5 Ver "Taktik und Ethik". In: *Schriften zur Ideologie und Politik*. p.10-1.

Plekhanov – tinham invocado contra a revolução soviética a tese segundo a qual os "fatos" econômicos não autorizavam uma solução revolucionária da crise conforme a que Lenin concebia. Contra esse culto dos "fatos" de tipo cientificista ou positivista, Lukács demonstrava a legitimidade da revolução colocando no primeiro plano as categorias dialéticas hegelianas do *devir* concebido como um processo, do salto qualitativo e, sobretudo, da *totalidade*. Lembremos, de passagem, como episódio revelador, que na fase inicial de seus textos doutrinários Lukács não hesitava de forma alguma em fazer a célebre exclamação de Fichte: "Pior para os fatos", um estandarte do marxismo verdadeiro. Por meio dessa fórmula paradoxal, Fichte acentuava o idealismo extremo da oposição entre a realidade empírica (a dos fatos) e a realidade absoluta (a da "ideia"). A preeminência, na filosofia alemã clássica, da "ideia absoluta" sobre os fatos empíricos sofria, dessa forma, uma conversão única, que se encontra na polêmica engajada pelo marxismo juvenil de Georg Lukács contra o culto "dos fatos" professado pelos marxistas reformistas. Quem se aplica à pesquisa da evolução espiritual de Lukács tem a surpresa de constatar que a sede de certezas essenciais e absolutas, depuradas da contingência e da instabilidade da realidade empírica, que o kantiano Lukács de *A alma e as formas* descobria na realidade essencial da tragédia aparece agora, projetada pelo revolucionário Lukács, no conceito hegeliano-marxista da "verdadeira realidade". Para o messiânico revolucionário Lukács do texto de 1919 *Tática e ética*, essa *wahre Wirklichkeit* era a irresistível vocação transformadora do proletariado mundial, encarnada pela revolução soviética russa ou húngara, mas não a realidade contingente e empírica dos "fatos" isolados, invocados pelo realismo oportunista. Para Lukács, o proletariado e sua missão histórica universal, definida por Marx, equivaliam ao *devir* do "espírito" hegeliano, indo do estado de consciência larval ao da plena consciência. O kantismo da *Metafísica da tragédia*, obra da juventude, tinha definitivamente se metamorfoseado em um ardente messianismo revolucionário, apoiando-se num manuseio entusiasta da dialética de Hegel e de Marx.

Enfim, sua passagem *definitiva* do hegelianismo para o marxismo, do idealismo abstrato, violentamente impregnado de moralismo, para uma dialética revolucionária rigorosamente materialista se deve a uma dramática evolução política e espiritual. Nos primeiros anos seguintes à revolução, o otimismo revolucionário vai dominar a mentalidade do filósofo e determinar que adote, diante das perspectivas do movimento revolucionário internacional, uma atitude de extrema esquerda. Lenin, na revista teórica *Kommunismus* (1920), criticou severamente um artigo de Lukács relativo ao problema parlamentar, censurando-lhe a maneira abstrata de tratar o problema. Com seu sectarismo impaciente, Lukács considerava que o parlamentarismo como forma histórica, ultrapassado pelo aparecimento da democracia direta dos conselhos revolucionários, era supérfluo para os comunistas participarem da atividade parlamentar. Em seu artigo, Lenin demonstrava que a importância histórica do aparecimento dos conselhos não tornava de modo algum inútil, sob a relação *tática*, a participação dos comunistas na luta no terreno parlamentar. Quando, um ano mais tarde, Lukács se encontrava entre os adeptos declarados do movimento do proletariado alemão para a conquista do poder, movimento conhecido como "Ação de Março" (1921), Lenin submeteu de novo ao calor da crítica o caráter intempestivo dessa ação e o erro sectário de seus promotores. Thomas Mann deixou um testemunho interessante da impressão que lhe causaram as convicções abstratas e sectárias do revolucionário Lukács (o escritor fazia alusão a seu encontro com Lukács em janeiro de 1922, em Viena). "Eu o conheço pessoalmente", escrevia, em 1929, a Seipel, chanceler da Áustria. "Em Viena, ele me expôs, durante uma hora, suas teorias. Durante todo o tempo em que falava, tinha razão. Mas, em seguida, não restava de tudo aquilo senão a impressão de uma abstração inquietante ...". Em sua carta ao chanceler Seipel, Thomas Mann insistia para que Lukács, aprisionado pelos austríacos e ameaçado de extradição, escapasse das garras do governo contrarrevolucionário de Horthy. As críticas de Lenin, de uma justeza integral, confirmada pela lógica da História, ao lado da própria experiência adquirida por Lukács na luta clandestina do partido comunista húngaro, neutralizaram, pouco a pouco, o sectarismo e o rigorismo abstrato do pensamento do filósofo. Seu messianismo inicial estava temperado pelas implacáveis exigências da evidência histórica (sua crença frenética na iminência da revolução mundial foi sendo gradualmente substituída pela luta

nas condições que eram as do refluxo revolucionário e da esta-
bilização relativa do capitalismo), e Lukács, sob o domínio da
experiência, foi compreendendo, progressivamente, que o objetivo final da revolução socialista não podia ser atingido sem que
fosse levada em conta, integralmente, a complexidade das *mediações* da realidade e das "astúcias da História".

A coexistência, no modo de julgar os fenômenos históricos,
de um extremismo e de um voluntarismo revolucionários de tipo
messiânico, ao lado de um realismo lúcido em vias de maturação,
encontrou sua expressão teórica suprema na coexistência *sui
generis* da dialética hegeliana e da dialética marxista em *História
e consciência de classe*, livro que fascinou tantas gerações de intelectuais, editado em Viena, em 1923. Encontrava-se ali reunida
toda uma série de estudos, publicados por Lukács de 1919 a 1922,
além de dois grandes textos inéditos, entre os quais "A reificação
e a consciência do proletariado", estudo que se tornou célebre.
Não podemos entrar aqui numa discussão ampla das teses expostas por Lukács. O próprio autor analisou com extrema severida-
de os erros e os méritos da obra, num prefácio escrito em 1967 a
partir das posições de um marxismo que alcançara a maturidade,
caracterizando a fase definitiva de sua evolução. Durante muito
tempo, um equívoco terrível, carregado de significações profundas, pairou sobre esse livro. Lukács o renegou, em termos enér-
gicos, numa série de textos escritos entre 1930 e 1940. Admiradores zelosos de uma obra que o consideravam capital para o
marxismo de nosso século continuaram a cultuá-lo, atribuindo
sua desaprovação pelo autor a pressões que Lukács teria sofrido.
(A obra de Lukács, ao lado da obra de Karl Korsch, um outro
ilustre marxista da época, tinha sido denunciada por Zinoviev
no V Congresso da Internacional Comunista, de 1924, como
herética e revisionista em razão de suas tendências "de extrema
esquerda". Ao mesmo tempo, a revista de Kautsky, *Die Gesellschaft*, e os socialdemocratas neokantianos criticavam Korsch e
Lukács de um ponto de vista completamente diferente.) Vale a
pena sublinhar nitidamente a oposição radical entre o "sectarismo" messiânico-utópico de certas ideias de Lukács nessa época
e o sectarismo burocrático e conservador. Desde 1922, como nos
mostram os textos reunidos na coletânea de Peter Ludz *Schriften
zur Ideologie und Politik* [Escritos sobre ideologia e política], Lukács

submetia lucidamente à crítica os métodos demagógicos e buro-
cráticos instaurados na prática da luta política e advogava a
causa de uma ligação orgânica entre as aspirações verdadeiras dos
trabalhadores e os métodos de direção do partido. (Lukács per-
tenceu todo o tempo a facções lideradas por Eugen Landler,
adversário de Béla Kun.) A orientação revolucionária com tendências messiânicas do autor de *História e consciência de classe*
estava acompanhada de inimizade contra o "cientificismo" so-
cial-democrata. É essa atitude fundamental que nos explica por
que Lukács colocava, no primeiro plano, nos textos de seu livro,
o dinamismo do *devir* e o frenesi da "prática", e denunciava com
vigor a atitude contemplativa e passiva diante da realidade. Dessa forma, após decênios de funesto eclipse, as grandes tradições
hegelianas do marxismo irrompiam no interior da literatura marxista, e as obras da juventude de Marx eram, pela primeira vez,
valorizadas. A categoria hegeliana da totalidade, oposta à visão
fragmentária cientificista, e a categoria marxista da alienação
estavam inteiramente reabilitadas e se encontravam desenvolvidas com uma força dialética de extraordinária intensidade. Por
causa do dinamismo revolucionário efervescente que dominava
a consciência de Lukács, a acentuação fecunda, mas sem medida,
do papel da "prática" no conhecimento tinha consequências divergentes na estrutura do livro. Da preeminência da categoria da
totalidade, permitindo a visão total e dinâmica que nunca dei-
xara de ser a de Lukács, chegava-se, contudo, ao conceito hegeliano de uma quimérica *identidade do sujeito e do objeto* (que devia
encarnar a consciência de classe do proletariado). Na obra de
Lukács, o culto da "prática" era significativamente acompanha-
do de uma certa subestimação dos fatores *objetivos*, de uma apreciação insuficiente da inexorabilidade do papel representado pela
economia no conjunto das funções sociais. A prioridade do objeto na relação sujeito-objeto se encontrava, assim, inevitavelmente negligenciada. De fato, em *História e consciência de classe*
Lukács submetia, pela primeira vez, o fenômeno da alienação (e
principalmente o da reificação) a uma análise filosófica de um
valor excepcional. Os exegetas recentes tiveram mesmo a tendência a decifrar os ecos sublimados das análises lukácsianas na
célebre obra de Martin Heidegger *Ser e tempo* (lançada quatro
anos mais tarde). É certo que o existencialismo francês de Sartre

e certas obras de Merleau-Ponty foram sensivelmente influenciadas, em suas análises consagradas ao processo de alienação, pela ressurreição desse problema na obra da juventude de Lukács. No entanto, a tendência a hipertrofiar o papel da subjetividade levara Lukács, em última análise, a identificar a alienação de um modo errôneo – na esteira de Hegel – a todo processo de "objetivação"; mais tarde, restabelecendo a verdade, Lukács afirmou, maliciosamente, que esse erro era justamente o ponto de atração da obra para numerosos admiradores.

Os textos filosóficos dos anos que seguiram à publicação de *História e consciência de classe* demonstraram a consciência, cada vez mais amadurecida, da importância dos fatores objetivos para o *devir* histórico e a das proporções exatas da relação entre subjetividade e objetividade. O texto de 1926, *Moses Hess e a dialética idealista*, contém a intuição das relações necessárias entre dialética e economia que Lukács analisaria, mais amplamente, em sua obra ulterior dedicada ao *Jovem Hegel* (apesar de concluída na União Soviética, em 1938, em razão do ostracismo aberrante lançado sobre a obra hegeliana, nos anos da Segunda Guerra Mundial, só foi publicada em 1948, em Zurique e em Viena). Redigidas em 1928 por Lukács, as "Teses Blum" – nome com o qual circulou seu programa político – constituíram o termo *ad quem* de toda sua evolução durante o período que vai de 1918 a 1929. Sua ideia central era que o objetivo estratégico da revolução na Hungria deveria ter sido não a instauração de uma ditadura proletária dos sovietes (que Lukács considerava impossível), mas a de uma república democrática dos operários e dos camponeses, baseada na coalizão de todas as forças de esquerda. É suficiente o enunciado das ideias para demonstrar que o antigo dualismo entre o revolucionarismo com traços de extrema esquerda e as exigências realistas da luta política estava definitivamente ultrapassado: Lukács tinha finalmente descoberto um meio-termo com o qual iria, a partir daí, desenvolver-se toda a sua atividade. Não se trata, no quadro das notas aqui apresentadas, de discutir o fundo do problema, isto é, a justeza das teses de Lukács. Parece que na época em que foram defendidas suscitaram um imenso escândalo. Ameaçado de ser excluído das fileiras do movimento comunista, mas desejoso de permanecer, a qualquer preço, no seio do movimento revolucionário no momento em que o fascismo se mostrava cada vez mais poderoso, Lukács publica uma "autocrí-tica" formal e renuncia definitivamente à atividade política militante para consagrar-se a uma vasta obra de esteta, de crítico e de historiador literário. O que nos parece interessante sublinhar, aqui, é que a descoberta de tal meio-termo, preconizando uma via democrática para a realização da revolução, equivalia à ade-quação *do fim* a toda a complexidade das mediações do real. Nessas teses, encontrava-se, em germe, a intolerância que Lukács iria manifestar, a partir de então, diante de todo dogmatismo ou todo sectarismo (compreendido aí o programa de uma cultura "puramente proletária") e sua vontade de estabelecer uma ponte durável entre a cultura do passado e a cultura autenticamente democrática ou socialista do presente.

Estudada em seu *devir*, a personalidade de Lukács oferece a imagem de um *cadinho* inabitual no qual diversas substâncias sofreram um extraordinário processo de assimilação, de combus-tão e de metamorfose antes que se obtivesse a formação espiri-tual definitiva de uma obra acabada. Poder-se-ia, por exemplo, ver o contato com a obra dos neokantianos Windelband e Rickert como simples episódio da juventude. Contudo, não pensamos estar enganados ao descobrir, na crítica severa formulada por Lukács a um certo "cientificismo", como o que caracterizava o *Manual de materialismo histórico*, de Bukarin, a perpetuação, sob uma forma radicalmente modificada, de certos elementos da dis-tinção, feita com insistência por Rickert, entre os métodos das ciências da natureza e os métodos das ciências do espírito. (O texto de Lukács data de 1925 e ataca, entre outras, a tendência do teórico russo a tratar o materialismo histórico como uma ciên-cia, dotado de leis do gênero das leis das "ciências da natureza".) Quanto à influência de Simmel ou de Max Weber, não aparece diretamente visível na estrutura definitiva da obra de Lukács. Durante uma conversa bem recente, Lukács confessava que es-tava longe de lamentar sua iniciação às ciências sociais na escola de Simmel ou de Max Weber, e não na de Kautsky, consideran-do a primeira um fator positivo de sua evolução.[6] Semelhante

---

6 *Gespräche mit Georg Lukács*. Rowohlt Verlag. 1967, p.80. [Edição brasi-leira: *Conversando com Lukács*. Tradução de Giseh Vianna Konder. Rio de Janeiro: Paz e Terra, 1969. (N.E.)]

confissão, aparentemente heterodoxa num marxista rigoroso, não nos surpreende: o romantismo de Georg Simmel, em sua crítica ao capitalismo como formação social que introduziu a mecanização e a uniformização da existência humana no quadro da civilização moderna, trouxe consequências para a receptividade inteiramente particular de Lukács para a problemática da alienação em Marx. As teses originais formuladas por ele, no que se refere à natureza do fenômeno estético, no artigo da revista *Logos* "A relação sujeito-objeto na estética" (1917-1918), teses que se inscrevem, então, num contexto kantiano e hegeliano, desapareceram em seus escritos ulteriores de 1930 a 1953. É inegável que, nas condições desfavoráveis provocadas pela dominação crescente do dogmatismo, foi preciso que Lukács utilizasse uma espécie de *guerrilha* para defender suas convicções fundamentais (fazendo, aqui e ali, concessões destinadas a salvar a substância) e que adotasse, muitas vezes, uma redução voluntária do horizonte de seus próprios textos. Mas eis que as teses do estudo publicado em *Logos* reaparecem após alguns decênios de existência latente, na grande *Estética*, de 1963, articulando-se bem diferentemente sem dúvida, em um contexto filosófico diverso. Formulando a síntese teórica de sua vasta atividade de crítico e de historiador literário, entre os anos 1930 e 1960, mas marcando também a liberação de todo traço de inibição ou de coerção, a *Estética* representa um ato de verdadeira *descompressão* de todo o universo intelectual de Lukács. Suas obras da juventude (em particular a *Teoria do romance*) continham *in nuce* sua ideia central, isto é, que a arte implica a imagem de um equilíbrio possível entre subjetividade e objetividade, numa relação de conformidade às aspirações fundamentais da humanidade (para utilizar a fórmula de Lukács na *Estética*). Mesmo quando o objeto do reflexo é um mundo deslocado, caracterizado por uma distorção aguda entre uma "objetividade" morta e uma subjetividade sem raízes, a arte verdadeira implica a *relativização* dessa situação e a possibilidade de recompor o equilíbrio entre subjetividade e objetividade. Sob a relação sócio-histórica, a *Teoria do romance* exprimia essa aspiração por meio de uma forma *utópica*. Pela análise rigorosa do mundo capitalista e pelas perspectivas da passagem ao socialismo, o marxismo permitia a Lukács descobrir, na imanência da realidade, as *mediações* que tornam possíveis a neutralização do estado de alienação e a obtenção, por um processo social e histórico complicado, de um estado de equilíbrio harmonioso entre as aspirações subjetivas e as exigências objetivas, entre a essência humana e seu tipo de existência real. No pensamento estético de Lukács, o conceito fundamental do *realismo* exprime a exigência de que a arte reflete esse processo de "desfetichização" da existência em toda a sua complexidade.

O que faz a originalidade do método de análise literária de Georg Lukács é a perfeita fusão do ponto de vista sócio-histórico com o ponto de vista estritamente estético. O fascínio exercido pelos ensaios de Lukács sobre várias gerações de críticos e intelectuais se deve ao modo bem natural com que o crítico realiza a passagem da análise de problemas puramente formais, ou puramente "técnicos", na aparência, para as suas raízes na concepção estética e na *Weltanschauung* do autor. O notável ensaio de 1936, *Narrar ou descrever?*, começava pela comparação de acontecimentos aparentemente secundários em dois romances, um de Tolstoi, outro de Zola: a descrição diferente de uma corrida de cavalos em *Naná*, de Zola, e em *Ana Karenina*, de Tolstoi. Lukács demonstra ali que Zola utiliza a descrição para fazer dela, com uma incontestável virtuosidade, uma verdadeira pequena monografia do turfe parisiense, mas que seu elo com a substância da ação é extremamente sutil, enquanto a evocação da corrida no romance de Tolstoi é o ponto de convergência de momentos extremamente dramáticos da vida dos heróis, o que confere à cena um grande interesse épico. Zola oferece uma sucessão de imagens de uma impressionante precisão documental. Tolstoi se serve do episódio para fixar um momento crucial da evolução de suas personagens. Na conclusão de sua análise, Lukács observa, com precisão, que a descrição de Zola é feita do ponto de vista do *observador*, enquanto a narração de Tolstoi é feita do ponto de vista do *participante*. Partindo de uma investigação aparentemente microscópica, Lukács, por um surpreendente ato de indução, chega a estabelecer a oposição de duas modalidades fundamentais da prosa: a da *narração* épica autêntica (eloquentemente ilustrada pelos exemplos retirados de Tolstoi ou de Balzac) e a da *descrição* (cultivada por Zola e toda a escola naturalista). Mas, nos estudos de Lukács, as conclusões estéticas adquirem espontaneamente um fundamento social e histórico. A condição social de um grande escritor realista, como Balzac, Stendhal ou Tolstoi, é a de uma personalidade engajada, sob múltiplas formas, na vida histórica de seu tempo, *participando*, muitas vezes diretamente, dos acontecimentos decisivos (semelhante nisso às grandes figuras da Renascença ou do século das Luzes), enquanto a condição social de um escritor como Zola, na repugnante sociedade burguesa de 1848, é sempre mais a de um *observador*, cada vez menos capaz de dominar a vida histórica de seu tempo por uma participação ativa. Goethe ou Tolstoi podiam ver ainda sua época em uma perspectiva de dominação senhorial; mas Zola é, de certa forma, sempre levado pelo jogo das condições objetivas, tornando-se um "literador" estritamente especializado em sua profissão. A narração épica implica uma perspectiva hierarquizante dos acontecimentos, de forma a imprimir neles um dinamismo interior; ao escritor resignado ao papel de observador só restam, na maioria das vezes, o culto do detalhe cotidiano e a hipertrofia das *descrições*.

O que impressiona em Lukács é o modo com o qual os conceitos estéticos fundamentais se fundem em toda uma filosofia da história e em toda uma dialética filosófica da relação subjetividade-objetividade. A morfologia das formas literárias aparece sempre rigorosamente ligada à dialética dos processos sócio-históricos. *O romance histórico* é o livro que constitui uma primeira aplicação complexa desse método. Numerosos são aqueles inclinados a ver na atitude polêmica de Lukács a respeito das obras de escritores do porte de um Joyce ou de um Dos Passos, e ainda em sua constante simpatia pela obra de Thomas Mann, o sinal de um puro conservantismo do gosto. Evidentemente, as razões de Lukács são muito mais profundas. O crítico se esforçou sempre para evidenciar as raízes sócio-históricas das modalidades literárias que cultivavam a descontinuidade e a incoerência desejada do monólogo interior, a "montagem" ou o simultaneísmo. Em primeiro lugar, Lukács se interessou pela *visão da realidade* que determinava necessariamente o aparecimento das formas literárias desse tipo. O crítico persistiu, com obstinação, na ideia de que a decomposição das formas do tipo da narração épica, na prosa realista, não poderia ser dissociada da nova condição sócio-histórica do escritor moderno. Uma existência fragmentária, pulverizada, devorada pelo sentimento de incomunicabilidade e, daí, o estado essencial definido por Heidegger pelo expressivo termo *Geworfenheit* (estar-jogado-no-mundo...) seriam a origem verdadeira da metamorfose à qual a literatura "de vanguarda" submeteu as formas literárias tradicionais. Mas Lukács é tenaz em sua recusa a aceitar a perda de contato com a totalidade da existência, a fragmentação e a dissolução da perspectiva unitária do mundo enquanto fatalidade irreversível. Longe de ser uma simples "técnica", a narração realista, com seus atributos fundamentais, constitui na realidade – ele estava firmemente convencido disso – a resultante necessária de uma perspectiva determinada do mundo: as relações complexas dos heróis com a realidade e sua articulação em uma ação que se desenvolve de uma forma coerente só podem ser evocadas a partir da perspectiva que engloba a totalidade da existência e que é capaz de hierarquizar os aspectos contingentes e os aspectos essenciais. Com uma obstinação e uma teimosia intratáveis, Lukács não deixou nunca de defender, na literatura contemporânea, a perpetuação das grandes tradições da prosa realista e de opor Sinclair Lewis a Dos Passos, Thomas Mann a Joyce, O'Neill ou Brecht – em sua última fase – a Beckett ou a Ionesco. A resistência oposta a tal posição, deliberadamente situada "na contracorrente", foi das mais violentas. Nos últimos anos da década de 1940, a polêmica Ernst Bloch–Georg Lukács sobre o tema do expressionismo e do realismo ofereceu um dos mais eloquentes episódios da querela entre um teórico convencido da vanguarda e um partidário do "grande realismo". O próprio Bertolt Brecht, reconhecendo a qualidade superior dos ensaios de Lukács sobre o problema do realismo, se mostrou, naquela época, extremamente recalcitrante contra as suas teses.

Isso pode parecer curioso, mas Brecht muitas vezes se irritava com a predominância dos problemas da "forma" na concepção lukácsiana do realismo. Brecht tinha continuamente o sentimento de que uma ligação de ordem sobretudo *literária* com as formas de narração épica do grande romance realista do século XIX estava na base da oposição do crítico à técnica moderna da montagem, do "efeito de distanciamento" ou das associações descontínuas. Ele não hesitava em ver na concepção de Lukács sobre o realismo o perigo de um "formalismo". O dramaturgo revolucionário compartilhava inteiramente a ideia fundamental do crítico segundo a qual a verdadeira literatura não pode limitar-se a transcrever e a fetichizar a condição da personalidade humana no período avançado do capitalismo: sua pulverização e sua desagregação progressiva. Mas Brecht parecia profundamente convencido de que o processo de reumanização dos seres submetidos pelo regime burguês a uma terrível pressão desumanizante não podia ser evocada pelos únicos meios empregados, há pouco tempo, por Balzac ou por Tolstoi e fazendo abstração da técnica de Joyce, Dos Passos ou Döblin. Essa técnica lhe parecia ser o complemento necessário à evocação da condição humana numa época de desagregação dos antigos valores e de cristalização árdua das novelas. Brecht criticava em Lukács sua tendência a identificar realismo e "sensualismo" e a absolutizar uma certa modalidade formal do realismo (*die Gestaltung*, a figuração de tipo orgânico das personagens e as relações deles entre si), reivindicando para ele o direito de utilizar também "a abstração" ou "o efeito do distanciamento". Ernst Bloch e Bertolt Brecht tinham a mesma convicção de que a época histórica que eles viviam era caracterizada por tantas distorções e fragmentações, por tantas rupturas de equilíbrio e dissoluções das antigas relações interumanas (daí sua simpatia comum pela técnica "da montagem" ou pelas associações descontínuas), que o culto de Lukács a uma literatura realista – fundada sobre uma compreensão orgânica e total da realidade, sobre o respeito às suas mediações complexas e sobre uma paciente construção de personagens "plenos" e rigorosamente caracterizados – lhes parecia, simplesmente, uma aspiração utópica e idealista em direção ao classicismo. À apologia do expressionismo feita por Ernst Bloch, Lukács respondeu com seu ensaio "Es geht um den Realismus" (1938); quanto às teorias estéticas de Brecht, foram submetidas a uma análise crítica detalhada em sua *Estética*. A propósito de Brecht, o núcleo da argumentação de Lukács é formado pela ideia de que a atitude de distanciamento ou de crítica do autor a respeito de suas personagens e do mundo que ele evoca é a qualidade imanente de um grande número de obras dramáticas do passado, realizadas, no entanto, pelos meios rigorosamente realistas da "figuração" (*Gestaltung*) e pelo efeito aristotélico da "catarse". Lukács encontra inteiramente justificada a polêmica de Brecht contra a "empatia" (*Einfühlung*) na arte; mas analisando, no caso das personagens de Tchekhov, o modo de confrontação das intenções subjetivas com sua significação objetiva, o crítico demonstra que as obras dramáticas do escritor russo implicam um "efeito de distanciamento", realizado pelo jogo imanente da ação e sem que seja feito o mínimo apelo ao "efeito de distanciamento" preconizado por Brecht. Quando Lukács consagra uma análise à fase final da dramaturgia de Brecht, é para demonstrar que os efeitos dramáticos profundos de suas peças estão mais próximos do traumatismo das consciências no sentido "tradicional" do que do famoso "efeito de distanciamento": o abandono da fórmula abstrato-didática das parábolas contidas nas primeiras fases do teatro de Brecht (fórmula que Lukács desaprovou) e a maturação da dramaturgia brechtiana são efetuados, dessa forma, além do próprio programa estético do dramaturgo alemão, em um sentido próximo do realismo superior das grandes obras dramáticas do tipo shakespeariano.[7]

Não é a justeza, relativa ou absoluta, da posição de Lukács, em seu desacordo com Brecht, que importa aqui. A consequência da fidelidade de Lukács à sua posição fundamental sobre o problema do realismo, desde seus textos dos anos 1930 e 1940 até sua grande *Estética*, eis o que desejaríamos sublinhar. Lukács experimentou seu método de análise do *devir* das formas artísticas no decorrer de uma vasta atividade de crítico e de historiador literário, consagrada a algumas das grandes literaturas do mundo.

Preconceitos tenazes vêm muito frequentemente falsear – e até mesmo proibir – todo debate sereno, apesar de pouco desprovido de uma posição previamente tomada, cujo objeto seria a relação estabelecida no campo das letras atuais, entre os defensores da vanguarda literária e os de uma literatura realista fiel às tradições do século XIX, mas inserida nas realidades da segunda metade de nosso século. Encontramos, de início, um preconceito de caráter pragmático e – é preciso reconhecê-lo – sociopolítico: declarar-se a favor de uma literatura realista (que, sem hiato nem ruptura com o realismo do século XIX, o prolongaria de forma enriquecedora) e, além disso, acompanhar tal profissão de

---

7 *Aesthetik*, I, Halbband II. p.185-6.

fé de uma atitude polêmica qualquer endereçada às pretensões hegemônicas da vanguarda literária significa correr o risco de ver-se imediatamente suspeito de conformismo e conservadorismo sociopolítico, significa tornar-se culpado de adotar uma postura de autodefesa diante do espírito rebelde do vanguardismo.

Entre o credo do realismo literário, de um lado, e o culto à estabilidade social ou a apologia das realidades consagradas, de outro, uma estranha sociologia permite identificar um certo tipo de equação: a que colocava o sinal de "igual" entre a perpetuação do realismo do século XIX e o culto, mantido pelos regimes sociais ávidos de estabilidade, a uma literatura moralizante, ponderada e reconfortante, encontrando seu par natural na exaltação das correntes vanguardistas e modernistas como representações das únicas formas de arte seguramente não conformistas, rebeldes e desmitificadoras. Segundo Isaac Deutscher, Lukács era o "único grande crítico literário stalinista", e justificava essa designação pelo fato de que o gosto do teórico húngaro pela literatura clássica e pelo grande romance realista do século XIX se encontraria em perfeita concordância com o culto à literatura de porte neoclássico e "realístico" que reinava nas letras soviéticas a partir dos anos 1930. Da mesma forma que a simpatia de Lukács pela literatura do "patrício" Thomas Mann e suas reservas a respeito das experiências brechtianas daquele tempo se explicariam por sua adesão à posição stalinista de aliança com as camadas burguesas no seio do frente popular antifascista e pelo abandono das exigências de uma literatura revolucionária "pura". Assim, o culto ao realismo (tipo século XIX) se encontraria sincronizado com uma atitude de conformismo social.[8] Tais raciocínios excluem, certamente, a ideia de que o realismo consequente (do gênero elogiado por Lukács) possa possuir, congenitamente, uma vocação crítica, polêmica e desmitificadora, hostil tanto a toda apologética como ao conformismo sociopolítico. Que nos seja suficiente, no entanto, fazer observar que Georg Lukács foi o primeiro, entre os grandes críticos contemporâneos, a consagrar um amplo – e elogioso – estudo à arte de Soljenitsin, estudo que, em suma, está mais de acordo com a sua estética realista.

---

8 DEUTSCHER, Isaac. Lukács, critique de Thomas Mann. *Les Temps Modernes*, juin 1966.

Mais sutilmente, ainda que no mesmo espírito, T. W. Adorno desejará buscar na crítica do vanguardismo literário, a partir das posições do realismo, razões de ordem pragmática e "ideológica". Num ensaio sobre Beckett, "Versuch, das Endspiel zu verstehen",[9] agride brutalmente Lukács: "Espíritos totalitários, como Lukács, que se desencadeiam contra este simplificador verdadeiramente terrível assentando-lhe o epíteto de decadente não são mal guiados pelos interesses de seus chefes. O que eles detestam em Beckett é o que eles traíram". Assim, o antimodernismo e o antibeckettianismo do ilustre teórico do realismo são evidentemente creditados, pura e simplesmente, à contaminação de Lukács pelo "otimismo oficial" ou por seu desejo de afixar uma "boa saúde de encomenda" ("*verordnete Gesundheit*").

A reação negativa à obra literária de Beckett se vê, então, imputada, por um procedimento oriundo da investigação psicanalítica, a um desejo de conformismo sociopolítico enterrado no inconsciente: pode-se muito bem conceber que uma visão do mundo que não a ilustrada pelo niilismo e pelo pessimismo radical das obras de Beckett apareça como uma traição ao teórico da *Dialética negativa* (para se referir ao título de uma obra de Adorno), ou ainda como uma ação de recalque de toda perspectiva que leva verdadeiramente em conta a condição humana num tempo de "negatividade social" e de "universal reificação" (segundo as próprias especificações de Adorno); mas apenas assimilar a visão otimista da história (*weltgeschichtlicher Optimismus*), como a de Lukács, a um ato de simples docilidade ao "otimismo oficial", próprio ao regime stalinista, nada tem de uma verdade demonstrada. De fato, a estética do realismo e sua demarcação crítica do modernismo e das correntes de vanguarda (o novo romance, o teatro do absurdo, a arte informal, a pop art etc.) têm razões mais profundas que as evocadas acima, e o verdadeiro debate deveria situar-se não no plano pragmático-político, mas no nível de uma discussão da morfologia dessas formas artísticas divergentes, uma discussão de ordem estética, relativa à filosofia da cultura (sem, todavia, querer escamotear as implicações sócio-históricas desses problemas).

---

9 ADORNO, Theodor. *Noten zur Literatur*. Frankfurt am Main: Suhrkamp, 1963. v.2, p.191.

Existe, inegavelmente, uma crítica do modernismo literário e das correntes de vanguarda que se vale do conservantismo e do tradicionalismo mais desusados. Tal crítica se preocupa mediocremente com as "concepções fundamentais" da literatura modernista de vanguarda para desautorizar, com sua irritação e sua indignação, o próprio fato da representação literária ou dramática das deformidades e anomalias da civilização contemporânea. Essa crítica rejeita o que há justamente de mais precioso no cerne da literatura moderna e de vanguarda, isto é, a vontade de desmistificar as aparências, de arrancar as máscaras do filistinismo e das falsas semelhanças convencionais, pela evocação das situações-limite que um mundo estandardizado e desfigurado pode impor à condição humana. É de um tal espírito que Emil Staiger se servia num discurso que se tornou célebre, *Literatur und Offentlichkeit*...,[10] sobre os romances e peças modernas que "pululam de psicopatas, de existências perigosas para a moralidade pública, de atrocidades de grande estilo e de perversões refinadas...".

O moralismo de um tal requisitório contra a literatura que exalta, complacentemente, os aspectos degradantes e puramente negativos da condição humana contra a "legião de artistas" que veriam na "cloaca ... a verdadeira imagem do mundo", contra a espantosa audácia de Peter Weiss, que, não contente em colocar em cena as garotas de Charenton, se permite compor um quadro de Auschwitz, esse moralismo, para nós, encontra seu termo natural no pedido feito aos escritores contemporâneos de evocar, em suas obras, fatos e figuras de alta virtude, "a nobreza de caráter de um homem que se comporta sem egoísmo, de uma mãe que trabalha, dia após dia, na calma, o risco de um grande amor..." etc. A analogia entre tais exigências e o moralismo de que está marcada a teoria do "herói positivo" cara ao dogma do realismo socialista não deixa, certamente, de ser eloquente. Diante do *veto* categórico oposto ao "niilismo" e à pretensa degradação temática da literatura moderna, a reação de Max Frisch

---

10 Discurso publicado em *Neue Zürcher Zeitung*, de 21 de dezembro de 1966. Emil Staiger, autor de estudos de estética e de teoria literária (*Die Kunst der Interpretation*, *Grundbegriffe der Poetik* etc.) é considerado um dos mais importantes representantes da ciência literária alemã.

é das mais significativas quando responde a Emil Staiger: "A história prova, sem contestação possível, que, todas as vezes em que se veem pairar os fascismos, a literatura, que apresenta uma cloaca como uma cloaca, vê-se tachar de niilismo, não sendo tolerada senão a literatura que serve de sala para a nobreza, a dignidade, a virtude, a fidelidade...".

Para um olhar superficial, a comparação é tentadora entre a crítica da literatura moderna que fazem os conservadores e a que Lukács, seguro de suas posições realistas, dirige contra "as invasões sempre mais maciças do patológico" em certos setores da literatura de vanguarda. Mas a analogia é apenas aparente. Ela mereceria apenas ser mencionada, não fosse a lembrança que nos deixou um texto de Hans Magnus Enzensberger,[11] o qual ataca rudemente e não hesita em estabelecer uma filiação entre os ataques que lançava o Völkischer Beobachter (órgão do partido nazista de Hitler) contra a arte modernista e a atitude crítica de Lukács em seu livro *Wider den missverstandenem Realismus* [Significado presente do realismo crítico](1958).

O caráter tradicionalista e ultraconservador da crítica de Emil Staiger ressalta não apenas a maneira anti-histórica, estranha às contingências da vida social moderna, com que são formuladas suas incriminações, mas também a ignorância deliberada de toda a problemática da literatura moderna, pretendendo opor-lhe piedosas intenções, saídas diretamente de uma concepção da vida puramente acadêmica e inspiradas pelo culto de um humanismo abstrato e impessoal.

Em compensação, a crítica do vanguardismo literário formulada pelo marxista Lukács é uma crítica imanente, que se esforça pela compreensão (a admiração por Kafka lhe inspira páginas eloquentes). Não é em nome de um tradicionalismo estético reacionário que o realismo se opõe ao vanguardismo, mas em nome da convicção de que a arte realista estaria, por definição, apta a oferecer uma representação mais complexa e mais profunda do mundo, a refleti-lo em sua "totalidade intensiva", com suas múltiplas mediações e contradições. Aquele que, em sua

---

11 ENZENSBERGER, Hans Magnus. Die Aporien der Avantgarde. In: _____. *Einzelheiten I*. Frankfurt am Main: Suhrkamp, 1962, p.294-5.

monumental *Estética*, lembrava que é possível encontrar na obra de Thomas Mann os grandes temas da literatura de vanguarda, mas integrados em um contexto mais rico, mais matizado, se prende à tradição não para fazer tábula rasa das grandes obras do vanguardismo, mas para exigir a ampliação de sua visão estreita em uma síntese artística superior.

Há, certamente, razões profundas de ordem estética e filosófica na controvérsia entre os adeptos do vanguardismo e os de um realismo conforme às exigências de nosso tempo, ainda que continuando, organicamente, as tradições do século XIX. Os teóricos do realismo literário contemporâneo não pensam de forma alguma em contestar a *legitimidade histórica* das correntes de vanguarda, ou em colocar em dúvida a *autenticidade* dos agentes ou emoções que inspiraram e continuam a inspirar as obras de vanguarda (angústia, desgosto, desespero, horror, perda de identidade, mal-estar provocado por uma realidade desnudada de sentido ou de razão de ser). Não é a garantia de autenticidade que é recusada a essas obras – Lukács era o primeiro a admitir que uma literatura que abstrai tais realidades tem a ver propriamente com a arte da maquiagem (*Schönfärberei*). A clivagem é aqui nítida entre os opositores do vanguardismo que vêm das fileiras do neoclassicismo, do academicismo ou do tradicionalismo e a posição crítica dos defensores de um realismo evoluído.

Estes últimos condenam, essencialmente, a literatura vanguardista (como Beckett) de ficar marginalizada, por sua estrutura, no nível da "imediatidade" dos agentes ou emoções, sem o menor distanciamento crítico e sem nenhuma "ultrapassagem"; eles a acusam de atribuir um caráter absoluto e universal a essa visão imediata e deformada do real e de opor à indiscutível deformidade de uma realidade irracional uma representação também disforme, de retirar de seu campo artístico a existência dessas "contraforças e contratendências" que criam um obstáculo à hegemonia da negatividade e que a lógica vanguardista tenta desvalorizar como não significantes sob o aspecto ontológico.

Um escritor como Italo Calvino estava bem próximo de compartilhar essas críticas (apesar dos sarcasmos com que ele, aliás, atormentava os hegelianos-lukácsianos) em seu notável ensaio em que opõe, antiteticamente, a atitude de "rendição ao labirinto" (*la resa al labirinto*) – designação significativa – e a atitude, ativa e não resignada, que desafia o labirinto (*sfida al labirinto*).[12]

Mas o importante teórico da literatura e da arte de vanguarda T. W. Adorno pôde escarnecer da veleidade de transformar o que ele chama de *a priori histórico de toda arte nova*, o sentimento historicamente justificado de uma solidão absoluta, da angústia em face do caos, em "erro evitável" ou "cegueira burguesa"; ele denunciou, implacavelmente, "o otimismo das contraforças", acusando Lukács de sacrificar intelectualmente o culto da "positividade rosa". Para o problema aqui debatido, pode-se certamente dar um valor paradigmático à controvérsia que coloca Lukács e Adorno um diante do outro. Os adeptos do vanguardismo incriminam, principalmente, o realismo ingênuo de seus adversários, prisioneiros de todo um sistema, quando julgam o modernismo (o próprio Adorno ridicularizou a *Neo-Naivität* de Lukács),[13] sua obstinação em agarrar-se à clássica e desusada teoria do reflexo da realidade na arte (que os vanguardistas identificam com um "materialismo vulgar", o que não impediu, de modo algum, Lukács de fazer disso a pedra angular de sua *Estética*), a concepção convencional e dogmática do progresso histórico que os inspira; mas, principalmente, sua ignorância das exigências decorrentes da autonomia da obra de arte e de seu direito de usar do mito, da alegoria e da parábola (posição hoje defendida não somente pelos teóricos "clássicos" de vanguarda, mas também pelos pensadores de formação marxista, como Ernst Fischer ou Garaudy).

Os adeptos da vanguarda negam categoricamente que a universalização e a absolutização estética, em suas obras, de um momento real, mas, segundo Lukács, parcial e transitório, numa autêntica dialética histórica (angústia, pânico diante de uma realidade irracional e incomensurável), seriam inevitavelmente de natureza a "dessocializar" a arte. Adorno pôde escrever, com acentos nitidamente polêmicos: "A questão de saber se, na literatura de vanguarda, os momentos históricos se tornaram essenciais e não foram aplanados na intemporalidade, eis o critério

---

12 CALVINO, Italo. La sfida al labirinto. In: _____. *Il Menabo*, 5. Torino: Giulio Einaudi, 1962, p.85-99.

13 ADORNO, Theodor. *Noten zur Literatur...* op. cit., p.179.

que poderia ser utilizado para julgar a grandeza dessa literatura".[14] De fato, acusar o realismo e seu principal teórico, o marxista Lukács, de preconizar tal critério de "fidelidade pragmática" à realidade é profundamente injusto. A exigência primordial do realismo não é de forma alguma a de uma *mimesis* pragmática e ingênuo-realista; há sobretudo o cuidado de fazer que, neste microcosmo que é toda verdadeira obra literária, os determinantes essenciais se reflitam em sua totalidade *intensiva* (não extensiva). O problema da *perspectiva* não é colocado de maneira extrínseca, extraestética, mas examinado na morfologia da obra, e até em seus tecidos capilares.

É preciso assinalar que os alvos da crítica realista não são, de modo algum, a alegação e a sinceridade da tendência das grandes obras de vanguarda a pintar a alienação e a reificação que desnaturalizam a existência humana; o que está em causa é a tendência a tomar esse processo de *universalização* estética como uma fatalidade ontológica. O vício redibitório do *Molloy* de Beckett, segundo Lukács, não é a propensão a anular a realidade e a reduzir a condição humana ao estado larval, mas o imobilismo e o universalismo estático do símbolo, o obscurecimento dos verdadeiros termos *a quo* e *ad quem* enquanto sobressaem na história, que presidem ao desenvolvimento do atroz drama beckettiano. Esse ponto de vista não é de modo algum o do realismo pragmático. Não tem nada a ver com a pretensão simplista de evocar "diretamente" as contraforças positivas que entravam o processo de que acabamos de falar (como os casais, com destinos opostos, de *Ana Karenina*, exemplo justamente ridicularizado por Adorno), mas visa o problema cardeal da perspectiva do mundo moderno oferecida pelo escritor.

O problema da *perspectiva* não é puramente ideológico e extraestético, mas diz respeito à escolha fundamental, viga mestra da estrutura completa da obra: ou considerar o não senso do mundo atual como um *absoluto*, sendo motivo de zombaria toda ideia de revolta humanista contra esse não senso, fazendo disso uma patacoada (assim procede um grande número de obras de vanguarda), ou então *relativizar* o sentimento do não senso e do absurdo, determinando-o e fazendo-o depender das circunstân-

---

14 Ibidem, p.163.

cias com base numa visão sócio-histórica, abrindo assim implicitamente (e não explicitamente, segundo a concepção dialética e moralizadora desacreditada por Adorno) a perspectiva de sua neutralização e de seu excesso. O *Doutor Fausto* de Thomas Mann ilustra, num plano superior, essa exigência do realismo.

Para o crítico literário, não se trata simplesmente de optar seja em favor do realismo – não isento de traços convencionais ou melodramáticos – do teatro de Rolf Hochhuth, seja em favor das parábolas de porte intemporal das peças de Beckett. Além de toda sacralização das formas do realismo tradicional ou das formas da parábola ou da alegoria modernas, o problema central diz respeito à *essência histórica* do mundo contemporâneo e à literatura apta a refleti-la; aí está o nó do debate entre Adorno e Lukács, e é aí igualmente que a posição desse último aparece mais forte. Sua relativa fraqueza, em compensação, se prende aos modelos que acreditou poder utilizar para apoiar sua crítica das grandes obras de vanguarda, de Joyce a Beckett. Deixando de lado a exceção maior de Thomas Mann, suas referências retiradas de autores como Sinclair Lewis, Roger Martin du Gard ou Arnold Zweig podem parecer anacrônicas em relação ao que se deve esperar de uma grande literatura contemporânea. Quanto ao período mais recente, suas simpatias vão apenas para escritores como Elsa Morante, Heinrich Böll, Peter Weiss, Semprun ou W. Styron. A singularidade de Georg Lukács reside precisamente em que, em pleno domínio da cena literária pelas correntes modernistas ou vanguardistas, continua a afirmar, com o constante rigor filosófico e estético de "um homem do tempo antigo" (*altmodischer Mensch*) – assim designa a si mesmo, não sem zombaria –, o credo do realismo. Seu julgamento das "bases ideológicas" da vanguarda provou sua solidez; a ouvir os arautos que, cada vez mais, anunciam *la fine dell´avanguardia* (título de um texto de Pier Paolo Pasolini), não se pode deixar de constatar a justeza do ponto de vista lukácsiano e de suas previsões quanto ao futuro da arte realista.

A elaboração de um vasto sistema de estética filosófica permitiu a Lukács demonstrar que o que se poderia considerar uma convicção estética retirada da experiência literária, que não se refere a um período histórico determinado (o realismo dos séculos XIX e XX), se baseia efetivamente em toda uma filosofia da arte e do espírito. A obra monumental de Georg Lukács intitulada *Die Eigenart des Aesthetischen*, constituindo a primeira parte, autônoma, de uma *Estética* que devia compreender três grandes seções, representa uma excepcional análise marxista da gênese do fato estético na fenomenologia do espírito humano. Lukács construiu sua demonstração sobre uma constante comparação entre a natureza da ciência e a da arte. A ciência seria, por definição, um reflexo desantropomorfizante da realidade (tendente a um coeficiente elevado de objetividade e ao desaparecimento de todo traço de antropomorfismo em seus resultados), enquanto a arte se singulariza, na constelação do espírito humano, por sua função de reflexo antropomorfizante da existência. "O que em qualquer outro domínio da vida humana seria da ordem do idealismo filosófico, em outros termos, para a tese de que nenhum objeto existe sem sujeito, se torna, na esfera do fato estético, um traço essencial de sua objetividade específica".[15]

É verdade que Lukács introduziu, de vez, uma nova categoria fundamental para circunscrever a esfera da atividade humana, a da existência cotidiana (*Alltagsleben*). A existência cotidiana, cujas particularidades formam o objeto de uma análise minuciosa, representa, na concepção de Lukács, a matriz de que, progressivamente, se destacaram, até a completa autonomia, as duas grandes divisões fundamentais do espírito: a arte e a ciência. A demonstração de Lukács, ainda que tenha por objeto a gênese do fato estético, se torna muitas vezes uma extraordinária descrição da genealogia de todas as formas do espírito. Importantes análises são consagradas à magia e à forma primitiva da vida religiosa. O esteta defende, de modo convincente, a tese segundo a qual a origem da arte estaria indissoluvelmente ligada à atividade mágica do homem primitivo, destacando-se a arte, em consequência de um processo complexo, do tronco que constituem essas formas primordiais da vida espiritual. Lukács toma cuidado em se separar constantemente – e de modo polêmico – da ideia de que o fato estético seria uma categoria *a priori* do espírito humano. Sua demonstração minuciosa examina a gênese dos diversos tipos de atividade artística e sua diferenciação, suas múltiplas articulações, a partir do plasma originário da vida cotidiana e das

---

15 *Aesthetik*, I, Halbband I, p.229.

práticas mágicas. São análises bem particulares, de grande interesse histórico e teórico, referentes a fenômenos como o ritmo, a simetria e a proporção, a ornamentação, as relações entre a magia e a *mimesis*, a significação estética das pinturas parietais da época paleolítica, enfim, como ponto culminante, a gênese das artes baseadas na organização de "mundos autônomos". O esteta marxista concluiu vitoriosamente quanto à natureza *histórica* da gênese do fenômeno estético: a arte não é uma categoria originária do espírito, mas o ponto de chegada de um desenvolvimento social e cultural muito longo e complexo. A própria consciência estética unitária da natureza da arte é um produto relativamente tardio na evolução da humanidade. A ideia de que, na origem, existia uma descontinuidade das esferas da atividade estética, uma autonomia dos diferentes tipos de arte, de que de sua experiência tenha saído progressivamente a consciência do fato estético enquanto forma constitutiva do espírito humano, essa ideia, para Lukács, é da ordem da certeza.

No centro da *Estética* de Lukács encontraremos a dialética das relações entre subjetividade e objetividade. Aqui ainda, o pensador utiliza um postulado oriundo da antropologia filosófica e da ética. A arte é definida como a "consciência de si do gênero humano". A ideia favorita de Lukács é, todavia, que o autoconhecimento do homem não é um ato solipsista ou narcísico, não podendo ser dissociado das relações individuais com o mundo objetivo. O conhecimento em profundidade de uma personalidade não tem a ver com a pura imanência (ou de uma operação de pura introspecção) mas com a totalidade das interações com o mundo circundante. Os fins a que se propõe o indivíduo não podem ser reconhecidos como válidos a não ser que se baseiem no reflexo dos determinantes essenciais da realidade. O "conhecimento de si" remete assim inevitavelmente ao conhecimento do mundo exterior, o qual rege e sofre, ao mesmo tempo, as ações do indivíduo. O ato estético estaria destinado, segundo a visão de Lukács, a exprimir esse movimento circular essencial entre subjetividade e objetividade: o universo próprio da obra de arte exprime o mundo real em suas determinações objetivas essenciais, mas unicamente em relação com as aspirações fundamentais do homem. O universo imanente da obra de arte, microcosmo da existência autossuficiente, reflete o mundo real não em sua "neutralidade" exterior, mas exclusivamente na perspectiva de sua conformidade aos impulsos profundos do sujeito humano. Lukács analisa, com muita elegância e sutileza teórica, a tensão contraditória entre subjetividade e objetividade cuja solução harmoniosa seria, por predestinação, incorporada à arte. É justamente porque a riqueza e a profundidade da subjetividade se revelam em concomitância com o processo da assimilação e da integração do mundo exterior, segundo Lukács, que esse vai se aplicar a descrever o movimento de transformação da subjetividade contingente em subjetividade dotada do atributo da universalidade, pela obra de arte, como um processo simultâneo que dá um reflexo do mundo em sua essencialidade. A *mimesis* é a categoria central da estética lukácsiana, e parece inútil assinalar até que ponto é violentamente antinaturalista o conteúdo que Lukács dá a esse conceito estético. Se é difícil negar que um verdadeiro "demônio do objeto" (para retomar a fórmula de um de seus amigos e ex-discípulos italianos, o germanista Cesare Cases) submete o pensamento do filósofo a seu domínio, não é menos verdade que ninguém valorizou ainda de modo tão penetrante o papel da subjetividade na gênese e na estrutura da obra de arte.

A *Estética* é uma obra teórica por demais complexa para que ousemos alimentar, mesmo por um instante, a ilusão de poder fazer um resumo rápido de sua estrutura única. Digamos, sem hesitar, que desde Kant e Hegel a estética filosófica – com exceção talvez de Benedetto Croce – não conheceu uma obra de tal profundidade e de tal envergadura. Uma ilustre tradição filosófica que começa com Aristóteles e Epicuro, passa por Bacon e Spinoza, por Goethe e pelo idealismo clássico alemão, culmina com Hegel e Marx, se desenvolve em sua totalidade, organicamente amplificada pelos resultados das investigações lukácsianas. Quando falamos da verdadeira descompressão espiritual operada pela *Estética* na evolução de Lukács, tínhamos igualmente em vista o modo exemplar com que o pensador marxista analisava e utilizava as teses de filósofos e sábios contemporâneos do porte de um Nicolai Hartmann ou Arnold Gehlen, Gordon Childe ou Boas, Ernst Bloch e até mesmo as de seu irredutível adversário, T. W. Adorno. Convém também ressaltar o poder de sedução e a força de persuasão das teses de Lukács referentes à "missão desfetichizadora" da arte. O trabalho de "purificação" que sofre a subjetividade própria do artista no decorrer do processo da criação, simultaneamente levada para a continuidade e a ultra-passagem (*Aufhebung*) através da acentuação dos traços que a ligam à consciência da espécie da humanidade (e o verdadeiro artista se lança *à corps perdu* no dito processo), Lukács o identifica com a indispensável ação que visa fazer explodir os *fetiches* que encadeiam o ser humano e a realizar um harmonioso equilíbrio entre subjetividade e objetividade. O sentimento de frescor e de liberdade que marca o prazer estético não é separável do efeito *catártico* da verdadeira obra de arte. Se Lukács recusa toda uma evolução da literatura moderna, é precisamente em razão de sua convicção de que as obras dessa corrente aceitam, sem nenhuma resistência, e congelam, quando o absolutizam, esse fator de alienação que é a tensão sem saída entre a objetividade "morta" e a subjetividade "expatriada". Quanto a Lukács, pensa firmemente que não há arte possível sem a neutralização desse fator, sem tentar "desfetichizar" a existência humana. Como o fato estético implica, por sua natureza, a representação de um mundo conforme às aspirações do sujeito humano, não se pode conceber arte contemporânea durável que não se prenda a preservar a quintessência da pessoa humana e a afirmar sua indestrutibilidade.[16]

Anima candidissima!, proferirá Ernst Bloch, em referência a Lukács e à sua busca de plenitude e de totalidade – incorporadas na substância da obra de arte. O que não impedirá Lukács, soberanamente seguro de si, de manter e de apoiar, sempre mais solidamente, seu ponto de vista, do qual uma obra de excepcional amplitude atestará o valor e a fecundidade.

---

16 Cf. o capítulo "O homem, semente ou concha?".

2. ÀS ORIGENS DO PENSAMENTO ESTÉTICO DE GEORG LUKÁCS

A continuidade e a descontinuidade na evolução intelectual de Georg Lukács apresentam, sem dúvida alguma, um dos mais árduos problemas. Ele mesmo fez questão de evidenciar as rupturas, os cortes e as mutações em seu *devir* intelectual. Uma questão tão perturbadora quanto legítima surge todavia: não obstante a descontinuidade afirmada tão nitidamente, não poderíamos identificar um elemento central estável, um feixe de motivações imutáveis que, reunidas, mostrassem a verdadeira *forma mentis* lukácsiana? Uma leitura retrospectiva dos textos de Lukács, da juventude à maturidade – situando-se na perspectiva das teses finais da grande *Estética* – permite que se façam observações particularmente interessantes. Chegaremos mesmo a descobrir uma série de temas constantes e de ideias obsedantes, os quais, apesar das variações em contraponto – e até de certas metamorfoses radicais – conservam sua substância inicial.

A convicção de que a grande arte é sempre inspirada pelo sentimento de uma possível harmonia entre a interioridade e a exterioridade, entre a alma e o destino, entre as aspirações e a realidade do mundo objetivo aparece, de maneira difusa ou explícita, desde os primeiros trabalhos de Lukács. A afirmação de Novalis – "destino e estado d'alma são termos que designam um mesmo conceito"[1] – a respeito da qual Lukács pensava que ex-

---

1 *"Das Schicksal und Gemüt Namen eines Begriffes seien".*

primia uma aspiração muito problemática em relação à realidade, mas perfeitamente legítima quanto à estrutura da verdadeira obra de arte, é citada, por sua exemplaridade, desde 1911, em *A alma e as formas*, reaparece na *Teoria do romance* (1916) e reencontra-se, com o mesmo valor exemplar, na *Estética*. O sentimento frequente da opacidade ou da impenetrabilidade da realidade objetiva, com relação às profundas aspirações da consciência, está como que dissolvido na obra artística autêntica (por relativização, "supressão" etc.), e a arte tende a recompor o equilíbrio entre subjetividade e objetividade, oferecendo à alma *expatriada* ou *exilada* uma imagem do mundo que lhe serve de pátria, de realidade "conforme à essência humana".

Os capítulos, traduzidos em alemão, do primeiro livro de Lukács, *História do drama moderno*,[2] têm como tema dominante a dificuldade de um drama autêntico desabrochar nas condições da vida moderna, com seu caráter árido e repugnante. O contraste entre o drama antigo, ou shakespeariano, e o drama moderno da era burguesa estava no centro de suas preocupações. Sob a influência direta dos textos de Georg Simmel, Lukács destacava, com insistência, a quase total submissão do indivíduo a mecanismos e forças impessoais que caracterizariam o "estilo de vida" do mundo moderno. A dominação quase absoluta que exercem as instituições e as formas de troca sobre o indivíduo, a primazia do quantitativo sobre o qualitativo, a extrema abstratização e intelectualização da vida, tais eram as considerações de origem simmeliana que voltam, como *leitmotiv*, em Lukács. Com esse sombrio quadro social como pano de fundo, o jovem autor lamentava o desaparecimento do sentimento metafísico de unidade e coerência do mundo que estivera na base do drama antigo ou shakespeariano. O jovem Lukács fazia sobressair a ética única e unitária (*Ein-Ethik*) que, ao mesmo tempo, constituiria o ponto central e a força centrípeta dos dramas shakespearianos. A complexidade crescente da vida moderna e a onipotência do dinheiro, como defendia Georg Simmel em sua *Philosophie des Geldes*, provocaram simultaneamente, por um lado, a atomização

---

2 Publicados com o título "Zur Sociologie des modernen Dramas" na revista *Archiv für Sozialwissenschaft und Sozialpolitik*, v.38, p.304-45, 662-706, 1914.

individualista e a implacável relativização da existência na sociedade moderna e, por outro, a abstratização e a despersonalização da vida. A principal consequência disso era o caráter sempre mais "problemático" da forma dramática em virtude da dissolução de seus fundamentos *objetivos*. Adivinha-se, seguindo-se seus desenvolvimentos, que o primeiro Lukács se apiedava da perda da autonomia e da soberania do sujeito, decorrente da totalidade das condições objetivas. A vida moderna teria destruído o antigo equilíbrio entre subjetividade e objetividade, deixando ao indivíduo apenas um papel de simples acessório, de peão subalterno entre as forças impessoais que o envolveriam e o ultrapassariam. Eram os versos de Rilke que pareciam exprimir mais fielmente a nova "condição humana" do indivíduo na sociedade burguesa moderna, e ao mesmo tempo o caráter sempre mais indeterminado e universal do sofrimento:

Und ahnend einzusehen wie unpersönlich
Wie über alle hin das Leid geschah…*

As análises utilizadas, com base nos conceitos de Simmel, com o objetivo de desmontar a estrutura da sociedade burguesa moderna eram transpostas, um pouco brutal e mecanicamente, para o plano estético, de forma a serem aplicadas à estrutura da forma dramática. A solidão crescente que marca as relações entre os membros da sociedade moderna e a vida cada vez mais regida pela transformação "dos meios em fins" incitam o jovem Lukács a estudar os efeitos das novas formas da vida social, em tudo desfavoráveis à estrutura do drama moderno. O *leitmotiv* de suas considerações é o desaparecimento do caráter espontâneo, orgânico e *naïf* das situações dramáticas ou trágicas. A relatividade dos valores teria provocado o desaparecimento do "centro estável" (*festes Zentrum*) e de um sistema de valores morais experimentado no qual Lukács já via o dinheiro determinando a configuração de toda obra de arte válida. É significativa a esse respeito a citação de Hebbel: "Só a patologia permite dar uma vida dramática a homens sem dramas". A sociologia da socieda-

---

* E, pressentindo, quão impessoalmente / Como o sofrimento se abatia sobre todos. (N.E.)

de moderna e a estética do drama moderno se encontrariam diretamente ligadas: "O problema da forma do drama moderno e a metafísica que a ele subjaz requerem uma sociologia específica".[3]

No entanto, em um prefácio a uma coletânea de seus textos lançada em 1968, em húngaro, intitulada *A arte e a sociedade*, o próprio Lukács reconhecerá que as correspondências estabelecidas, em sua primeira obra, entre a estrutura social e a forma do drama moderno eram excessivamente mecânicas e diretas. A situação de crise da sociedade burguesa não tem por corolário automático uma crise simétrica da forma dramática. O drama surge, por definição, de um conflito entre as normas morais, e, apesar da fidelidade do velho Lukács à tese segundo a qual a vida na sociedade burguesa era "desfavorável" à eclosão da poesia dramática, não podia mais admitir sua irredutível incapacidade de dar à luz autênticas obras dramáticas. Um julgamento tão radical sobre a crise da arte moderna quanto o expresso outrora – *"Das neue Drama ist das Drama des Bürgertums – und es gibt kaum bürgerliche Dramen"** – devia, sem dúvida, parecer a Lukács excessivo em sua negatividade. Ele próprio vai corrigir esse ponto de vista puramente negativo sobre a situação da forma dramática na sociedade moderna no ensaio intitulado *Metafísica da tragédia*, com o qual termina sua primeira obra verdadeiramente importante, *A alma e as formas* (1911).

Devemos lembrar que os fragmentos publicados com o título *Zur Soziologie des modernen Dramas* contêm em germe algumas das ideias capitais dos textos ulteriores. As observações do jovem Lukács referentes à dissolução das antigas formas orgânicas de vida e ao caráter sempre mais problemático da existência em uma sociedade sob o domínio simultâneo do individualismo e da reificação das relações humanas nos permitem compreender melhor a substrutura sociológica dos ensaios contidos em *A alma e as formas* e mesmo a da *Teoria do romance*. A atitude negativa em relação aos aspectos da sociedade existente (o próprio autor define seu estado de espírito, em sua primeira obra da juventude, com a expressão *Gegenwartspessimismus*, "pessimismo

---

3 Ibidem, p.341-2.

* O novo drama é o drama da burguesia – e há poucos dramas bugueses. (N.E.)

em face do presente") explica o intenso esforço de Lukács para dissecar, em *A alma e as formas*, as diversas e dramáticas tentativas do artista moderno, que busca encontrar, no plano estético, uma solução para a sua situação de crise. A proposição-chave localizada no início da *Teoria do romance*: "Não há mais totalidade espontânea do ser" (*Gibt es keine spontane Seinstotalität mehr*),[4] sintetiza, sob uma forma precisa e radical, as observações de sua primeira obra. Os trágicos dilemas do artista moderno, confrontado com a realidade prosaica e convencional, o qual, tendo perdido "a imanência do sentido", aspira intensamente a recobrar esse senso perdido da existência através da pura produção do espírito, servem de tema a alguns dos principais estudos contidos em *A alma e as formas*.

Dois dos mais significativos ensaios, um dedicado a Novalis (1907), o outro a Kierkegaard (1909), abordam o tema – que parece ter vivamente preocupado o jovem Lukács – da inclinação para "estetizar a vida", para viver segundo "princípios poéticos". O espírito de Oscar Wilde flutuava, provavelmente, no ar daquele tempo. A interrupção ocorrida nas cartas alemãs com a reação do romântico Novalis ao *Wilhelm Meister*, do clássico Goethe, o antagonismo definitivo entre "o idealismo mágico" do primeiro e "o ateísmo estético" do segundo (para empregar as próprias expressões de Novalis) tornar-se-ão um dos paradigmas das convicções estéticas de Lukács. A atitude do jovem Lukács em relação à filosofia romântica da vida é muito mais interessante de ser seguida do que sua posição acerca do romantismo alemão, que será categoricamente negativa em seus trabalhos da maturidade. O espírito do movimento romântico alemão, oriundo de Iéna no fim do século XVIII, estava exposto em seu artigo "A filosofia romântica da vida" com uma total compreensão. Lukács utilizava a expressão bastante feliz *panpoetismo* para caracterizar a natureza da *Weltanschauung*, de Novalis. É normal que hoje o sentimento do jovem Lukács, referente à maneira com que os românticos tratavam a dicotomia sujeito-objeto, seja objeto de uma atenção especial. A intenção de suprimir a dualidade do universo exterior e interior, a tendência a reduzir o movimento

---

4 *Die Theorie des Romans.* Neuwied und Berlin: Luchterhand Verlag, 1963, p.32.

do mundo objetivo ao puro movimento do espírito poético, a vontade de aniquilar a autonomia da natureza circundante (tida como uma simples aparência, como uma ilusão) e de afirmar a soberania absoluta do "eu poético" são os atributos fundamentais do pensamento de Novalis. *"Todos os acasos de nossa vida são materiais com os quais podemos fazer o que queremos". "O mundo deve ser tal como eu o quero* ... O mundo tem uma capacidade original de ser animado por mim ..., de se conformar à minha vontade".[5]

Analisando o panpoetismo da filosofia romântica de Novalis, Lukács fornecia algumas observações reveladoras. A pretensão, alimentada pelos românticos, de suprimir por uma operação mágica de soberana vontade as asperezas, as contrariedades e os limites da existência objetiva, e de realizar uma feliz osmose entre a lei do sonho e o movimento real, era definida como um ato que visa a "poetização do destino, e não a sua formação, nem a sua ultrapassagem". Veem-se despontar aqui, ainda bastante timidamente, as acusações essenciais que Lukács dirigirá mais tarde à filosofia romântica alemã e a seu mais representativo porta-voz, Novalis. O autor de *Heinrich von Ofterdingen* tinha defendido que os mais dolorosos acontecimentos da vida perdiam sua negatividade se fossem obrigados a se converter pela interiorização: o eu deve impor a lei de sua vontade e de sua força de criação mágica para fazer da existência um espaço de harmonia e de felicidade. Lukács meditava sobre o postulado romântico segundo o qual haveria uma arte de viver sua vida graças à "poesia tornada ato", uma maneira de transformar as mais profundas leis da fantasia poética em imperativos da vida. No entanto, em seu ensaio da juventude, a evocação da patética figura de Novalis aparecia com expressas reservas ao princípio que sujeita a vida às normas estéticas. Com toda certeza, não aceitava a possibilidade de dissolver, pura e simplesmente, as leis da realidade nas leis da fantasia poética. O jovem Lukács observava, com espírito penetrante, que a espetacular gesticulação dos românticos não anulava, a não ser *em aparência*, a enorme distância que separa a

---

5 Citado por Albert Béguin, *L'Âme Romantique et le Rêve*, José Corti, 1967, p.201. (Destaques do original.)

poesia e a vida. Nem mesmo hesitava em apresentar os arrebatamentos paradisíacos dos românticos como seu "voo ao mesmo tempo *heroico* e *frívolo* em direção ao céu" (o destaque é nosso), e observava, não sem profundidade, que "sua mais alta aspiração era eliminar por toda parte a tragédia, dissolver, de maneira não trágica, as situações trágicas".[6]

Os comentários críticos referentes à "funesta cegueira dos românticos", incapazes de captar a significação dos "limites" na existência real, seu poder simultaneamente constrangedor e estimulante, tomam uma coloração especial quando os consideramos do ângulo da última posição de Lukács sobre o problema das relações entre subjetividade e objetividade. O jovem Lukács mostrava que o choque contra os "limites" não era para a subjetividade dos românticos a tragédia que representa para aqueles que estão habituados a viver com uma implacável lucidez, nem também a ocasião de criar uma obra autêntica: os limites se tornavam "para eles um desabamento, o despertar de um belo sonho exaltado, um fim triste e trágico, sem voo nem enriquecimento".[7]

Isto são apenas antecipações, ainda discretas e rudimentares, da crítica de fundo que Lukács trará para a "arte romântica de viver" (*der romantischen Lebenskunst*) e a toda a filosofia romântica da existência. Os limites e as contradições trágicas da existência não podem ser pura e simplesmente apagados pela afirmação da soberania da subjetividade e pela vontade de "poetizar a vida"; os limites e paradoxos da existência devem ser encarados e dominados, e não "colocados entre parênteses" pela criação de um universo fictício relacionado com a pura interioridade. O elogio que Novalis – que, mais que qualquer outro, tinha se aplicado, com uma perfeita lógica, a transpor para sua própria vida os princípios da filosofia romântica – fazia da *morte* e de seu poder libertador tornava-se para Lukács o claro símbolo do impasse em que se engajava o romantismo em toda a sua totalidade. Seu ensaio da juventude termina pela constatação reveladora de que, para os românticos, "a filosofia da vida era apenas uma filosofia da morte, sua arte de viver não era senão uma arte de morrer". Como o princípio de estetização da vida

---

6 *Die Seele und die Formen*. Luchterhand Verlag, 1971, p.76, 78.
7 Ibidem, p.76.

encontrava em Novalis seu ponto culminante com o elogio da "bela morte", o movimento romântico teria, por isso mesmo, alcançado seu irremediável fracasso.

Nas conclusões do ensaio sobre Kierkegaard, "Das Zerschellen der Form am Leben" [Explosão da forma em contato com a vida], encontra-se o mesmo afastamento da noção de vida poetizada. Esse ensaio analisa, com muita sutileza, a significação do famoso "gesto" de Søren Kierkegaard: a súbita separação de sua noiva, Régine Olsen. Lukács examina o ato paradoxal de Kierkegaard pelo prisma da dialética filosófica kierkegaardiana e das teses desse pensador sobre a relação entre o relativo e o absoluto. Kierkegaard teria deixado Régine Olsen para preservar seu amor das alterações e degradações a que a vida, com seus compromissos e impurezas, fazia-o expor-se. A ruptura tornava-se, paradoxalmente, o único meio de proteger a qualidade absoluta de seu amor. Um ato assim só é, todavia, inteligível quando exprime a vontade, levada ao extremo, de "poetizar a vida" e esclarece a necessidade de submeter a vida ao princípio estético. O estetismo e o ascetismo de Kierkegaard seriam, então, apenas duas manifestações da mesma vontade de afirmar os direitos soberanos da subjetividade. Lukács, contudo, mostra algum ceticismo a respeito da pretensão de submeter a vida à lei do absoluto estético, de ver somente "o absoluto na vida e não compromissos superficiais", quando se interroga: "... Não é um compromisso ver a vida sem compromisso? Uma tal fixação (*Festnageln*) da absolutidade não consiste antes em esquivar-se da obrigação de considerar tudo?" Não se esconde, apesar disso, "um compromisso por trás de sua mais violenta negação? Pode-se ser probo em relação à vida e estilizar seus acontecimentos no elemento poético?"[8]

As conclusões do esboço estabelecem a constatação de fracasso da tentativa heroica de Søren Kierkegaard: a vida não se deixa correr no molde imaginário construído por um "gesto". Os fantasmas não podem impor sua lei própria à realidade objetiva. No final de contas, toda tentativa de organizar a vida real segundo os critérios da consciência estética e de curvá-la à lei de um "gesto" unívoco está irremediavelmente destinada ao fracasso.

---

8 Ibidem, p.50.

Se continuamos a insistir nesses trabalhos da juventude é porque neles se encontra, em estado latente e difuso, nas passagens críticas a respeito da pretensão de estetizar a vida, uma ideia cardeal da obra da maturidade. Georg Lukács permanecerá o irreconciliável adversário de toda tentação de fazer dos impulsos e inclinações da pura subjetividade, destacada de suas relações objetivas com o mundo e os homens, um fundamento da conduta prática e da vida moral. O estetismo como forma de vida não representará, para Lukács, senão o caso-limite de tais tendências. Para fortalecer sua posição, Lukács encontrará dois argumentos decisivos: primeiro, em Goethe, cuja fina ironia se prende – em *Wilhelm Meister* – às veleidades de adaptar os princípios estéticos à vida corrente e, principalmente, às "belas almas"; depois, em Hegel, o qual por sua vez submete à crítica esse mesmo comportamento de "bela alma" (*die schöne Seele*). Hegel com efeito deu uma notável descrição desse comportamento, desvelando a inanidade da atitude puramente contemplativa e introspectiva:

> A consciência vive na angústia de profanar o esplendor de sua interioridade pela ação e pelo ser-aí, e, para preservar a pureza de seu coração, evita o contato da efetividade e persiste na impotência obstinada, a impotência para renunciar a seu Si refinado até o supremo grau de abstração, para se dar a substancialidade, para transformar seu pensamento em ser ... Nessa pureza transparente de seus momentos, torna-se uma *bela alma* infeliz, como é chamada, sua luz se extingue pouco a pouco em si mesma, e se esvai como um vapor sem forma que se dissolve no ar.[9]

É revelador que em sua grande *Estética* Lukács faça preceder sua crítica das tendências à "estetização da vida" pela evocação das páginas de Hegel sobre "a bela alma". Encontramos a crítica tímida e ainda velada dos ensaios da juventude, dirigida contra o "panpoetismo" de Novalis e contra o estetismo como forma de

---

9 HEGEL, Georg Wilheim Friedrich. *La Phénomenologie de l'Esprit*. Traduit par Jean Hyppolite. Paris: Aubier Montaigne, s.d. [Edição brasileira: *Fenomenologia do espírito*. Tradução de Paulo Meneses. Petrópolis: Vozes, 1992. Parte 2, p.34. (N.E.)]

vida em Kierkegaard, amplificada e radicalizada na seção intitulada "Zwischen Ethik und Aesthetik" do capítulo "Problemas do belo natural" da *Estética*. A crítica fundamental feita ao "idealismo mágico" de Novalis é completamente típica da concepção final luckácsiana das relações entre sujeito e objeto. Atacando a crítica hegeliana da "bela alma", Lukács mostrava que a vontade dos românticos de viver segundo as normas da subjetividade estética escondia, de fato, sua recusa em reconhecer tanto a densidade e a substancialidade da realidade como seus objetivos imperativos: "O que falta nos românticos é, pura e simplesmente, a coragem, a energia, a capacidade de adotar para a vida soluções do gênero daquelas que retêm Lothario ou Nathalie" (são as duas personagens exemplares do romance *Os anos de aprendizagem de Wilhelm* Meister, de Goethe, as quais agarram a realidade, dominam-na através de múltiplas mediações e "compromissos", colocando-se, assim, como antípodas das personagens românticas, como Mignon ou o tocador de harpa, que Goethe trata com uma leve ironia). Quanto a Kierkegaard, Lukács mostrava, no capítulo acima mencionado de sua *Estética*, que na realidade, apesar de todas as críticas dirigidas à filosofia romântica da vida, só fazia amplificar e levar ao extremo em seus textos o estetismo romântico. A esse propósito, é dos mais severos o julgamento feito sobre Kierkegaard: "Nisto se encontram concentrados e desenvolvidos todos os traços que marcaram o período ulterior da decadência e que levaram à estetização fútil da vida, desembocando, muitas vezes, numa cabotinagem cheia de fatuidade".[10]

Voltando à *A alma e as formas*, é preciso mencionar que o próprio Lukács assinalará em sua *Estética*, não sem um orgulho secreto, a tendência crítica a respeito do princípio da estetização da vida, perceptível em seus ensaios da juventude. O evidente interesse em uma breve retrospecção da *Estética* se explica pelo fato de sugerir a presença de uma orientação anti-impressionista e antiestetizante desde o início de sua atividade, isto é, numa época em que o estetismo e o impressionismo estavam em voga:

---

10 LUKÁCS, Georg. *Die Eigenart des Aesthetischen*, *Teil* I, *Halbband* II. Neuwied e Berlin: Luchterhand Verlag, 1963, p.526.

Por mais ingênua e desajeitada que pareça na perspectiva atual, essa crítica[11] tem, em relação a seus contemporâneos, o mérito de ter evidenciado, em ambos os casos, o necessário fracasso de uma tal tendência, enquanto Rudolf Kassner, que, naquele tempo, eu admirava, podia ainda afirmar, em seu próprio ensaio sobre Kierkegaard – ao qual o meu faz referência –, que esse último soube poetizar sua vida ...[12]

Pode parecer surpreendente que Lukács, com uma igual compreensão, tenha podido tratar, em sua primeira obra importante, de figuras literárias tão diferentes como Theodor Storm e Stefan George. Não há, aparentemente, nenhum elo possível entre o ensaio intitulado "O espírito burguês e a arte pela arte", consagrado a Storm, e o ensaio dedicado a Stefan George, "A nova solidão e seu lirismo". O que poderia aproximar a delicada e terna poesia da antiga vida burguesa no Holstein, de Theodor Storm, e o aristocratismo, a orgulhosa solidão da criação de Stefan George? Na verdade, estamos em presença de duas faces profundamente diferentes do mesmo problema-chave que é a fonte de inspiração da maior parte dos estudos contidos em *A alma e as formas*: a relação sempre mais trágica entre a arte e a vida, entre a criação do artista moderno e a problemática da vida burguesa.

O texto sobre Theodor Storm, o qual entusiasmou Thomas Mann, é dos mais sintomáticos, não somente para o período da juventude de Lukács, mas também para sua orientação futura. Lukács se entrega a toda uma série de aproximações reveladoras entre o estilo de vida da velha burguesia, representada por Theodor Storm ou Conrad Ferdinand Meyer, e o culto da arte pela arte, professado pelos estetas alemães. É particularmente digna de interesse a sutileza da analogia estabelecida entre o culto à ordem e à regularidade, próprio ao antigo modo de vida burguês, e o culto à perfeição artesanal dos estetas, como Theodor Storm. O espírito burguês, em seu sentido original, significava trabalho realizado com um máximo de exigência escrupulosa. A satisfação ou o prazer imediatos eram sacrificados em benefício

---

11 Trata-se da crítica ao princípio da estetização da vida contida nos capítulos consagrados a Novalis e a Kierkegaard.

12 LUKÁCS, Georg. *Die Eigenart des Aesthetischen*, op. cit.

da atividade que requer consciência e dedicação absoluta: "Para o verdadeiro burguês, sua vocação burguesa não é uma tarefa, mas uma forma de vida, alguma coisa que determina, de algum modo *independentemente do conteúdo*, o tempo, o ritmo, o contorno, em uma palavra o *estilo de vida*".[13] Lukács demonstra que para os estetas alemães do gênero de Theodor Storm o culto à arte pela arte, à obra enquanto realidade autossuficiente e concluída, não era senão o prolongamento direto e organizado do estilo de vida definido acima. A osmose acontecia naturalmente e a aproximação paradoxal entre *espírito burguês* e *arte pela arte* tinha a ver, de fato, com o processo normal. Mas convém sobretudo destacar aqui o papel decisivo que representa a *ética* na cristalização do estilo de vida burguês e da variante germânica do estetismo, tão finamente definidos por Lukács. O domínio das apetências puramente hedonistas, a representação de todo desregramento dos instintos ou sensações, a instauração de um estilo de vida rigorista com base no equilíbrio e na integridade, eis aí atributos constitutivos da forma de vida burguesa em seu sentido original (próximo do apresentado por Max Weber em sua célebre obra *A ética protestante e o espírito do capitalismo*). A definição proposta pelo jovem Lukács é das mais expressivas e deixa adivinhar uma escolha significativa em sua própria trajetória espiritual:

> A vocação burguesa, enquanto forma de vida, significa, em primeiro lugar, o primado da ética na vida; significa que a vida é dominada por algo que se repete sistematicamente, segundo uma regra, ... pelo que deve necessariamente ser feito sem consideração do prazer ou do desprazer. Em outras palavras: o domínio da ordem sobre a totalidade da alma, do permanente sobre o momentâneo, do trabalho tranquilo sobre a genialidade nutrida de sensações.[14]

Lukács tornava evidente, com uma simpatia não dissimulada, a unidade entre o universo moral da sociedade descrita por Theodor Storm e a estrutura estética harmoniosa tanto de sua obra poética como de suas novelas. O crítico dava uma atenção

---

13 LUKÁCS, Georg. *Die Seele und die Formen*, op. cit., p.84 (grifo nosso).
14 Ibidem, p.84-5.

particular a essa situação na qual a utilização instintiva de uma escala de valores segura permitia ao artista mover-se à vontade entre a arte e a vida. O senso do dever, cultivado com uma inabalável firmeza pelos heróis de Storm, encontra-se igualmente na base do credo artístico do poeta e do novelista. É certo que tanto a compreensão como a atração do jovem Lukács por essa associação específica da moral rigorista e do culto da perfeição artística são devidas precisamente à espontaneidade e à ingenuidade das relações entre a arte e o estilo de vida, à ausência de tensão trágica entre o caráter apoético e amorfo da realidade e a sede de perfeição do artista, essa tensão que se encontra na origem dos grandes dramas do artista moderno. Desde a introdução, percebe-se claramente para onde vai o interesse do ensaísta: "... Que a arte fosse acabada em si mesma e só obedecesse a suas próprias leis, isso não era a consequência de um violento desprendimento da vida; ao contrário, existia pelo amor de si mesma, da mesma maneira que todo trabalho realizado com probidade existe pelo amor de si mesmo".[15] O conjunto dos traços descritivos de Storm concorre para compor a imagem de um dos últimos representantes do tipo de artista "orgânico", não problemático, de fibra moral intacta: "Nunca houve algo de problemático nessa vida. Os maiores sofrimentos a assaltaram e tentaram destruí-la, mas houve algo de sólido que resistiu a eles".[16] Para os heróis de Storm, "a ética constitui ... uma função vital tão natural quanto a respiração ... Assim, a infelicidade mais profunda acontece na vida quando o poder irresistível das circunstâncias da vida constrange o homem a um ato que seu sentimento moral condena, o qual aprecia com uma infalível segurança".[17]

Em tal artista, o culto da *arte pela arte* era, então, apenas a outra face do sentido do dever. Ao mesmo tempo, o jovem Lukács expunha as raízes sócio-históricas da criação em Storm, Keller ou Conrad Ferdinand Meyer: eram os últimos representantes na literatura do "espírito burguês" íntegro, ainda não atingido pela dissolução moral da burguesia moderna. O julgamento que fazia

---

15 Ibidem, p.82.
16 Ibidem, p.88.
17 Ibidem, p.99.

desses escritores não variará, depois, em Lukács; em *Skizze einer Geschichte der neueren deutschen Literatur* [Breve história da literatura alemã],[18] defende que a perpetuação de um autêntico realismo na Alemanha da segunda metade do século XIX não estava no fato de que escritores fossem "figuras isoladas", mesmo geograficamente (Storm morava em Holstein; C. F. Meyer era suíço). O ensaio da juventude acentuava a correspondência entre a retidão moral e o equilíbrio da forma. A atmosfera das narrativas de Storm era comparada à dos velhos interiores holandeses (fazendo ressaltar que o ambiente de felicidade ingênua desses últimos cedia lugar a uma poesia resignada); a linha de junção entre a pintura de um Leibl e a de Holbein era igualmente evocada, mas para ressaltar que os pré-rafaelistas ingleses, quaisquer que fossem seus planos nostálgicos, ficaram muito distantes dos pintores florentinos.

O que devia, principalmente, suscitar o interesse e o entusiasmo de Thomas Mann era o modo como apresenta o contraste entre o estetismo de Flaubert e o culto da arte pela arte dos escritores alemães, como Theodor Storm. O estetismo de Flaubert nasceu em resposta à platitude e ao prosaísmo da vida burguesa ordinária, é um ato de "ascese" diante de um tal gênero de existência, a expressão da vontade de refugiar-se no absoluto da arte. Em compensação, segundo Lukács, o culto à arte dos autores alemães estava em harmonia *não forçada* com seu estilo de vida burguês. A perfeição artesanal era, em Flaubert, o objeto de uma pesquisa "sentimental" (no sentido schilleriano da palavra), de uma luta acerba contra a matéria rebelde, enquanto em Storm, Keller e Fontane teria a marca da *ingenuidade*. A forte tensão entre o culto à arte e o modo de vida burguês, enquanto característica em Flaubert, não existe ainda nos estetas alemães.

Na introdução do capítulo "Bürgerlichkeit", de seu livro *Betrachtungen eines Unpolitischen* [Considerações de um apolítico][19] (1918), Thomas Mann notava a "bela, profunda obra do jovem ensaísta ... Georg von Lukács intitulada *A alma e as formas*", e podia, com razão, descobrir uma afinidade entre o texto

---

18 Aufbau-Verlag, Berlin, 1948.

19 MANN, Thomas. *Betrachtungen eines Unpolitischen*. S. Fischer Verlag, 1956.

sobre Theodor Storm e o espírito de sua própria criação. Thomas Mann estava seduzido pela ideia da preeminência do fato moral na *forma mentis* dos artistas alemães estudados por Lukács, pela fusão, à primeira vista paradoxal e, no entanto, evidente, entre o espírito burguês e o amor à perfeição artística em escritores como Storm ou C. F. Meyer. "Isto é admirável, muito fino, muito verdadeiro!", exclama depois de ter resumido as considerações de Lukács. Encontrava, como já dissemos, um interesse cativante em fazer a oposição do "estetismo monacal" de escritores como Flaubert à variante especificamente germânica da busca estética. A ideia flaubertiana da necessidade de destruir e reprimir a vida para permitir o triunfo da arte ("o homem não é nada, a obra é tudo") não era compartilhada por Thomas Mann, para quem a dimensão ética do trabalho artístico sobressaía da verdade cardeal. O caráter homogêneo da relação que unia a arte enquanto modalidade do equilíbrio existencial e as outras formas de trabalho humano era realçado por Lukács, que fazia disso um atributo dos artistas do quilate de Storm; e estava ali uma ideia que o autor de *Tonio Kröger* abraçava com fervor. A partir das considerações de Lukács, Thomas Mann formulava sua própria profissão de fé:

> Na realidade, "a arte" não é senão o meio pelo qual cumpro, sob o aspecto ético, minha vida. Minha "obra" – *sit venia verbo* – não é o produto, o sentido e o fim de uma negação ascético-orgíaca da vida, mas uma forma de manifestação ética de minha própria vida ... A vida não é o meio de atingir o ideal da realização estética, mas o trabalho constitui um símbolo ético da vida.

Thomas Mann estava, assim, fundamentado para reivindicar o direito não somente de usar superlativos para elogiar o ensaio de Lukács, mas também de "reconhecer-se nele". Tinha razão igualmente em escrever: *"Auf ein Wissen, zu dem wir durch unser Sein mit verholfen, haben wir ohne Zweifel ein besonderes Anrecht"*[20] ("um direito particular deve, evidentemente, ser-nos reconhecido sobre um saber ao qual nossa existência serviu de matéria").

---

20 Ibidem, p.94-6.

O próprio Lukács admitirá mais tarde, no prefácio de sua obra de 1948 sobre Thomas Mann, fazendo alusão a seus começos: "O problema Tonio Kröger (do mesmo modo que o "Epílogo", de Ibsen) esteve no centro das mais importantes motivações que orientaram minha produção da juventude".[21] O drama do artista que vive com o sentimento da heterogeneidade forçada da arte e da vida, seu desejo profundo de encontrar o contato com a vida eram os temas da narrativa de Thomas Mann. Sua conclusão, com a atitude polêmica do herói (e do próprio autor) para esse gênero de artista de gênio demoníaco que, por seus gestos excêntricos, mostra o desprezo pela vida terra a terra de seus semelhantes, influenciou certamente o ensaio de Lukács sobre Theodor Storm. Tonio Kröger, escrevendo à sua amiga Lisaveta Ivanovna, reconhece que era bem um "burguês desencaminhado na arte", como, aliás, ela o havia chamado: "Eu me pergunto se a senhora se dá conta de quanto a senhora dizia a verdade falando assim, de quanto minha essência burguesa e meu amor pela 'vida' são uma só e mesma coisa". Thomas Mann se dissociava, de modo crítico, tanto do estetismo à base de gênio como do apego a uma vida desregrada e debochada. Compreende-se que o retrato, traçado por Lukács, do artista cujo amor pela arte se funde harmoniosamente no rigor moral tenha encontrado o assentimento entusiasta de Thomas Mann. Este só podia adotar, de todo coração, a noção da unidade dos espaços ético e estético (ainda que fosse com o primado da ética). O parentesco entre as reflexões de Lukács e o espírito de suas próprias obras era evidente. O dilema do artista encurralado entre dois mundos ("Vós, artistas, vós me chamais um burguês, e os burgueses são tentados a me prender...", escreve Tonio Kröger à sua amiga) vibra em toda a problemática dos textos reunidos em *A alma e as formas*. Considerando os raciocínios de Lukács a propósito de Storm, Thomas Mann chegava mesmo a afirmar sua intenção irônica a respeito da aspiração *inicial* de seu herói, Tonio Kröger, de sacrificar a vida pela arte, de seu desejo de morrer "para ser totalmente um criador"; nesse mesmo contexto, da mesma forma, podia distanciar-se resolutamente do

---

21 LUKÁCS, Georg. *Deutsche Literatur in Zwei Jahrhunderten*, *Werke*, *Band* VII. Luchterhand Verlag, 1964, p.501.

"anacoretismo" de Flaubert e mais ainda da "insuportável fan-farronada" estetizante de D'Annunzio. Não obstante tudo isso, pelo ambiente sócio-histórico, a descoberta tanto esperada do contato orgânico entre a arte e a vida continuava uma das mais hipotéticas; e a novela intitulada *Tonio Kröger* é apenas uma ilustração do drama do artista diante da impossibilidade de encontrar esse contato.

A similitude das preocupações que se detectam tanto na primeira fase da criação em Thomas Mann como no jovem Lukács, aliás reciprocamente reconhecida (Lukács notará mais tarde, em seu prefácio a *Thomas Mann*, "a íntima proximidade espiritual" – "*die intime geistige Nähe*" – entre eles durante esse período), nos permite uma percepção mais clara da subestrutura ético-intelectual dos ensaios reunidos em *A alma e as formas*. A crise do artista diante da realidade sempre mais amorfa e banal era apenas um aspecto de uma crise espiritual mais geral. Mais tarde, no capítulo "Auf der Suche nach dem Bürger" do volume consagrado a Thomas Mann, Lukács designará Thomas Budden-brook, principal herói do romance *A Casa Buddenbrook*, como o "irmão espiritual" de Tonio Kröger. A crise dos valores morais da velha burguesia patrícia, representada pela família Budden-brook, diante da ascensão implacável da nova burguesia egoísta e desprovida de escrúpulos (representada no romance pela família Hagenström), seria posta em comparação com o doloroso sentimento de marginalização dos artistas autênticos, como Tonio Kröger, diante da ausência de espiritualidade da vida burguesa. A solidão forçada do artista cingido pela subida pro-gressiva desse gênero de vida e seu desejo abrasador de manter seu equilíbrio moral e estético faziam a condição social de Tonio Kröger. A perpétua tensão, postulada nos textos de Lukács, entre *a vida* e *a vida*, entre a vida empírica, marcada constante-mente pelo sinete da negatividade, e a vida *viva* (*das lebendige Leben*), integrada ao absoluto da criação artística, não era um reflexo direto desse destino existencial da arte?

Quando a vida real parece ter perdido a "imanência do sentido", o artista procura um ponto de apoio na música da pura interioridade e na pura produtividade do espírito. É precisa-mente essa face do artista moderno que apresentava o estudo de Stefan George.

A radical heterogeneidade da vida corrente e do espírito da poesia moderna fornecia a perspectiva da análise da arte poética de Stefan George no ensaio da juventude de Lukács (1908). Desde as primeiras palavras, estavam colocados em relevo seu "aristocratismo", sua "impassibilidade", sua "frieza": "A legenda da impassibilidade! Ninguém escapa a ela, se quer participar das pequenas alegrias e dos ínfimos sofrimentos de cada um (des Jedermanns), se não está disposto a colocar-se na praça do mercado de cada vilarejo para aí ajudar a dividir todas as questões apaixonantes."[22] Muitos dos recentes comentaristas de Lukács insistiram bastante na distância entre a produção da juventude, tão compreensiva em relação a Stefan George, e o comportamento crítico do escritor em suas obras da maturidade. Certamente, não temos a intenção de negar a evidência da radical evolução das preferências literárias de Lukács no curso das diversas etapas de seu pensamento. Mas essa evolução é diferente de uma brutal contradição. Um exame minucioso dos textos mostraria, com efeito, que se encontram os julgamentos emitidos outrora até em *Skizze einer Geschichte der neueren deutschen Literatur*, onde, no entanto, Lukács trata sem a menor indulgência a evolução da poesia de Stefan George. A admiração apresentada pela poesia da primeira fase (aquela contida em *Das Jahr der Seele* e em *Der Teppich des Lebens*, a única a que podia referir-se o ensaio da juventude) persiste, até certo ponto, em sua obra da maturidade, mesmo se o sistema de valores do marxismo tenha mudado Lukács, mesmo se a inserção no quadro sócio-histórico seja muito mais rigorosa. Queríamos principalmente assinalar que a extrema receptividade à poesia de Stefan George e a pertinência das apreciações críticas são profundamente reveladoras daquilo que era a presença de espírito de Lukács quando escrevia *A alma e as formas*. A insignificância da vida exterior e o refúgio da vida interior, uma poesia purgada de toda alusão às contingências materiais, a ascensão às solidões sempre mais sublimes e ao ar mais raro, a "castidade" e a busca dos instantes de beatitude excepcionais em que se ouve apenas a música transcendente das almas, eis alguns dos traços da poesia de Stefan

---

22 LUKÁCS, Georg. *Die Seele und die Formen*, op. cit., p.117.

George que a crítica fixava com mão firme. A poesia clássica recebia seus impulsos "de fora" (*von aussen*), segundo a expressão de Goethe; a poesia de Stefan George, como Lukács mostrava, assentada num fundo de indiferença desejada para tudo o que era exterioridade, construiu, a partir de si mesma, suas próprias determinações.

Muito mais tarde, no capítulo intitulado "O lirismo representativo da época wilhelmiana", de *Skizze einer Geschichte der neueren deutschen Literatur*,[23] Lukács constatará que nos versos de George reinava um estado de espírito próprio a certos homens "que estão deliberadamente afastados da vida social, que nem mesmo negam a sociedade, pois, no vivido de seu eu, ela desaparece no nada e não é nem mesmo mais visível como simples horizonte". A poesia de George aparece a Lukács como "uma ilha bem protegida contra a exterioridade, uma ilha de onde não é possível perceber nenhuma de suas praias da prosa burguesa".

O irremediável hiato entre a interioridade e a exterioridade como característica da poesia de Stefan George já aparece em filigrana em *A alma e as formas*. "O homem das *lieds* de George (ou, se preferir-se: o poeta ou, ... [antes] o homem cujos conteúdos parecem expressos nesses versos) é um homem só, destacado de todos os elos sociais",[24] escrevia o jovem Lukács. A vida exterior, objetiva (social) parece, em toda parte, revestida da marca do não essencial e do não autêntico. A superfície de contato dos indivíduos leva constantemente a marca da expatriação. Não será acidentalmente que Lukács estabelecerá uma estreita analogia entre o espírito da poesia de Stefan George e o espírito dos "dramas íntimos" e das "novelas líricas" contemporâneas. Ao vazio da vida objetiva corresponde o recalcamento da autenticidade na zona da pura interioridade, dos estados de alma escondidos, a bem dizer, imperceptíveis. Lukács comparava a atmosfera dos poemas de George à dos dramas contemporâneos em que os diálogos referentes às coisas vãs, de importância secundária, são subitamente interrompidos, num átimo, pelo canto dos desejos enterrados nas profundezas da alma, logo extinto para deixar instalar-se a espera ansiosa de seu reaparecimento. A poesia de

---

23 Op. cit., p.117.
24 G. Lukács, *Die Seele und die Formen*, op. cit., p.129.

Stefan George seria a poesia desses instantes únicos. O ensaísta lembrava que as peças contemporâneas, colocando em cena personagens que "se odeiam, se aniquilam mutuamente, se matam um ao outro", se acabam "no Gólgota da grande destruição", enquanto acima das profundezas abissais ecoa o sino clamando "o eterno pertencer recíproco, a eterna expatriação ...".[25]

Num cenário semelhante teria acontecido o clima feito de nobre resignação e trágica melancolia dos versos de George. Lukács fazia uma aproximação de sua trágica atmosfera com o drama do herói da última peça de Ibsen, o escultor Rubek. Encontrava-se, com efeito, o sentimento da dolorosa separação entre a arte e a vida como tema do célebre "Epílogo" de Ibsen, *Quando despertarmos dentre os mortos*. A criação de sua obra-prima parecia impor a Rubek que fugisse da vida, que reprimisse todo elã vital. O coração da bela Irene, que tinha servido de modelo para sua escultura *O dia da ressurreição*, ficava para sempre aprisionado no bloco de mármore, e o ser de carne que era via-se sacrificado à pureza do ato criador. Quando o escultor, já célebre, mas tomado pelo remorso, tenta encontrar o contato com a verdadeira vida, é tarde demais, e os dois protagonistas do drama desaparecem tragados por uma avalanche. Por várias vezes em sua carreira Georg Lukács lembrará o valor simbólico, para a condição do artista moderno, da obra-epílogo de Ibsen. A perspectiva de uma vida invadida pelo prosaísmo leva quase fatalmente o artista a despregar-se da vida para chegar à heterogeneidade radical. *A alma e as formas* representa os dilaceramentos poéticos de Stefan George como sendo "as tragédias do professor Rubek, mas não expressas". Elas são "universalizadas no sentido em que o destino de Rubek – o fato de afastar-se da vida – é hoje o destino de cada um; em que o dilema trágico da arte e da vida é levantado mil vezes, a cada minuto, para qualquer homem que vive hoje".[26] Linhas das mais significativas, principalmente quando se pensa nos propósitos do prefácio a *Thomas Mann* (1948) sobre a importância decisiva, para os textos da juventude de Lukács, do "Epílogo" de Ibsen e de *Tonio Kröger*. O afastamento e a retirada da vida pareciam, então, para o jovem Lukács, a

---

25 Ibidem, p.125.
26 Ibidem, p.129.

GEORG LUKÁCS 87

trágica fatalidade pesando sobre o artista moderno. Manifestará ainda, sem dúvida, em sua maturidade, uma compreensão igual para os dramas ligados à condição do artista moderno, como os evocados por Ibsen através do destino do escultor Rubek; suas simpatias se voltam, todavia, para os escritores que, de Goethe a Thomas Mann, lutam com obstinação para ultrapassar essa condição, que os condena à solidão forçada, para restabelecer o equilíbrio entre a arte e a vida real. Em um ensaio de 1940, "Tribuno do povo ou burocrata?",* encontramos uma interessante tentativa de especificação e de relativização sócio-histórica da condição do artista moderno que a última peça de Ibsen ou os propósitos de Flaubert revelam. A radical autonomização da arte em relação à vida, até eliminar todas as pontes entre eles, representa para o Lukács da maturidade um fenômeno próprio à sociedade burguesa tardia, procedimento que seria inconcebível, por exemplo, nos grandes artistas do Renascimento, como Rafael ou Ticiano.[27]

Para o jovem Lukács, a frieza congelante e o aristocratismo da poesia de Stefan George eram apenas um reflexo natural, ainda que extremo, da sorte do artista moderno. Devemos, contudo, observar que o que estimava acima de tudo no poeta alemão era menos "o aristocratismo da interioridade" (para empregar uma fórmula que devia usar posteriormente) do que sua calma olímpica e seu digno e nobre porte diante do espetáculo da vida: "Não há quase lamentações no lirismo de George: calmo, talvez resignado, mas sempre corajoso, com a cabeça sempre erguida, olha a vida nos olhos". Se, então, essa poesia era tão altamente estimada, não era tanto pela figura do "esteta" George quanto pela *postura moral* que implicavam seus versos. Lukács afirma, na última parte de seu ensaio sobre George, que seus versos deixavam perceber o som dos acordes finais na existência dos melhores homens que possam hoje existir. É interessante mencionar as figuras que recolhem o sufrágio de Lukács e que lhe

---

* Publicado, no Brasil, na coletânea organizada por Carlos Nelson Coutinho intitulada *Georg Lukács*: marxismo e teoria da literatura. Rio de Janeiro: Civilização Brasileira, 1968. (N.E.)

27 LUKÁCS, Georg. *Karl Marx und Friedrich Engels als Literaturhistoriker*. Berlin: Aufbau Verlag, 1952, p.152.

sugerem analogias com a "atitude" admirada nos versos de Stefan George: lembrava sucessivamente o olhar que lança César, o herói da peça de Bernard Shaw, sobre a vida, os gestos com os quais se acabavam os dramas *Michael Kramer* e *Florian Geyer*, de Gerhart Hauptmann, e, sobretudo, o simbólico "aperto de mãos" dado por Allmers e Rita, no fim da peça de Ibsen *O pequeno Eyolf*. Ainda que essas personagens literárias sejam tão diferentes, é possível, apesar de tudo, encontrar nelas um princípio unificador, no sentido desejado por Lukács. O César de Bernard Shaw observa constantemente a vida com uma sabedoria que transcende o contingente e o imediato, e tenta impor aos outros a mesma visão das coisas. Seu espírito superior se choca, sem cessar, com o egoísmo cego do ambiente circundante. A metamorfose de Cleópatra, sob sua influência, não é suficientemente perfeita para lhe poupar uma lição penetrante. Mas ele tira sua força justamente da ausência de ilusões quanto à dialética da vida, da resignação altiva em aceitar a presença constante de uma distância entre as aspirações e a realidade e, sobretudo, do soberano desligamento que testemunha sua inteligência mediadora para dominar as contradições da existência. O pintor Michael Kramer, herói da peça de Gerhart Hauptmann, tem o mesmo comportamento ascético diante da vida. As duras provas que enfrenta (o suicídio de Arnold, seu filho) não abalam seu rigorismo moral, provocam somente uma interrogação a mais quanto à última finalidade da existência. O "aperto de mãos" de Allmers e Rita, no final da peça de Ibsen, torna-se o símbolo da não resignação diante das inextricáveis contradições da vida, e da vontade, levada ao extremo, de vencê-las por uma radical conversão interior. O elogio que fazia o jovem Lukács da poesia inicial de Stefan George se dirigia, então, a uma "atitude moral" feita dos traços acima descritos: comportamento estoico, nobre, "estudado" diante do espetáculo negativo da vida, os adeuses, "com o coração dilacerado, mas mantendo-se de pé", a um tal gênero de existência.

A arte e a ética constituíam o único ponto de apoio sólido para o jovem autor da coletânea intitulada *A alma e as formas*. A vida real, empírica é muitas vezes descrita como uma zona da relatividade, da confusão, do não essencial. "A verdadeira vida é sempre irreal (*unwirklich*), sempre impossível para a vida empírica."[28] O antídoto contra o desregramento anárquico da vida corrente, o jovem Lukács encontrava no apego à *forma*. A elaboração das formas se tornava a manifestação da ordem e da necessidade no meio de uma existência designada como "a anarquia do claro-escuro". É aí, sem dúvida, que é preciso procurar as razões que fizeram que a fase inicial de Lukács fosse considerada o período do "estetismo". Horst Althaus, autor de *Georg Lukács oder Bürgerlichkeit als Vorschule der Aesthetik*,[29] cita a primeira época da atividade literária de Lukács como a do "estetismo heidelberguiano", e até mesmo um dos mais penetrantes comentaristas do jovem Lukács, o italiano Alberto Asor Rosa, não hesita em qualificar *A alma e as formas* de "livro estetizante" no artigo "O jovem Lukács, teórico da arte burguesa",[30] mas para acrescentar imediatamente que nada estava mais distante da intenção daquele livro do que o pensamento de dar um impulso à estética formalista. Alberto Asor Rosa foi o primeiro a evidenciar o sentido particular de um dos textos menos observados até aqui, o que trata de Beer-Hofmann. O universo das novelas e das peças de Beer-Hofmann parecia com o de seus contemporâneos Arthur Schnitzler e Hugo von Hofmannsthal. As tragédias de seus heróis, segundo Lukács, lembravam as que se podiam identificar nos textos de dois outros representantes do estetismo vienense do fim do século XIX e do início do século XX. O Anatole de Arthur Schnitzler ou o Cláudio de Hofmannsthal eram figuras típicas do esteta hedonista, o qual não cessa de lançar a vela do sonho e do devaneio na prosa da vida para ficar invariavelmente desapontado pelo desabamento das frívolas ilusões que a busca do prazer engendra. A adoração dos "momentos resplandecentes", com a perspectiva de sua irremediável evanescência, é justamente típica do esteta vienense. Contudo, o ensaio de Lukács fazia sobressair uma série de traços distintivos do universo de Beer-Hofmann. Suas observações deixam pensar

---

28 Lukács, Georg. *Die Seele und die Formen*, op. cit., p.219.

29 Ed. Francke, Berne, 1962.

30 Publicado inicialmente no primeiro número da revista *Contropiano* (1968), reproduzido na revista *Alternative* 67/68, Berlin, 1969, p.174ss., e em *Lehrstück Lukács (Herausgegeben von* Jutta Matzner), Frankfurt am Main, Suhrkamp, 1974, p.65-111.

que Beer-Hofmann considerava com gravidade e seriedade o problema das relações entre o desejo e a realidade.

Não há absolutamente "literatura" em seus estetas; não são os êxtases isoladores procurados por sua arte, nem os que as artes estrangeiras procuram, que criaram esse mundo que existe apenas neles, mas a tempestuosa riqueza da grande vida e o fardo, mil vezes excelente, de cada instante ... Em sua vida superafinada, há igualmente muita ingenuidade saudável, muita energia e uma profunda aspiração à essência das coisas ...

O choque da vida os abala profundamente, mas não aniquila sua existência: dá a ela, ao contrário, mais intensidade. Sua vida se torna "menos sensitiva e refinada, porém mais profunda e mais trágica". Alberto Asor Rosa, portanto, não está enganado em revelar aqui uma tendência a separar-se, de modo crítico, de um estetismo como o de Schnitzler ou Hofmannstahl. Essa tendência não é mais discutível, uma vez que Lukács celebra, em Beer--Hofmann, um sentimento mais grave da existência, uma percepção profunda, religiosa da conexão inter-humana. Tal representação da vida é, segundo o jovem Lukács, "a via que conduz para forma do estetismo".[31] O contato com o impressionismo e o estetismo vienenses do início do século, com os representantes típicos do *Jugendstil* literário tem, então, resultados não desprovidos de significação: trata-se das reservas nitidamente perceptíveis quanto às pseudotragédias dos puros estetas e da simpatia pelos sentimentos carregados de ressonâncias éticas diante da vida. Ainda aí, Lukács encontrava a atitude típica de Thomas Mann em suas novelas da juventude: lembremos a clara ironia utilizada para tratar a figura do "esteta" Detlev Spinell em *Tristan* e, contrariamente, a simpatia não dissimulada pela conversão do artista para a vida em *Tonio Kröger*.

Diante disso, pode-se legitimamente considerar *A alma e as formas* uma "obra estetizante"? Para responder a essa questão, é preciso tentar elucidar o sentido que podia dar o jovem Lukács ao culto da *forma*. A apologia da forma é, efetivamente, um *leitmotiv* da referida obra. Mas a organização formal harmoniosa

---

31 LUKÁCS, Georg. *Die Seele und die Formen*, op. cit., p.159-61.

das obras de arte nunca tinha sido, para Lukács, o produto de um estado de graça miraculoso ou da pura imanência do espírito estético. Ele via a forma como um equilíbrio, muitas vezes desconfortável de obter, entre as representações e as tensões que se entremisturavam na alma do artista. A relação entre o artista e a vida tem, assim, um peso decisivo na gênese da obra de arte. O conceito de *essência humana* (a que está longe de sempre coincidir com o modo de existência do homem) já está presente de forma latente, mas dominante, em Lukács. A leitura atenta de suas primeiras obras mostra que tinham por linha do horizonte o caráter cada vez mais problemático da relação entre a vida real (empírica) do homem e sua vida *essencial*; a não concordância dolorosa desses dois "tipos" de vida explicava igualmente, para Lukács, o caráter sempre mais problemático da *forma artística*. A forma implica, para ele, o desaparecimento das dissonâncias da existência; a obra de arte encarna uma harmonia preestabelecida. Quando os movimentos da alma perdem seu caráter acidental para receber a marca da essencialidade, quando os atos ditados pela alma humana escapam ao puro empirismo para adquirir a aura do *destino* e quando, enfim, "alma" e "destino" se encontram em convergência ideal, só então se pode falar propriamente de *forma* em arte.

Todavia, subjacente a todas essas suas considerações, percebe-se a ideia de que os tempos modernos tinham conhecido uma mutação repleta de consequências em relação à Antiguidade ou à Idade Média: a cisão entre "existência" e "destino", entre "aventura" e "realização", entre "vida" e "essência". Já aparecem em *A alma e as formas* temas e ideias que veremos desenvolvidos na *Teoria do romance*. Lamentar que a vida real tenha cada vez mais perdido a "imanência do sentido", que ela pareça sempre mais com uma "imanência vazia", eis o que se une à ideia do caráter cada vez mais *problemático* da forma artística. A forma não pode existir sem "a imanência do sentido" e, na medida em que o reino do empírico se tornou o do caos, da confusão e da desordem, o artista se vê forçado a lutar pela conquista da forma somente com a única "produtividade do espírito". O contraste entre os felizes tempos antigos, quando a arte encontrava espontaneamente seu ponto de apoio na totalidade harmoniosa da existência, e a época presente, quando o artista experimenta sempre mais dolorosamente a tensão entre a vida real e as exigências da arte, já era notado em A *alma e as formas*:

> Houve tempos – acreditamos que existiram – nos quais o que chamamos de forma hoje, que procuramos com uma consciência febril e que arrancamos em nossos frios êxtases a título de ser o único subsistente (*als einzig Bleibendes*) ao que se transforma continuamente, houve tempos em que isso era apenas a linguagem natural da manifestação (*Offenbarung*), o não entravamento dos gritos em sua irrupção, a energia imediata das emoções palpitantes. Tempos em que não se perguntava ainda o que poderia ser a forma, e em que não se separava ainda da matéria e da vida, em que não se sabia absolutamente que ela consistia em uma coisa diferente dessas últimas, em que não era nada mais do que a maneira mais simples, a via mais curta que conduz à harmonia de duas almas de mesma natureza, a do poeta e a do público. Hoje isso também se tornou problemático.[32]

O culto da forma era, então, a tendência positiva que opunha o jovem Lukács ao caos e à anarquia da vida imediata. O divórcio entre a exterioridade *empírica* e a interioridade *essencial* não podia encontrar desfecho ideal senão na elaboração da *forma*. Lembremo-nos de que o texto sobre Theodor Storm falava da "nostalgia histérica dos homens complicados" da feliz época completa em que o equilíbrio entre a arte e a vida era realizado naturalmente. A alma e as formas eram os dois termos positivos que o jovem Lukács mantinha, instruindo o processo da vida empírica, antro da queda e do não essencial.

O capítulo, sob a forma de um diálogo de três personagens, a respeito do romance A *vida e as opiniões do cavalheiro Tristram Shandy*, de Laurence Sterne, intitulado "Riqueza, caos e forma", contém a esse propósito algumas ideias cardeais, verdadeira antecipação da estética futura. Um dos interlocutores, tendo elogiado a inesgotável truculência das situações e das personagens do romance, desdenha de todo princípio de composição e lança as seguintes réplicas:

---

32 Ibidem, p.165-6.

GEORG LUKÁCS   93

As obras de Sterne são sem forma, porque são prolongáveis
ao infinito; mas não há formas infinitas ... Nego que possa haver
uma ética dos instantes, que a forma de vida descrita num momento constitua uma riqueza real ... Não! O caos em si mesmo
nunca é riqueza! O que cria a ordem provém de uma raiz espiritual
tão original quanto o caos, e, a partir daí, só uma alma na qual os
dois elementos estão presentes, com uma força igual, pode ser
integral e, consequentemente, rica: caos e conformidade com uma
lei, vida e abstração, o homem e seu destino, tonalidade de alma
e ética. E somente quando estão presentes, juntos, quando estão
intimamente unidos a cada instante, em uma unidade indissociável e viva, é que o homem é realmente homem, e sua obra, uma
verdadeira totalidade, um símbolo do mundo.[33]

Lukács empregava esse artifício do diálogo convencional
para submeter à discussão os propósitos que ele fazia um dos
participantes defender: a variedade e a polivalência, o episodismo e o impressionismo das tonalidades da alma seriam em si
mesmos uma qualidade. Ao que objetou que a verdadeira riqueza da personalidade implica uma hierarquia e uma escolha
quanto às possibilidades da vida, a atitude de ter julgamentos de
valor sobre a pluralidade dos impulsos e arrebatamentos do espírito, em síntese, *a ética seria o verdadeiro princípio coagulante da
alma e da forma*. A analogia entre essa posição e a do intransigente moralista Gregers Werle, herói da peça de Ibsen O *pato
selvagem*, é lembrada no próprio quadro do diálogo. À hipocrisia
e às "mentiras convencionais" da vida burguesa corrente, o herói
de Ibsen opunha o rigorismo e a pureza moral dos ideais da burguesia revolucionária de outrora. Certamente, a queda do diálogo (o terno abraço da moça e do campeão da exuberância sem
freio da vida) poderia ser interpretada ou como um traço, dis-
cretamente irônico, disparado em direção ao culto da "pureza
das formas", ou como uma reabilitação dos direitos da espontaneidade. Não se pode, contudo, negar que no plano da discussão
teórica as simpatias de Lukács pendem em favor do adversário
do "episodismo" e do "impressionismo" como formas de vida, em
favor do arrazoado para o equilíbrio entre a multiplicidade dos
impulsos vitais e o poder constrangedor da ética.

_____
33 Ibidem, p.205, 212-3.

Tomando-se em conjunto os textos do jovem Lukács, descobre-se uma dualidade de preocupações, extremamente sintomática da estrutura inicial de seu pensamento. Lukács consagra sua primeira obra de certa importância a uma tentativa de explicação sociológica do drama moderno, comparado com o drama antigo, ou shakespeariano; fica, então, inclinado a procurar na estrutura social de uma época as chaves da morfologia e da estrutura das obras literárias. Mas, além disso, no primeiro dos textos reunidos em A alma e as formas, exalta a crítica sustentada por uma forma de criação artística, libertada dos rigores e obrigações da "ciência" e dedicada a exprimir a personalidade própria do intérprete. Tudo se passava como se, mediante essa orientação divergente de seu interesse, Lukács tivesse admitido que a explicação sociológica da literatura pelos métodos objetivos estivesse longe de permitir a total compreensão das obras; quanto à sua substância vital, não teria acesso, segundo o que ele pensava então, a não ser uma espécie de "intuição genial" (geniale Anschauung), como o quer Dilthey. O crítico autêntico não é o que avalia a obra com o auxílio de uma "medida objetiva e exterior", mas o que se utiliza do material para lhe insuflar "a vida" por seu próprio espírito vital. Em suma, a crítica era considerada, em A alma e as formas, um gênero artístico, e o crítico, um "criador". O sociologismo de sua primeira obra, História do drama moderno, e o subjetivismo de inspiração diltheyiana que se encontra no preâmbulo de seu primeiro livro que teve repercussão coexistiam, contraditoriamente, nos primeiros trabalhos do jovem Lukács.

Essa mesma dualidade nos toca quando confrontamos as orientações respectivas dos capítulos que tratam da "Sociologia do drama moderno", em seu texto de início, e do ensaio final de A alma e as formas , intitulado "Metafísica da tragédia". Se os primeiros buscam, na evolução dos conflitos dramáticos e trágicos, o reflexo das transformações estruturais da vida social, a "Metafísica da tragédia", ao contrário, tende a descobrir o segredo da forma trágica num plano absoluto, extra-histórico. O sociologismo dos capítulos supracitados está aqui contrabalanceado por uma análise orientada, de preferência, por um ponto de vista transcendental ou fenomenológico. Tanto a vida empírica como a história apareciam desqualificadas, sem oferecer nada de válido; a tragédia estava precisamente definida como um auto-despojamento do espírito de toda temporalidade histórica; constituir-se-ia a forma trágica purificando-se o espírito da anarquia e da contigência do empírico, e sua racionalidade seria "mística". A orientação para uma "sociologia da literatura" e a concepção "mística" da natureza da arte parecem posições estruturalmente antagônicas.

Fato muito significativo, pois, ao publicar, na revista *Archiv für Sozialwissenschaft und Sozialpolitik* (1914), vários fragmentos importantes de sua *História do drama moderno*, lançado em 1909, em Budapeste, Lukács fa-los-á preceder de uma introdução destinada a distanciá-lo por um olhar crítico sobre sua própria orientação "sociológica" em sua primeira obra. A alguns anos somente dessa sua publicação, Lukács se critica por ter dissolvido, exageradamente, o aspecto estético propriamente dito das obras em seu aspecto sociológico e por ter ocultado sua especifidade estética, que transcende tudo o que é sociológico (*das über alles Soziologische Hinausweisende*). Vale a pena observar que essa nota introdutória, redigida em 1914, se referia explicitamente à "Metafísica da tragédia" como um texto que corrigia o julgamento unilateral, histórico-sociológico, do primeiro texto, e colocava em foco o caráter da estrutura estética plenamente autônoma conferido à tragédia. Lukács afirmava o dualismo dos pontos de vista "sociológico" e "estético"; estava convencido de que o aspecto sociológico das formas dramáticas indicaria, ao máximo, a possibilidade de realizar um valor estético, mas não saberia, de modo algum, determinar o próprio *valor*.[34] Como explicar tal dualismo, admitido, até certo ponto, pelo próprio autor, desde os seus textos da juventude?

Lukács foi aluno de Georg Simmel, em Berlim, e sempre reconheceu em Simmel um dos mestres de sua juventude. As teses de Simmel amalgamavam, de modo característico, o apego a uma sociologia da cultura e da arte e a fidelidade à ideia neokantiana da autonomia dos valores do espírito (a arte, a religião, o direito etc.). Simmel admitia a influência das estruturas econômicas no modo de vida e nas formas culturais (por exemplo, a dominação da moeda como forma de troca na sociedade capitalista moder-

---

34 Textos reunidos em *Schriften zur Literatursoziologie* por Peter Ludz, Luchterhand Verlag, 1963, p.261-2.

na), mas o axioma filosófico que subjaz a suas reflexões fazia da energia espiritual um fator primordial e autônomo na constelação da vida humana. Aos elementos de materialismo histórico assimilados e integrados em sua análise Simmel atribui apenas um papel subordinado, contestando firmemente qualquer valor de filosofia, com poder explicativo geral, para o materialismo histórico.[35] O prefácio à sua *Philosophie des Geldes*[36] exprime, em termos claros, a intenção fundamental da obra de

> construir um patamar abaixo do materialismo histórico, de tal modo que a introdução da vida econômica, entre as determinações da cultura do espírito, conserve seu valor explicativo, mas sob reserva de que essas formas econômicas em si mesmas possam ser reconhecidas como o produto de correntes e de atitudes mais profundas, de premissas psicológicas e metafísicas.

Quanto à filosofia da história, Simmel discutirá a concepção do *realismo histórico*, portanto a tendência para descobrir o sentido da história na imanência de seu próprio movimento; Simmel via em tal crença o equivalente do *naturalismo* epistemológico combatido, com sucesso, pelo idealismo kantiano. A convicção ingênua do historicismo empirista de que o sentido da história seria dado pela própria realidade histórica deve apagar-se diante da ideia de que a energia espiritual específica do historiador ordena os fatos informes e lhes dá um sentido. Preconizando, assim, a noção kantiana da *autonomia do espírito* (a psicologia está para a história assim como a matemática está para a astronomia, como ele afirmava), Georg Simmel opunha à mesquinha história empírica o ponto de vista neokantiano sobre a história. É verdade que outra de suas teses essenciais pôde exercer sua influência sobre o *primeiro* Lukács. *Philosophie des Geldes* denunciava, com numerosos exemplos de apoio, e no espírito de um anticapitalismo tipicamente romântico, a influência dos mecanismos sociais objetivos da sociedade moderna nas aspirações subjeti-

---

35 Cf. a parte final de *Die probleme der Geschichtsphilosophie*, 2.ed., Verlag von Duncker und Humblot, Leipzig, 1906.

36 SIMMEL, Georg. *Philosophie des Geldes, II, Vermehrte Auflage Leipzig*. Lepzig: Verlag von Duncker und Humblot, 1907, p.8.

vas. Mais tarde, Simmel extrapolará esse gênero de crítica na noção de "tragédia da cultura": o divórcio entre as instituições sociais e os sistemas culturais, de um lado, e entre as intenções e aspirações efervescentes da subjetividade humana, de outro, seria uma fatalidade tomando corpo numa "tragédia" metafísica da cultura (a crítica feita por Marx do "fetichismo da mercadoria" fazia renascer, na concepção de Simmel, um simples caso particular da pretensa lei universal da cultura humana: o desvio dos produtos culturais de sua destinação original e a instauração da funesta supremacia das formações *objetivas* sobre as aspirações subjetivas).[37] Simmel voltará muitas vezes à sua ideia favorita da irredutível tensão que existiria entre as pulsões humanas e as relações sociais objetivas, como da incomensurabilidade entre a vida social (empírica) e a *vida* autêntica. A subjetividade transcendental de Kant (o "eu inteligível", cujo corolário é a ideia da imortalidade) e o conceito de vida de Goethe, interpretado como *lebensphilosophisch*, serviam de ponto de apoio a Simmel. Ele invocará o idealismo subjetivo de Kant e o "vitalismo" de Goethe para apoiar sua tese segundo a qual a livre manifestação das forças humanas profundas não podia ser obtida senão sendo arrancadas dos entraves da vida empírica, constituindo uma zona de "relações supraempíricas".[38] Ora, nas obras do jovem Lukács, é precisamente a dualidade da existência humana banal, empírica (*das gewöhnliche Leben*) e da vida autêntica (*das lebendige Leben*) que ocupa um lugar central.

É um texto-manifesto, "Sobre a essência e a forma do ensaio" (datado de Florença, 1910), que abre a coletânea *A alma e as formas*. Oferece um fecundo terreno de estudo do problema da continuidade e da descontinuidade na evolução espiritual de Lukács. Evidentemente, considerando a "crítica" ou o "ensaio" uma forma de criação artística, a tese será totalmente abandonada em sua obra da maturidade. É preciso, contudo, que se interrogue quanto aos móveis e às razões que puderam levar o jovem Lukács a defender tal tese. Não é difícil perce-

---

37 SIMMEL, Georg. *Der Begriff und die Tragödie der Kultur* in *Das Individuelle Gesetz*. Frankfurt am Main: Suhrkamp, 1968.
38 SIMMEL, Georg. *Kant und Goethe*. Berlin: Bard, Marquardt, 1906, p.106-7.

ber, no horizonte intelectual de seus propósitos, a "filosofia da vida" (*Lebensphilosophie*) lembrada acima. Vemos, de imediato, um sintoma típico em suas posições antipositivistas. Lukács recusa formalmente toda assimilação de seus "ensaios" de *A alma e as formas* a simples dissertações de "história literária", assim como nega, num espírito idêntico, o título de "ensaio" (que compreende reservar-se à forma de expressão da crítica em geral) a estudos com base na erudição, em datas ou "referências".[39] Para constatar toda finalidade científica da crítica, apresenta a ideia de que os resultados da atividade crítica não se adicionam no decorrer de uma progressão contínua, mas são o objeto de obras autônomas, cada uma merecendo ser tratada como uma criação por sua própria conta. Da crítica que identifica o "sentido objetivo" das obras, passa-se para uma crítica concebida como a expressão soberana da personalidade do ensaísta. De passagem, percebe-se, subjacente, o famoso conflito entre os métodos ou resultados das ciências da natureza e os das "ciências do espírito", comum na linha de pensamento de Dilthey e de Rickert e Windelband. Para os adeptos dos procedimentos *geisteswissenschaftlich*, a crítica e a história literária foram sempre o terreno de ensaio privilegiado de suas teses. Além disso, no próprio texto do jovem Lukács, encontra-se a opinião de que as grandes obras críticas ficam enquanto expressão da *visão singular* do crítico, e não enquanto etapas do trajeto em espiral que leva ao conhecimento da *verdade*. Uma hipótese ou uma construção da ordem das ciências da natureza pode muito bem ser corrigida ou anulada por uma outra mais "exata". Não se dá o mesmo no campo da crítica: a *Dramaturgia* hamburguesa de Lessing, com a apologia de Shakespeare e pouco delicada com Corneille, não exclui que se possa escrever "uma nova dramaturgia, uma dramaturgia em favor de Corneille e contra Shakespeare", o que não tiraria nada da de Lessing.

Há, entretanto, nos diversos propósitos de Lukács sobre "o ensaio como forma de arte", uma ambiguidade fecunda que deve ser esclarecida. O jovem Lukács pretende fortalecer a autonomia do ensaio como forma de criação intelectual: "Se tento isolá-lo de modo tão nítido quanto possível, é precisamente porque o

---

39 LUKÁCS, Georg. *Die Seele und die Formen*, op. cit., p.7-9.

caracterizo como uma forma de arte". A mola de tal posição era, de um lado, sua legítima atitude polêmica em relação ao frio positivismo e, de outro lado, sua ambição de justificar o estatuto de atividade "criadora" para a crítica. Entretanto, segundo o jovem Lukács, não é do fato de ser "bem escrito" que decorre o caráter artístico da crítica, mas do fato de exprimir escolhas e valores por definição "subjetivos".

Somos tocados pelas afirmações que contradizem, seguramente, as posições ulteriores de Lukács. O relativismo e o perspectivismo inscritos na corrente da *Geistesgeschichte* alemã (Dilthey, Simmel, entre outros) lhe parecem, no momento, verdades evidentes. Não se aceita, como ilustração, senão a concepção claramente enunciada segundo a qual cada época "cria" sua própria história do pensamento; os gregos de Winckelmann nos pareciam "curiosos e mais ou menos incompreensíveis"; e é provável que uma mesma sorte tenha o *Renascimento*, de Burckhardt. O propósito do jovem Lukács não é militar por um relativismo de estilo *lebensphilosophisch*; ele procura corroborar a tese da *irredutível subjetividade* do ato crítico. Nem mesmo o Lukács da idade madura rejeitará a ideia de que cada época recria a história, em geral, e mais especialmente a dos valores literários, a partir de seu próprio horizonte espiritual. Em compensação, o subjetivismo e o relativismo, como base do pensamento historicizado, *geistesgeschichtlich*, pertencem exclusivamente ao período durante o qual foram escritos os artigos de *A alma e as formas*. É certo que aquele que disserta sobre a natureza do "ensaio" não pode considerar o ato pelo qual se atinge a "energia vital" de uma obra um ato puramente científico, objetivo ou neutro; considera que tal ato implica o total engajamento da personalidade do crítico e a afirmação de um sistema muito particular de preferências, escolhas e valores. A consciência aguda da pobreza do positivismo e do cientismo no domínio crítico, aliada a um sentimento não menos agudo da especificidade da arte, explicava, então, a necessidade de procurar um ponto de apoio na concepção da crítica como "forma de arte". Uma *"arqueologia"* da personalidade de Lukács, estudada em suas fases sucessivas, nos colocaria, mais de uma vez, em presença desta situação paradoxal: é precisamente no que contradiz, de modo flagrante, suas concepções ulteriores que é possível encontrar os germes dessa evolução futura. Para o jovem Lukács, a crítica não era um ato simplesmente passivo ou subordinado a seu objeto, a obra literária, mas admitia de modo consubstancial uma *iniciativa espiritual*. A partir desse momento, parece ultrapassar a concepção estritamente "estética" da crítica literária, porque lhe cabe a missão de colocar em discussão, mediante a análise das obras, os "problemas fundamentais da vida". Como explicar, pois, que a identificação da crítica com uma operação transfundindo seu próprio sistema de valores espirituais na imanência da obra tenha podido chegar, no jovem Lukács, a essa tese que fazia da crítica e do ensaio "formas de arte"?

É certo que Lukács utilizava o aparelho conceitual da *filosofia da vida* de Dilthey e Simmel para tentar definir a especificidade do ato crítico. Não esqueçamos a ressonância crescente, no ambiente intelectual daquele tempo, do procedimento radical de Dilthey visando a autonomia das ciências do espírito* (*die Geisteswissenschaften*) em relação às ciências da natureza. Aquele que discorre sobre o ensaio, em 1910, procura, febrilmente, uma formulação coerente que traduza a maneira *sui generis* com que o crítico libera suas reações em face da obra de arte. Estas – e essa ideia parece perseguir Lukács – não têm a ver com o "conhecimento objetivo" (científico), mas pertencem a um modo de valorização subjetiva por definição. O ponto de vista de Oscar Wilde e de Alfred Kerr – que consideram a crítica uma "forma de arte" – se encontra explicitamente acolhido em companhia de ideias vizinhas provindas do romantismo alemão. Sem dúvida, seria fácil para nós mostrar que Lukács adotou posições exatamente opostas em sua obra da maturidade, e que na *Estética*, por exemplo, avaliando Alfred Kerr, acusa-o de "solipsismo subjetivista".[40] Mas aqui procuramos inicialmente apresentar os móveis reais que animam a concepção que marca o texto da juventude, para poder depois elucidar o problema das relações dessa concepção com as opiniões do Lukács da idade madura. O jovem Lukács empregava a expressão "espírito vital" para designar a substância transmitida pela obra de arte e assinalava, com insistência, o caráter de "experiência vivida" da reação citada acima. O diálogo entre crítico

---

* Diríamos hoje *as ciências morais*. (N.E.F.)

40 LUKÁCS, Georg. *Die Eigenart des Aesthetischen*, v.1, p.602.

GEORG LUKÁCS 101

e obra de arte se tornava assim o confronto de duas *singularidades*. Se procedêssemos a uma reconstituição da gênese das ideias do *primeiro* Lukács, poderíamos chegar a uma série de conclusões interessantes. O impulso fundamental de suas considerações parece vir da convicção de que toda obra literária reveste-se de um caráter de "experiência vivida" (*Erlebnishaftigkeit*). O fragmento do tratado de estética projetado na juventude e que ficou inacabado,[41] lançado com o título "Die Subjekt-Objekt-Beziehung in der Aesthetik" na revista *Logos* (1917-1918), desenvolve incessantemente essa ideia. Lukács fala nele da impossibilidade de transcender a experiência vivida (*das Nicht-Transzendieren der Erlebnishaftigkeit*) como de uma propriedade constitutiva do fato estético, oposta tanto à objetividade impessoal da atividade teórica como à subjetividade impessoal da atividade ética do intelecto. Encontramos esse pensamento intacto, em sua essência, ainda que formulado e articulado diferentemente, na *Estética* da maturidade. Um outro texto do primeiro período, *Metodologia da história literária* (lançado, em 1910, como fascículo independente, em Budapeste, e reproduzido, em 1968, na antologia *A arte e a sociedade*, publicada em Budapeste), nos faz igualmente penetrar num círculo de ideias reveladoras para o problema discutido. Aqui ainda, Lukács faz vigorosamente sobressair o caráter de experiência vivida da arte e não hesita em afirmar sua incomensurabilidade com os métodos clássicos da ciência. Devemos notar, como característica dessa *Metodologia da história literária*, o equilíbrio entre a vontade de tratar *cientificamente*, com métodos *objetivos*, o campo da história literária e a intuição das dificuldades consideráveis que tal programa pode encontrar pelo fato de ser a *subjetividade inerente* a toda emoção estética. É preciso, sobretudo, observar a conjunção de uma consciência aguda da especificidade da literatura entre as atividades espirituais e da propensão do jovem Lukács a apoiar suas intuições em concepções retiradas da *Lebensphilosophie*. É possível surpreender aqui, *ao vivo*, as sondagens de seu pensamento. Pela primeira vez, vê-se claramente formulada a ideia de que o efeito da obra literária, esteticamente falando, proviria da ação exercida pela "energia vital" contida na referida obra sobre o "centro de nosso ser". Isso anuncia a tese

---
41 Ver capítulo seguinte.

segundo a qual a obra de arte engaja a integralidade do ser (*der Mensch ganz*).

A ideia de que as obras literárias não são simples *fatos* de experiência, mas *valores* – ideia que se tornaria posteriormente um lugar-comum da literatura crítica inflenciada pelos dualismos neokantianos – é formulada desde a introdução do estudo. O esforço teórico do autor estava visivelmente voltado para o círculo instantâneo estabelecido entre duas subjetividades (a incorporada na obra e a da consciência crítica) e tomava muitas vezes o aspecto de uma iluminação ou de um contato "explosivo". É desse modo que o jovem Lukács acentuava que o ato que visa comunicar esse tipo de reação não podia ser comparado com as constatações objetivas e neutras do discurso *científico* no sentido habitual da palavra. É justamente nesse contexto que é preciso situar a afirmação deliberadamente paradoxal que se encontra no fim da *Metodologia da história literária*, segundo a qual a verdadeira atitude científica diante da literatura consiste em falar "artisticamente": seria a única atitude adequada e objetiva. O estilo inspirado e a construção "artística" que se vale do *leitmotiv* e do esquema sabiamente distribuídos, que distinguem vários artigos da coletânea *A alma e as formas*, ilustram a fidelidade de Lukács a suas afirmações de base.

Talvez fosse oportuno defender-nos de ter sido guiados por um interesse estritamente "arqueológico" para os comentários que acabamos de tecer. Pois, em suma, tal alegação poderia parecer fundada quando se pensa, sem outra forma de processo, que, mais tarde, a concepção da crítica considerada como uma forma de arte será denunciada como um simples "preconceito moderno" (*ein modernes Vorurteil*). Seria, todavia, errôneo pensar que o itinerário de Lukács só pôde operar-se fazendo tábula rasa de seus pontos de vista iniciais. A radical descontinuidade das posições filosóficas de seus diversos períodos não nos deve esconder os elementos de continuidade. De fato, seria aflitivo constatar que o *objetivismo* radical que marca o procedimento filosófico de um Lukács que atingiu a idade madura (empregamos aqui o termo "objetivismo" na própria acepção de Lukács, que, em *Der Jung Hegel* [O jovem Hegel], opõe o *objetivismo* de Hegel ao idealismo subjetivo de Kant) significaria a aniquilação ou a extirpação das justas intuições da obra da juventude.

3. A TEORIA DO ROMANCE

A *Teoria do romance* permanece, não obstante as próprias reservas do autor – que se tornou marxista – em relação a esse texto da juventude, uma obra típica do modo lukácsiano de compreender a literatura. Ainda que as virtudes do *homo aestheticus* do crítico tenham encontrado na *Teoria do romance* uma das expressões mais pregnantes e mais inspiradas de toda a sua obra (a estrutura dos diferentes gêneros literários está especialmente definida com uma rara sutileza), esse texto está longe de ser uma simples especulação estética. No momento em que o redigia, Lukács estava absorvido por problemas de ética e de filosofia da história. O grandioso esboço do desenvolvimento do gênero épico contido na *Teoria do romance* devia, em seu entender, simplesmente abrir-lhe o caminho para abordar os grandes problemas morais e históricos que atraíam sua atenção. A elevação lírica das primeiras páginas, as que glorificam a epopeia grega, e o tom messiânico das que, no fim, são dedicadas a Dostoievski são precisamente engendradas por essa atração pela história e pela filosofia.

Para dar o peso que convém à observação de que a *Teoria do romance* foi escrita por um esteta que é, ao mesmo tempo, um metafísico da história, devemos caracterizar bem o estado de espírito do autor no momento em que estava elaborando esse trabalho. O período "ensaístico" de Lukács (como ele próprio o chamará mais tarde), o do início de sua carreira, terminou com *A alma e as formas*, lançada em 1911, em alemão. O fim do período dos ensaios coincide com a escolha de uma atividade filosófica sistematizada. Ambicionava organizar suas representações do mundo em torno de pontos fixos e de certezas definitivas. Em uma carta a Margaret Susman, publicista e ensaísta bastante conhecida naquele tempo, e amiga próxima de Georg Simmel, Lukács definia de maneira clara seu novo credo. A ética da forma ensaística lhe parecia ser a do "desespero", na medida em que o caráter por definição descontínuo, fragmentário, subjetivo e "poético" dos ensaios* lhe parecia exprimir a impotência para agarrar-se solidamente a um sistema coerente e hierarquicamente organizado das representações do mundo. Em sua carta, Lukács exprimia sua firme esperança de ultrapassar definitivamente tal fase (de qualquer modo fechada, no que lhe dizia respeito) para engajar-se no caminho que levava à "clarificação última" e ao "sistema absoluto".[1] Os que conhecem a biografia de Lukács sabem que essa conversão se deve, em grande parte, à influência de Ernst Bloch, que, depois de seu encontro em 1910, abriu para Lukács os horizontes da grande filosofia sistemática. Lukács, então, põe seu plano em execução e, durante o inverno de 1911-1912, elabora o esboço de uma estética filosófica. De 1912 a 1914, dedica-se quase que exclusivamente ao sistema de estética. Os três capítulos do manuscrito filosófico que ficou inédito (os dois primeiros só foram descobertos após sua morte), editado, em 1974, com o título *Heidelberger Philosophie der Kunst* pela editora Luchterhand, pertencem a esse período. Com a deflagração da Primeira Guerra Mundial, o eixo da atividade teórica de Lukács se desloca mais uma vez, ao menos temporariamente. A profunda crise moral provocada no jovem pensador pelo novo curso da história força-o a elaborar um outro projeto.

---

* Convém observar que Lukács dá um sentido muito particular e restritivo à palavra "ensaio" e a seus derivados, como vimos, aliás, na parte da presente obra que trata de seus "ensaios" em *A alma e as formas*. Não é forçosamente o sentido que, geralmente, damos hoje a esse termo, pelo menos em francês. Mas não podíamos, por motivos fáceis de compreender, empregar ou forjar uma outra denominação. (N.E.F.)

1 A carta a Margaret Susman, datada de 25 de setembro de 1912, está reproduzida numa coletânea formada por diversas contribuições de autores contemporâneos de Lukács: G. Simmel, E. R. Curtius, B. Groethuysen, F. Rosenzweig, K. Wolfskehl, entre outros.

Com efeito, as preocupações referentes à ética e à filosofia da história se tornam preponderantes em Lukács, que sonha com uma vasta obra dedicada a Dostoievski, em que esses problemas teriam o seu lugar. O trabalho sobre a estética é então interrompido – ficará no estado de manuscrito inacabado – e Lukács começa a realização de seu novo plano. Acrescentemos que, nos anos que antecederam à guerra, tinha trabalhado num estudo a propósito da crítica dirigida por Kierkegaard contra o sistema hegeliano. Isso para observar que a receptividade em relação a Kierkegaard constitui igualmente um traço significativo de sua configuração espiritual durante o período em que escreveu as páginas consagradas às grandes formas do gênero épico.

A *Teoria do romance* foi, então, concebida como a introdução de uma vasta exegese histórico-filosófica da obra literária dostoievskiana. Ora, Lukács só se lembrou uma única vez, lá para o fim de sua vida, da existência desse projeto, numa carta à revista *Der Monat*.[2] Os que trabalharam com a obra de Lukács podiam perguntar-se, com certa razão, se o plano desse estudo dostoievskiano poderia realmente realizar-se. Só a existência de uma continuação da *Teoria do romance* poderia lançar uma nova e mais viva luz sobre aquele estudo. Entretanto, durante a vida do pensador, nenhum testemunho veio corroborar a existência de tal continuação. A carta escrita por Lukács à *Der Monat* esclarecia que seu trabalho sobre a obra de Dostoievski tinha sido interrompido por causa de seu alistamento militar, em 1915, e que nunca mais tinha sido retomado. A *Teoria do romance*, lançada em 1916, inicialmente na revista de Max Dessoir, *Zeitschrift für Aesthetik und allgemeine Kunstwissenschaftt* (e com dificuldades, como se depreende de uma carta, do verão de 1916, a Paul Ernst, pouco delicada em relação a Dessoir).[3] O resumo que acompanhava a publicação do estudo deixava claro que se tratava apenas de um fragmento que devia servir de introdução para uma obra "estético-histórico-filosófica" dedicada a Dostoievski. O objetivo dessa introdução teria sido criar, de cer-

---

2 LUKÁCS, Georg. Methodischer Zweifel. *Der Monat,* Heft 211, p.95, April, 1966.

3 *Paul Ernst und Georg Lukács.* Dokumente einer Freundschaft. Emsdetten (Westf.): Verlag Lechte, 1974, p.96.

ta forma, um pano de fundo com dominante *negativa* sobre a qual se destacaria a contrapartida *positiva* destinada a representar Dostoievski como o "anunciador do homem novo" e o "criador de um mundo novo". Como estudo autônomo, a *Teoria do romance* foi impressa, num volume, pelo editor Paul Cassirer, de Berlim, em 1920.

Mas, depois da morte de Lukács (1971), diversas circunstâncias permitiram, de maneira completamente inesperada, completar o conhecimento do que se tinha até ali. A publicação da correspondência entre Paul Ernst e Lukács veio inicialmente confirmar, com escândalo, a intenção que tinha tido de escrever um livro sobre Dostoievski. Em março de 1915, escreveu a Ernst:

> Eu me dedico, enfim, a meu novo livro, sobre Dostoievski (a *Estética* fica de repouso por um momento). Mas nele só haverá Dostoievski: encontrar-se-ão aí aspectos integrais de minha ética metafísica, de minha filosofia da história etc. Na primeira parte, principalmente, são tratadas muitas questões a propósito da forma épica e, quanto a esse assunto, uma troca de ideias com o senhor seria, para mim, uma das coisas mais preciosas.[4]

E, finalmente, entre os papéis de Lukács, que seus discípulos e colaboradores selecionam após a sua morte, descobrem-se duas variantes do plano da obra sobre Dostoievski (a variante A, dividida em três seções; e a variante B); pela primeira vez, é possível fazer uma ideia do que poderia ter continuado a *Teoria do romance*. Mas a série das surpresas não para aqui. Dois anos depois da morte de Lukács, fica-se sabendo da existência, num banco de Heidelberg, de um cofre contendo manuscritos e papéis depositados por Lukács quando deixou a Alemanha para voltar à Hungria. O que permite divulgar documentos de primeiríssima importância: as fichas e as notas muito completas, preparatórias para o livro sobre Dostoievski, estão metodicamente classificadas. Isso permitia uma interpretação exaustiva do esboço do plano anteriormente encontrado. Um dos discípulos de Lukács, Ferenc Fehér, fez recentemente um amplo e notável estudo que

---

4 Ibidem, p.64. A última frase visa indubitavelmente a parte que será publicada com o título *Teoria do romance*.

trata das notas manuscritas para o livro sobre Dostoievski, aí compreendidas as referentes aos problemas de "ética metafísica" e de
"filosofia da história" de que falava Lukács em sua carta a Paul
Ernst.[5] Podemos, então, aproveitar amplamente as revelações
contidas na série de documentos recentemente divulgados para
esclarecer, em profundidade, a estrutura da *Teoria do romance*.

A dialética estética das formas literárias exposta no estudo
de Lukács é a projeção de uma meditação ininterrupta sobre a
condição humana em suas diferentes hipóstases históricas. O
próprio livro nasceu de uma profunda necessidade espiritual. As
grandes obras lembradas, das epopeias homéricas ao *Dom Quixote*, de *Wilhelm Meister* a *Educação sentimental* e a *Guerra e paz*,
são caracterizadas não somente como realidades estéticas autônomas, mas também como as *etapas* de um interminável *itinerário espiritual* no qual vemos perfilarem-se os dilemas e as antinomias que vivem na consciência do autor. Lukács não desmente
a definição que deu do crítico ou do ensaísta no texto de abertura de *A alma e as formas*. O crítico ali era comparado, na esteira de Rudolf Kassner, ao "platônico" (*der Platoniker*), aquele
que, "na ocasião" (*bei Gelegenheit von...*) das obras, levanta os
grandes problemas do tempo e da pesquisa, em sua transparência,
a "ideia", a hipóstase espiritual que incorpora a si. Platão e os
místicos da Idade Média eram considerados os primeiros grandes
"ensaístas" e "críticos", com base em tal acepção.[6] A *Teoria do
romance* deve ser lida numa dupla perspectiva: o espetáculo das
formas deve ser visto como a expressão de um drama do espírito, no sentido hegeliano do termo; quanto à dialética interna da
forma romanesca, tal como a definiu Lukács, é preciso enxer-
gá-la também como a expressão da tensão interior da pessoa do
autor no momento em que escrevia seu livro.

Lukács descreveu seu estado de espírito durante os anos do
início da Primeira Guerra Mundial como um "permanente de-

---

5 FEHÉR, Ferenc. Am Scheideweg des romantischen Antikapitalismus,
Typologie und Beitrag zur deutschen Ideologiegeschichte bei Gelegenheit
des Briefwechsels zwischen Paul Ernst und Georg Lukács. In: VV.AA.
Die Seele und das Leben. Frankfurt am Main: Suhrkamp, 1977.

6 LUKACS, Georg. *Die Seele und die Formen*, op. cit., p.27ss.

sespero diante da situação internacional".[7] A guerra lhe parecia a expressão paroxística de todas as tendências negativas acumuladas durante a era burguesa moderna.

Todas as forças sociais que eu execrava desde minha adolescência e que tinha esperado destruir no plano espiritual se ligaram para provocar a primeira guerra universal, que era uma guerra desprovida de ideias, inimiga das ideias (*ideenlosen, ideenfeindlichen Krieg*) ... Não se poderia mais estar *ao lado* dessa realidade nova, como ainda era possível no tempo das guerras antigas. Essa guerra era realmente universal. A vida se dissolvia nela, ainda que essa dissolução fosse fortificada ou repudiada.[8]

O serviço militar obrigatório é aviltado, numa carta a Paul Ernst, como "a escravidão mais degradante que já tenha existido".[9] O mundo exterior, o da ordem social, com todo seu aparelho de instituições, era sentido como uma imensa força de opressão, diante da qual a alma se sentia desarmada, "sem pátria". A época estava definida, segundo os termos de Fichte, como a época da "perfeita culpabilidade" (*vollendete Sündhaftigkeit*). Sabe-se, sem dúvida, que, em sua obra *Grundzüge des gegenwärtigen Zeitalters*, Fichte distinguia cinco épocas fundamentais. A primeira era, segundo ele, a da dominação incondicional do instinto sobre a razão: era *o estado da inocência da espécie humana*. A segunda época via a razão prática se transformar em força constrangedora; os modos de viver dominantes reclamavam a fé cega e a obediência incondicional: é *o estado de pecado iniciante* (*anhebende Sünde*). A época mediana, contemporânea, seria a da emancipação de toda racionalidade, da indiferença em relação à verdade e da rejeição de todo princípio de conduta: *o estado de perfeita culpabilidade*. A quarta época verá o reino da razão científica, a verdade reconhecida e amada como o valor mais alto: *o estado de justiça em vias de instauração* (*anhebende Rechtfertigung*). A quinta época, enfim, será a do completo triunfo da razão instituída como forma de vida e como princípio de or-

---

7 LUKÁCS, Georg. *Die Theorie des Romans*, op. cit., p.6.
8 LUKÁCS, Georg. *Gelebtes Denken*, autobiografia redigida em 1971.
9 *Paul Ernst und Georg Lukács...*, op. cit., p.74.

ganização da existência: será *o estado de justiça e de santidade perfeitas*.[10] Nossa atenção só pode voltar-se para a época que o próprio Fichte situava no centro de sua periodização dos anos 1804-1805, isto é, a terceira. Sua representação, como o tempo do triunfo do egoísmo desenfreado, da razão imediata e da "liberdade vazia" (*leere Freiheit*), aliados a uma soberana indiferença pelos interesses da *espécie humana* como entidade, parecia a Lukács muito expressiva dos traços dominantes da época moderna. A terminologia idealista de Fichte, que exprimia, numa linguagem especulativa, seu nobre rigorismo moral, deixou uma marca visível no texto de Lukács. O espetáculo da humanidade como uma entidade devorada pelas ânsias anárquicas de suas partes heterogêneas, a inalterável indiferença a toda verdade mais alta, a opacidade às "ideias", entendidas como os resíduos superiores da humanidade como espécie, eis aí tantas observações agudas de Fichte que encontramos assimiladas e integradas na *Teoria do romance* quando se trata de caracterizar o "mundo convencional" da era burguesa moderna.

Quando o autor da *Teoria do romance* diz que o mundo moderno sofre da "ausência da ideia" (*Ideenverlassenheit*), só faz traduzir, em termos fichtianos e hegelianos, a irremediável tensão de sua própria consciência. Nela se afrontam a objetividade morta do mundo exterior, aquele que, por hipótese, foi abandonado pela Ideia e pela interioridade pura da *alma*, exilada, sem saída possível, em seu próprio vagar. A irreparável cisão entre a interioridade e a exterioridade constitui o *leitmotiv* da *Teoria do romance*.

Era, então, uma revolta cheia de veemência contra as forças, instituições e mecanismos que concorreram para o desencadeamento da carnificina universal que governava a consciência de Lukács durante os anos cruciais de 1914 e 1915. Ele não compartilhava as disposições militaristas de muitos intelectuais em relação à Alemanha, entre os quais alguns de seus ilustres amigos, de Max Weber a Georg Simmel, pois se chocavam com sua hostilidade absoluta. Em uma carta a Marianne Weber, de 14 de agosto de 1914, Georg Simmel lamentava o antimilitarismo ca-

---

10 FICHTE, Johann Gottlieb. *Grundzüge des gegenwärtigen Zeitalters*. Hamburg: Felix Meiner, Hamburg, 1956, p.14-5.

tegórico de seu jovem amigo, que imputava à "sua falta de experiência".[11] Quanto mais ele ficava resoluto e global, tanto mais seu movimento de oposição era incapaz de fazer-lhe descobrir um desfecho positivo para o sinistro espetáculo social que a Europa, devorada pela guerra, oferecia. Ele próprio caracterizou, retrospectivamente, sua mentalidade daquele tempo como adaptada ao molde do romantismo anticapitalista, ponto de vista amplamente confirmado pelos testemunhos controláveis. Numa carta a Paul Ernst, lamenta-se da dificuldade de encontrar, no trabalho empreendido (a *Teoria do romance*), a bela concisão de seu antigo estilo e de adquirir a estrutura estilística "sinfônica" e "épico-ensaística", apta a substituir a estrutura "arquitetônica" e "sistemático-filosófica" do manuscrito do esteta de Heidelberg. Essa carta expõe, de modo muito claro, a antinomia, típica do romantismo anticapitalista, que reina em sua consciência e que opõe a pressão alienante das estruturas objetivas e as aspirações da consciência moral (da *alma*):

> O poder das estruturas parece em contínuo crescimento e, para a maioria das pessoas, uma realidade mais viva do que realmente é. Mas – e aí está para mim a experiência da guerra (*das Kriegserlebnis*) – não devemos aceitar uma tal situação. Devemos sublinhar de novo, e sem cessar, que a única essencialidade somos nós mesmos, nossa alma, e mesmo suas objetivações eternamente apriorísticas apenas são (segundo a bela imagem de Ernst Bloch) como papel-moeda, que só tem valor enquanto é conversível em ouro.[12]

A tensão entre o poder coercitivo do *Estado*, encarnação suprema das forças sociais institucionalizadas, e as aspirações irreprimíveis da *alma*, sede da consciência moral superior, monopolizará o espírito de Lukács:

> De fato, o Estado é um poder; por isso, deve ser reconhecido como existindo no sentido utópico da filosofia, isto é, no sentido

---

11 Essa carta está reproduzida no volume *Buch des Dankes an Georg Simmel*, p.133.
12 *Paul Ernst und Georg Lukács...*, op. cit., carta de 14 de abril de 1915, p.66.

GEORG LUKÁCS 111

essencial ativo da verdade ética? Eu não acredito. E espero ser capaz de poder fazer ouvir um vigoroso protesto a esse respeito nas partes não estéticas de meu livro sobre Dostoievski.[13]

É interessante observar que, sob o aspecto filosófico, tal atitude levava a uma maior simpatia por Kierkegaard e a uma certa reserva explícita em relação a Hegel. Com efeito, o sistema filosófico e estético hegeliano exercia, naquele momento, uma influência muito forte em Lukács no que se referia à totalidade de seu horizonte intelectual. As considerações a propósito da epopeia e do romance na *Teoria do romance* o atestam. Mas Lukács aceitava mal a posição tomada por Hegel de admitir a realidade apoiando-se no princípio: "Tudo o que é real é também racional", e, sobretudo, a tese célebre da "reconciliação com a realidade" exposta no prefácio de *A filosofia do direito*. A invencível aversão pelo Estado e pelos poderes institucionais, promotores da guerra imperialista, o levava a distanciar-se de Hegel como "filósofo do Estado", de quem o pensamento alemão teria herdado a inclinação para sancionar metafisicamente o poder constituído.[14] O profundo pessimismo social, conjugado com a não resignação moral determinada, explica-nos paralelamente a receptividade em relação a Kierkegaard e o elogio que faz da singularidade do indivíduo. A tensão kierkegaardiana entre a exterioridade inospitaleira e a interioridade exilada, e, ao mesmo tempo, entre a fé institucionalizada e a fé autêntica respondia bem melhor ao estado de espírito daquele que escrevia a *Teoria do romance* do que a reconciliação da interioridade com a exterioridade preconizada por Hegel. O próprio Lukács assinala, em seu prefácio, de 1962, à *Teoria do romance*, que a definição do presente, por uma fórmula de Fichte, como a "era da perfeita culpabilidade" não significava nenhum retorno de Hegel a Fichte mas, antes, uma "kierkegaardização da dialética histórica hegeliana".[15]

---

13 Ibidem, p.66-7.
14 Ibidem."*Jede Macht mit metaphysischer Weihe zu versehen ...*", é o que Lukács escreve em sua carta; em outras palavras, "todo poder estando munido dos sacramentos metafísicos...".
15 LUKÁCS, Georg. *Die Theorie des Romans*, op. cit., p.13.

A ética, a filosofia da história e a estética estavam constantemente interligadas no pensamento de Georg Lukács. Aliás, a *Teoria do romance* trazia como subtítulo "Uma tentativa histórico-filosófica de interpretação das formas da grande literatura épica". É por isso justamente que importa que tenhamos presente no espírito a subestrutura filosófica e moral que suporta, ainda que escondida, todo o alicerce da obra. A vida social, no momento em que foi deflagrada a guerra mundial, parecia-lhe o território da decadência universal, e Lukács procurava uma saída em direção da utopia de uma humanidade superior "não social". Em suma, é significativo que seu pessimismo profundo, confortado por sua revolta utópico-abstrata, torne-o permeável à influência dos textos de Georges Sorel, cujo ódio do reformismo e do parlamentarismo, aliado ao culto dos *mitos* como agentes dos desequilíbrios revolucionários, permitia despertar em Lukács uma atração pelas ideias do sindicalismo revolucionário. No plano da ética e da metafísica, sua ideia fundamental era, então, a do conflito entre a "ética primeira" e a "ética segunda", entre a moral ditada pela lógica das instituições e das estruturas sociais e a moral decorrente dos imperativos da alma. Em suma, o conflito exposto por Lukács opunha as normas do "espírito objetivo" às exigências do "espírito absoluto", para empregar seus próprios conceitos hegelianos, a respeito dos quais manterá uma fidelidade inabalável, mesmo em seu período de marxismo rigoroso. Tanto as regras da coabitação social como os deveres convencionais deviam apagar-se diante dos imperativos da humanidade absoluta, "não social" ou "suprassocial", reconhecida como única instância suprema. Entretanto, o marxista Lukács retomará essa ideia, com bases novas, em sua tese ontológica a propósito da relação dialética entre as exigências da "espécie humana em-si" e as da "espécie humana para-si".

Os principais momentos da história das formas épicas são salientados a partir dessa perspectiva das relações entre "alma" e "mundo da convenção", entre interioridade e exterioridade. A dialética histórica das formas épicas se torna, na *Teoria do romance*, o palco de uma vasta epopeia hegeliana do espírito, o qual, depois da aurora do grande começo harmonioso, se tornou estranho a si e perdeu-se, sem, no entanto, deixar a procura obstinada de si, e só começou a encontrar-se verdadeiramente na grande obra dostoievskiana. O romance é definido como a expressão literária da "era da perfeita culpabilidade", por oposição à epopeia, que exprimia, por hipótese, a era das relações harmoniosas entre o homem e o mundo. O método utilizado para estabelecer a tipologia das formas épicas é filosófico e especulativo. A relação de homogeneidade ou de heterogeneidade entre a substância das estruturas sociais (*die Gebilde*) e a substância da alma constitui o critério que permite operacionalizar a separação entre a epopeia e o romance. Quando Lukács fala da "imanência do sentido da vida" como característica do período histórico que engendrou a epopeia pensa na existência de uma conjunção harmoniosa das aspirações do indivíduo com a estrutura da vida coletiva. Os fins do indivíduo concordam espontaneamente com os da coletividade, a ação veste perfeitamente a alma, a exterioridade das relações sociais é o receptáculo orgânico da interioridade. A exaltação do período de organicidade social da epopeia antiga (a mais vibrante desde Winckelmann, afirmava um comentarista) fornece ao autor o termo dialética para esboçar o quadro antitético do mundo moderno, o qual deu nascimento ao romance como sua mais adequada expressão literária. A historização das categorias estéticas é um método tipicamente hegeliano, vigorosamente reativado por Lukács na *Teoria do romance*, após algumas décadas de um longo sono.

A dissolução da epopeia e o aparecimento do romance são explicados por uma modificação na "topografia transcendental do espírito". Os tempos modernos viram o desaparecimento da "totalidade espontânea do ser", o aprofundamento da falha entre a contextura das relações sociais objetivas (o Estado, a família, a profissão etc., em suma, a "segunda natureza") e as aspirações morais da "alma". O prosaísmo burguês estabeleceu seu império onipresente. O indivíduo vaga continuadamente à procura da "pátria transcendental" perdida, mas encontra por toda parte um "mundo da convenção" cada vez mais plano e mais prosaico. A tensão entre as aspirações do indivíduo e a objetividade reificada do "mundo" constitui o princípio gerador da nova forma épica. Expressão de um mundo deslocado que perdeu a "imanência do sentido", o romance só pode conservar a sua poesia evocando a aspiração de reconquistar esse sentido (mesmo se desembocasse no fracasso e na renúncia). O indivíduo problemático, o que ressente dolorosamente o divórcio entre suas aspirações e a alteridade do mundo exterior, seria, por definição, o verdadeiro herói do romance. Fundamentalmente, está destinado a procurar, sua natureza é demoníaca por excelência. Lukács reencontra, assim, na dialética interna da forma romanesca sua preocupação central: a não acomodação à realidade burguesa. Os grandes romances do passado são analisados como tantas hipóstases desse princípio inspirador. O desconhecimento da tensão entre o mundo da "ideia" e o da "convenção", a aceitação sorridente do conformismo burguês como única solução de vida significariam, para o autor, o achatamento definitivo do romance, sua deterioração estética. A grandeza de uma obra como o *Dom Quixote*, a mistura de sublime e de grotesco da figura do herói são devidas ao elo incorruptível com a pátria transcendental da "ideia" (a moral cavaleiresca e o ideal amoroso dos trovadores) no momento da grande confrontação com o novo mundo triunfante da prosa e do bom senso.

É o primeiro grande combate da interioridade contra a baixeza prosaica da vida exterior, e o único combate onde ela teve êxito não somente por deixar sem mancha o campo de batalha, mas também por fazer aparecer, em seu adversário vitorioso, o brilho de sua própria poesia indomável, ainda que irônica, em relação a si mesma ...[16]

O valor de um romance como *Hans im Glück*, de Henrik Pontoppidan, reside igualmente na irredutibilidade do conflito entre as aspirações do herói e o mundo circundante. Evocando um mundo que perdeu a "imanência do sentido" e onde a exterioridade não é mais do que o "ossário das interioridades mortas ...",[17] o romancista moderno não pode mais adotar, como perspectiva unificadora de sua matéria, a não ser a postura da *ironia*. A ironia, Lukács escreve, é "a mística negativa das épocas sem Deus" e constitui a atitude verdadeiramente apta a assegurar a "objetividade do romance".[18]

---

16 Ibidem, p.104.
17 Ibidem, p.62.
18 Ibidem, p.90. Lukács oferece aqui uma aplicação original do conceito estético formulado por Solger em seu diálogo filosófico *Erwin*.

GEORG LUKÁCS 115

Na sucessão histórico-filosófica proposta por Lukács, o tipo de "interioridade combativa" dos romances governados pelo princípio do "idealismo abstrato" seria progressivamente substituído pelo tipo de interioridade resignada dos romances da *desilusão*. A vitória do convencional e do prosaísmo "desprovidos de ideias" se torna de tal modo sufocante que o isolamento na pura interioridade da alma aparece, cada vez mais, como a única solução possível. A *Educação sentimental*, de Flaubert, é apresentada como a mais acabada expressão do novo tipo de romance, o da desilusão e da renúncia.

A escala de valores estéticos de Lukács reflete, então, fielmente a filosofia da história que era a sua enquanto trabalhava na *Teoria do romance*. Nos dois polos de seu pensamento, encontrava-se a condenação global da realidade existente (*das Bestehende*), como reino da ignomínia, e a esperança de uma regeneração de caráter puramente utópico. Nenhuma mediação, nenhuma conciliação parecia de natureza a criar uma ponte entre os dois termos. Uma única exceção luminosa nesse quadro de um pessimismo desesperado: o *Wilhelm Meister*, de Goethe. O destino do herói goethiano era considerado uma singular ultrapassagem da antinomia entre o herói, pertencendo ao "idealismo abstrato", e a fuga romântica na pura interioridade. Wilhelm Meister não repudia a realidade com gestos de desprezo, mas integra-se a ela e a assume; ao preço de um longo esforço, sem rejeitar o "compromisso", ele procura assegurar, no espaço da exterioridade, o campo adequado para o desdobramento de sua interioridade. Há aqui, seguramente, uma antecipação do percurso que o próprio Lukács seguirá posteriormente, depois de sua adesão ao marxismo. Seus adversários e, em primeiro lugar Adorno, verão no elogio que Lukács fazia da atitude goethiana de suprema "renúncia" (*Entsagung*) o sintoma típico da "reconciliação forçada" com a realidade. Adorno lamentará, muito explicitamente, em seu célebre artigo polêmico dirigido contra Lukács – intitulado "Erpresste Versöhnung", "reconciliação forçada" –, a escolha do modelo goethiano e o abandono da fecunda *utopia* da obra da juventude, a *Teoria do romance*.[19] É verdade que Lukács não en-

---

19 ADORNO, Theodor. *Noten zur Literatur* II. Frankfurt am Main: Suhrkamp, 1963, p.187. Uma atitude semelhante pode ser observada na

trevia, nos anos 1914-1915, qualquer meio de regeneração interna da civilização ocidental. As antinomias do romantismo anticapitalista entre "comunidade" e "sociedade" (Tönnies), entre "cultura" e "civilização" (Alfred Weber, Simmel e outros) ocupavam sua consciência. A salvação não podia vir, em sua representação, senão do mundo espiritual da Rússia: *ex oriente lux*. Contudo, mesmo em Tolstoi, a presença da *natureza* lhe aparecia apenas como um simples termo de referência, destinado a fazer sobressair, por contraste, a caducidade do mundo "civilizado", o mundo marcado pela mancha indelével deixada pelo convencional e pelo inessencial; a natureza, como único termo positivo, não teria sido organicamente integrada na dialética da narração. A "transcendência em direção à epopeia" da grandiosa obra tolstoiana não teria sido coroada de sucesso. Lukács considerava o final de *Guerra e paz* impregnado de um conformismo latente, erro que o prefácio, de 1962, iria denunciar severamente. Os romances de Tolstoi, quaisquer que fossem suas virtualidades de ultrapassagem da crise do romance ocidental, não são, na *Teoria do romance*, senão "tipos levados ao extremo do romantismo da desilusão, uma transposição barroca da forma ilustrada por Flaubert". A utopia espiritualista de Lukács encontrava seu único ponto de apoio no mundo da obra de Dostoievski. Aliocha Karamazov e o príncipe Mychkine, Stavroguine e Kirilov encarnavam, para ele, o "mundo novo" cujo arauto genial, novo Homero e novo Dante, seria Dostoievski.

Desde que Lukács aderiu plenamente ao marxismo e à causa comunista, sua compreensão da história sofreu uma mudança radical. Paralelamente, seus critérios estéticos foram reconsiderados. A partir daí, Lukács considerou a *Teoria do romance* irremediavelmente ultrapassada. A realidade histórica não lhe aparecia mais como o lugar da perdição e da derrelição, com os estigmas da "perfeita culpabilidade" presentes por toda parte, mas como o palco de uma luta áspera entre a negatividade das forças do passado e a positividade das forças do futuro. O "sentido da vida" (o *Lebensimmanenz des Sinnes* cujo desaparecimento

---

tese final de uma recente obra, *Pour une sociologie des intellectuels révolutionnaires*, de Michael Löwy, Paris, PUF, 1976. [Edição brasileira: A *evolução política de Lukács*. São Paulo: Cortez, 1998. (N.E.)]

era pateticamente lamentado na obra da juventude) parecia dever ser reconquistado através da imanência histórica, e não por uma utópica transcendência. Uma compreensão materialista da história, muito mais bem articulada e muito mais concreta, substituía a teodiceia hegeliana do espírito, com coloração kierkegaardiana e dostoievskiana. A propósito das repercussões de sua metamorfose ideológica no plano das convicções estéticas, que questionavam até os julgamentos de valor de ordem individual, Lukács escrevia, em 1940, a seu amigo Béla Bálazs: "Balzac tomou o lugar de Flaubert; Tolstoi, o de Dostoievski; Fielding, o de Sterne etc.". Poderíamos multiplicar os exemplos. Dickens e Walter Scott foram muito prejudicados na *Teoria do romance*: os textos estéticos de maturidade do marxista Lukács vão reabilitá-los plenamente e conceder-lhes o lugar que lhes é devido na história do romance. Rabelais e Swift, Fielding e Richardson, Stendhal e Manzoni, totalmente ausentes na obra da juventude, serão, por sua vez, colocados no primeiro plano pelo historiador marxista do romance. A contingência do destino individual, em relação aos movimentos da História, continua a ser, para o marxista Lukács, o verdadeiro assunto do romance (cf. *O romance histórico*, cap.II). Somente o ponto de Arquimedes, o ângulo pelo qual o romancista contempla a realidade, e que assegura a unidade de perspectiva, não pode ser situado, pelo romancista realista, em outro lugar a não ser na imanência do *devir* histórico. Ora, a *Teoria do romance* tendia para uma solução utópica das contradições sociais. Contudo, a exigência de totalidade na pintura da realidade, presente no espírito da juventude, será reencontrada nos textos da maturidade. A continuidade e a descontinuidade se entrelaçam inextricavelmente durante a evolução do pensamento estético de Georg Lukács. E, mesmo se ele, resolutamente, se distanciou da *Teoria do romance*, ela permanece uma de suas obras mais belas e mais significativas.

4. A ESTÉTICA DA JUVENTUDE[1] (PERÍODO DE HEIDELBERG)

A descoberta do manuscrito inédito da estética da juventude abre perspectivas insuspeitadas a quem quer seguir o longo processo de gestação do pensamento estético lukácsiano. Tal estudo genético apresenta interesse, em nossa opinião, na medida em que faz ressaltar o extraordinário esforço de aprofundamento, tão complexo quanto desafiador, que Lukács fez durante décadas de trabalho intelectual para dar uma *expressão categorial* adequada a suas intuições primordiais quanto à natureza da arte e do fato estético. Há um lado patético na aplicação obstinada

---

1 Este estudo foi redigido em 1971, com base nos capítulos inéditos da *Heidelberger Aesthetik,* de Lukács, encontrados entre os papéis de Arnold Hauser, em Londres, e enviados a Lukács por seu antigo discípulo Istvan Mészáros. Lukács me remeteu, atendendo a meu pedido, durante uma de minhas últimas visitas que lhe fiz em Budapeste, uma cópia de dois capítulos desse manuscrito inédito: "Das Wesen der ästetischen Setzung" e "Die spekulativ-entwicklungsphilosophische Schönheitsidee". É, sobretudo, o primeiro desses capítulos que serviu para a redação de meu texto, assim como um outro, publicado na revista *Logos* em 1917-1918, o único que o autor fizera imprimir, "Die Subjekt-Objekt-Beziehhung in der Aesthetik". O manuscrito da *Heidelberger Aesthetik* (obra datada dos anos 1916-1918 por seus editores) e uma versão anterior dessa estética da juventude (1912-1914) descoberta entre os papéis de Lukács depois de sua morte, com o título *Zur Philosophie der Kunst,* foram publicados na série das *Obras*, de Lukács, pela editora alemã Luchterhand, em 1974-1975 (volumes 16 e 17 das *Werke*).

do pensador para encontrar, mediante tentativas, hesitações e revisões sucessivas, o aparelho conceitual próprio para exprimir a natureza específica da arte e do fato estético, desde a esquematização categorial neokantiana, inicialmente professada, até o formidável desdobramento categorial de sua *Estética* da maturidade (precedida da importante obra sobre o *Particular*), passando pelo rico arsenal da "Fenomenologia do espírito" e da obra hegeliana em geral. Os rompimentos importantes que sobrevieram sucessivamente em seu sistema de categorias são, sem dúvida, devidos, em primeiro lugar, às mudanças de sua concepção geral do mundo; mas, para avaliar seu percurso teórico no campo da especulação estética, um único critério fundamental deve ser levado em conta: o êxito do pensador decorrente de um esforço considerável para encontrar uma equivalência categorial da natureza autêntica da arte, sem choques nem distorções, entre seu aparelho conceitual e as exigências específicas do objeto estético, sem, de forma alguma, sacrificar aos preconceitos teóricos a especificidade da matéria única à qual se aplicava. Esse modo de colocar o problema é tanto mais legítimo quanto se trata de um esteta-filósofo cujo "equipamento mental" foi, alternadamente, composto de instrumentos categoriais que pertencem a direções filosóficas heterogêneas (neokantismo, fenomenologia, *Lebensphilosophie*, hegelianismo, marxismo). A questão que surge naturalmente é a seguinte: teria Lukács conseguido, em seu sistema estético final, se liberar dos julgamentos e concepções com que essa hereditariedade híbrida o sufocava, e teria chegado a exprimir a natureza original da arte por um conjunto de conceitos *homogêneo* sob o aspecto estritamente filosófico?

O quadro original da estética da juventude de Lukács reflete o esforço particular do pensador para fazer concordar suas primeiras intuições sobre a natureza da arte com o esquematismo categorial neokantiano. O paradoxo que parece ter vivamente interessado ao jovem Lukács provinha do fato de que o pensamento neokantiano de um Rickert ou de um Windelband punha a ênfase axiológica na transcendência dos valores em relação à realidade concreta, na "formalidade" da atividade sintética do espírito e no apriorismo das categorias em relação à sua matéria, enquanto a arte, por definição, ignora a segregação entre forma e conteúdo e rejeita toda possibilidade de separação entre "valor" e "realização de valor". Sem dúvida, não é exagero afirmar que a firme determinação de garantir a autonomia irredutível da arte entre as outras formas de produção espiritual deve ter pesado fortemente na adesão do jovem Lukács ao sistema de pensamento de Emil Lask, o menos "formalista" dos neokantianos do início do século e o mais inclinado a restabelecer, em seus direitos legítimos, o momento "material" e "objetivo" do conhecimento (sem todavia sair do quadro neokantiano). A afirmação precedente exige naturalmente toda uma série de precisões. A ideia central, que prendia a atenção de Lukács no momento da estética da juventude, defendia que, na arte, a "experiência vivida" (*das Erlebnis*), longe de ser sacrificada à realização da "norma" ou do "valor" – como era o caso, segundo as teses de Rickert, em outras esferas da atividade espiritual –, estava inteiramente conservada e guardava todo o seu poder. O pôr estético* (o que Lukács chamará, de um modo mais ou menos intraduzível, de *die ästhetische Setzung*) era definido como produzindo um "vivido normativo" (*ein normatives Erlebnis*), e, bastante significativamente, considerava essa tese como um evidente *paradoxo*. Para fazer compreender o sentido dessa qualificação, é preciso lembrar que, para os neokantianos, a ideia de valor, de norma ou de ideal implicava, obrigatoriamente, a transcendência do plano estritamente material do "vivido". O jovem Lukács observava, com efeito, que, tanto na atividade lógico-teórica como na atividade ética, o valor se realiza na necessária ultrapassagem da esfera dos "vividos" e da experiência sensível e concreta; a arte é a única forma de atividade espiritual em que a "norma" se realiza mediante a homogeneização e o reforço dos "vividos", e não os aniquilando ou os suprimindo. Daí o qualificativo "paradoxal" aplicado ao conceito de "vivido normativo".

O estudo aprofundado das diferenças e divergências entre a posição teórica de Heinrich Rickert e a de Emil Lask, no interior da escola filosófica conhecida pelo nome de *Südwestdeutscher Neukantianismus*, nos levaria, no momento, mais longe. Com certeza, os elementos de que dispomos permitem afirmar que, no processo da relação sujeito-objeto, relações entre a "forma"

---

* A tradução "pôr estético" se justifica pelo fato de o termo *Seltzung* ter sido traduzido pelo Tertulian mais velho como "pôr". (N.E.)

e a "matéria" do conhecimento, Emil Lask dava ao momento "material" uma importância e, mesmo, uma autonomia infinitamente maiores do que Heinrich Rickert estava disposto a dar-lhe. A análise das divergências entre a escola neokantiana de Marburg (representada por Cohen, Natorp, entre outros) e a do sudoeste da Alemanha (Rickert, Windelband, Lask) oferecia certamente um campo de estudos que interessava aos historiadores da filosofia. As duas escolas disputavam entre si a ortodoxia kantiana. Enquanto a escola de Marburg afirmava, energicamente, o caráter puramente "produtivo" do conhecimento, concedendo, assim, a prioridade absoluta à espontaneidade intelectiva da subjetividade, assistia-se no interior da segunda escola, principalmente com Emil Lask, a um deslocamento do centro de gravidade para o reconhecimento de uma dualidade original da "forma" e do "material", tendendo mesmo a dar a esse último uma função determinante. Quanto a nosso propósito, o interesse não vem unicamente de a estrutura categorial da estética da juventude estar impregnada dos conceitos oriundos da reflexão de Lask; existe, além disso, um texto de Lukács dedicado a Emil Lask publicado, depois da morte desse último, na revista *Kant-Studien*.[2] Não obstante, assim como o próprio Lukács ressalta no prefácio de sua grande *Estética*, Emil Lask foi, com Ernst Bloch e Max Weber, um daqueles cujo "interesse crítico, mas benevolente" envolveu o manuscrito de sua *Heidelberger Aesthetik* [Estética de Heidelberg].

É certo que o jovem esteta podia encontrar na crítica do intelectualismo e do panlogismo presente nos textos do filósofo neokantiano uma das principais razões para justificar a atração exercida pelo pensamento de Lask. Da mesma forma que Rickert, Lask partia da dualidade estabelecida por Lotze entre "o que existe" e "valor", entre a realidade físico-psíquica dada e a zona dos "valores" (*Geltungen*). Mas sua posição tinha isto de particular: longe de reconhecer uma soberania absoluta no momento da "valorização" (*Geltung*), ele tendia a fixar uma relação de aderência das mais íntimas, de "intricação", entre a materialidade do fato que existe e a marca do valor. A recente volta do interes-

---

2 LUKÁCS, Georg. Emil Lask, Ein Nachruf, von Georg von Lukács. *Kant-Studien*, Bd 22, p.349-70, 1918.

GEORG LUKÁCS   123

se pelo pensamento de Lask parece, aliás, ligada à tendência que
denuncia sua aproximação parcial da ontologia realista de Nicolai Hartmann, ou ainda a oposição entre ele e Rickert.[3]
Não podemos entrar aqui na discussão de todas as sutilezas
epistemológicas no tocante às divergências entre Rickert e Lask.
Pretendemos destacar, sobretudo, o esforço de Lask para corrigir o subjetivismo e o formalismo no interior do neokantismo,
valorizando nitidamente a função do "material" na dualidade
original sujeito-objeto. A forma lógica dos objetos não era, no
entanto, para Lask, uma realidade inteiramente autárquica, mas
uma realidade que aderia estreitamente a sua materialidade. A
essência da forma lógico-teórica consistia, para ele, em ser uma
"forma-se-referindo-a ...", um "valor-para ...": "Não existe nenhum valor que não seja um valor *se-referindo-a*, um valor-*para*,
um valor-*a-propósito-de* ..." (*Es gibt kein Gelten, das nicht ein Gelten*
betreffs, *ein Gelten* hinsichtlich, *ein Hingelten wäre* ...).[4] A contradição fundamental em que se debatia o pensamento de Lask
decorria de sua tendência a conciliar o *copernicanismo* kantiano
com os impulsos *objetivistas* de seu pensamento, a reabilitar o
momento *material* e *objetivo* do conhecimento sem abandonar a
estrutura de pensamento do neokantismo. A troca de correspondência com Rickert, como se ressalta dos fragmentos dados na
edição póstuma das obras de Lask (1923), mostra como era
forte sua vontade de fazer coincidir o conceito de *objetividade* dos
fenômenos e o conceito axiológico de *valor teórico*, e quanto era
firme sua oposição à tese de Rickert que defende a existência
necessária de um *prius* do momento axiológico (*Sollen*) diante
do momento ontológico-existencial (*Sein*). A última obra teórica importante publicada por Lask, *Die Lehre vom Urteil* (1912),

───────

3 Ver principalmente Hanspeter Sommerhäuser: *Emil Lask in der Ausei-
   nandersetzung mit Heinrich Rickert*, Berlin, 1965, assim como um estudo
   do mesmo autor em *Zeitschrift für philosophische Forschung*, 21, 1967, ou
   ainda o comentário de Rudolf Malter na mesma revista (traduzimos o
   título em francês), *Heinrich Rickert e Emil Lask. Du primat de la subjecti-
   vité transcendentale au primat de l'objet donné dans la constitution de la
   connaissance*, jan.-mar., 1969.
4 LASK, Emil. Die Logik der Philosophie und die Kategorienlehre. In:
   _____. *Gesammelte Schriften, ZweiterBand, herausgegeben von* Eugen
   Herrigel. Tubigen: *Verlag von* J. C. B. Mohr (Paul Siebeck), 1923, p.32.

contém, aliás, uma tentativa reveladora de alterar toda uma série de perspectivas tradicionais na teoria do julgamento lógico, concedendo uma preeminência à lógica transcendental sobre a lógica puramente formal, assim como à *aléthéiologie* (teoria da verdade objetiva) em relação à *gnoséologie* (teoria estrita do processo do conhecimento).

Em sua estética da juventude, Lukács utilizava, de modo muito pessoal, a limitação das prerrogativas da subjetividade transcendental de tipo lógico, no processo do conhecimento, limitação adquirida mediante a reafirmação vigorosa dos direitos da matéria sensível e do "dado" originário. É interessante observar a maneira como o dualismo firmemente estabelecido por Lask entre "forma" e "matéria", enfatizando nitidamente a existência de um estrato originário intuitivo-sensorial anterior a toda "significação" e a todo sinete lógico (tendo, então, um caráter "posicional-irracional", "estrangeiro-ao-logos", *logosfremdartig*), tornava-se, em Lukács, um instrumento de defesa da autonomia do fato estético contra as tendências expansionistas do lógico. A "panarquia do lógico", de que falava Lask, era denunciada como um perigo latente, igualmente suscetível de obliterar o fato estético.

Reivindicando a autonomia do estrato originário sensório-material, além das limitações teóricas que lhe davam as categorias lógicas, Emil Lask tinha utilizado, para caracterizá-lo, fórmulas tais como "nudez lógica"* (*logische Nacktheit*) ou *Irrationalität*. Por uma ação de transposição *sui generis*, em seu desejo de impedir toda contaminação do fenômeno estético pelos modos de raciocínio do pensamento lógico, Lukács aplicava a fórmula "nudez lógica" à própria estrutura originária do fato estético: a obra de arte. A primeira obra de Lask, *O idealismo de Fichte e a história* (1902), tinha recebido uma crítica do racionalismo e do panlogismo. À lógica "emanatista" de Hegel, que ele tinha, como muitos outros neokantianos, como um avatar do panlogismo, Lask opunha o ponto de vista epistemológico de Kant e de Fichte: o

---

* Conservamos, como o autor, a tradução literal do alemão, por sua expressividade, apesar de sua relativa não pertinência. O leitor compreenderá facilmente que não se trata da lógica em sua nudez – como poderia ser interpretada mecanicamente essa expressão – mas de alguma coisa que estaria despojada de toda roupagem lógica. (N.E.F.)

que lhe interessava acima de tudo era a maneira pela qual Fichte se afastava da concepção "emanatista-sistemática" que iria se tornar a dos grandes idealistas pós-kantianos (Schelling e principalmente Hegel), a reabilitação do empirismo e do momento sensório-material na dialética do processo do conhecimento. Lask reanimava avidamente os elementos críticos do intelectualismo em Fichte e exaltava o que iria chamar de "o *antirracionalismo crítico*" de Fichte.[5] É justamente a crítica do racionalismo abstrato e do intelectualismo com consequências panlógicas, implicada na afirmação da irredutibilidade do "material" alógico e irracional no processo do conhecimento, que interessava a Lukács em sua estética da juventude.

Para o jovem Lukács, o aparelho categorial dos neokantianos parecia ser o único a garantir a autonomia das diversas formas de atividade espiritual. Por paradoxal que isso possa parecer ao olhar de sua evolução ulterior, Lukács não se sentia menos próximo da animosidade que testemunhavam os neokantianos ao "monismo" sistemático dos idealistas pós-kantianos do que de sua tese (que era inicialmente a de Lask) referente à existência de um dualismo da "matéria" irracional e da "forma" transcendental. Via nessas duas atitudes, em primeiro lugar, meios de afirmar a unicidade e a irredutibilidade de cada forma de atividade do espírito (teórica, ética, estética). É incontestável que compartilhava, naquela época, os preconceitos neokantianos quanto aos perigos do monismo metodológico dos sistemas de pensamento pós-kantianos; as considerações de Lask, em sua primeira obra, sobre o poder devorador do "conceito" em Hegel não o tinham certamente deixado indiferente. Não obstante, no texto consagrado a Lask, em *Kant-Studien*, Lukács sublinhava significativamente o "impulso para o concreto" (*der Drang nach Konkretion*) como traço positivo fundamental da "nova filosofia", personificada por Lask, e, na mesma ordem de ideias, celebrava o respeito da natureza originária de toda forma de espírito como "a herança mais nobre" que Kant teria deixado.[6]

---

5 LASK, Emil. Fichtes Idealismus und die Geschichte. In: _____. *Gesammelte Schriften*, *Erster Band*, op. cit., p.103.
6 LUKÁCS, Georg. *Emil Lask...*, op. cit., p.350-1.

No manuscrito de sua estética da juventude, a preocupação central de Lukács era a definição da especificidade da atividade estética do espírito, e preocupava-se principalmente com evitar que pudesse ser confundida com a atividade lógico-teórica ou ética. Vimos que a distinção categoricamente operada por Lask entre o "material" e a "forma", sublinhando fortemente as forças determinantes de significação do material alógico (*die bedeutungsbestimmende Gewalt des alogischen Materials*), e a colocação em evidência de sua inextricável fusão na gênese dos valores constituíam os instrumentos teóricos utilizados por Lukács em seu processo de diferenciação. A partir do molde do pensamento de Rickert e Lask, Lukács formulava, desde as primeiras páginas da *Heidelberger Aesthetik*, sua principal tese no domínio da epistemologia estética: a teoria, assim como a ética, por sua constituição, devem obrigatoriamente transcender o vivido (*Erlebnis*); assim, a atividade estética não abandona um instante sequer o plano do vivido (*die Erlebnishaftigkeit*). A insistência de Lukács nessa constatação e o esclarecimento, com uma verdadeira volúpia, do "paradoxo" nela apresentado não são estranhos ao contexto kantiano de seu pensamento. A filosofia neokantiana (com exceção, parcialmente, de Lask), seguindo nisso uma linha de pensamento essencial do próprio Kant, tendia naturalmente a dar um peso decisivo, na gênese dos valores, à "formalidade" da atividade do espírito e a desvalorizar o que ressaltaria da "materialidade". A representação da "materialidade" e do "vivido imediato" (*Erlebnishaftigkeit*), coisas mais ou menos idênticas para os neokantianos, não fazia distinção entre conceito de valor (*Geltung*) e *vivido transcendido*. Todas as discriminações epistemológicas operadas por Lukács no interior da esquematização categorial do neokantismo visavam assegurar, nesse terreno, um espaço conveniente à autonomia da arte. A correção aplicada a essa orientação, que tendia a pôr o sinal de igualdade entre o conceito de valor (*Geltung*) e o fato de transcender o vivido (*Erlebnisjenseitigkeit*), devia garantir, concomitantemente, a existência de uma forma singular do espírito – em que o valor se realiza na imanência do fluxo dos vividos, mas sem transcendê-los –, isto é, a arte, e prevenir, por isso mesmo, toda veleidade de afetar a natureza própria da arte mediante as categorias decorrentes da lógica ou da ética.

Se insistimos tanto nos raciocínios precedentes, é porque vemos aí a antecipação de uma atitude constante na *Estética* que virá mais tarde: a crítica incansável do "racionalismo unilateral" na interpretação da arte e das tentações de extrapolar as categorias específicas do pensamento lógico-teórico, transpondo-os para a zona estética. O interesse na condenação do panlogismo por Lask e em seu "antirracionalismo crítico" anuncia o esforço intenso ulterior para definir o *particular* como uma categoria central da estética (Lask, no entanto, dava uma atenção toda especial, perfeitamente explicável, ao conceito kantiano de "intelecto intuitivo"; Lukács, mais tarde, fará frequentemente referência a isso). Existe então uma inegável correspondência entre a admiração de Lask pelo "método rapsódico" de Kant, contrário à sistematização dedutiva de seus sucessores, a nítida prioridade que concede ao "material" durante o processo de diferenciação das formas do espírito e a firme afirmação, por Lukács, em sua estética da juventude, da irredutibilidade e da incomensurabilidade das formas superiores da atividade espiritual. A preferência, que exprime o estudo consagrado a Lask em *Kant--Studien*, por um sistema filosófico pluridimensional e assimétrico (p.358) tem por complemento natural a tese sobre o caráter original, não dedutível e não derivável reciprocamente de cada uma das três principais formas de atividade espiritual.[7]

Se quisermos uma eloquente ilustração da asserção segundo a qual as intuições essenciais da estética da maturidade já existem na estética da juventude, ela é fornecida pelo extraordinário interesse dado no manuscrito, que ficou inacabado, pelo estágio *anterior* à diferenciação das formas superiores de atividade espiritual. O que ia mais tarde ser o objeto de descrições minuciosas sob a denominação "estrutura da vida cotidiana" se encontra aqui exposto como a "realidade vivida" (*Erlebniswirklichkeit*). Uns quinze anos antes de Heidegger, a análise de Lukács antecipa o que, em *Ser e tempo*, será o objeto de uma descrição fenomenológica intitulada "*In-der-Welt-Sein*". Observamos – e isso nos parece digno de interesse – que, no primeiro capítulo de sua *Estética*

---

7   Sabe-se que no sistema de Hegel, por exemplo, a Arte e a Religião eram consideradas etapas no *devir* da Ideia absoluta, o que as colocava em posição subalterna em relação à Filosofia.

da maturidade, Lukács se detém nas teses de Heidegger sobre a vida cotidiana (*die Alltäglichkeit*), em uma digressão de caráter polêmico; ora, ao fazê-lo, Lukács reconhece em Heidegger o grande mérito de ter tentado um "esforço apaixonado" para descrever as estruturas do modo de vida e de pensamento cotidiano. É preciso, sobretudo, lembrar que, naquele propósito, Lukács observava que Heidegger ultrapassava, em muito, o horizonte e o estágio da problemática dos pensadores neokantianos.[8] Retrospectivamente, esse elogio poderia ser devolvido ao próprio Lukács, quando se pensa nas páginas reveladoras contidas no manuscrito da *Heidelberger Aesthetik* sobre os fenômenos descritos sob o nome de "*Erlebniswirklichkeit*". As afinidades entre Lukács e Heidegger, por mais radicais que fossem suas diferenças, aparecem assim sob uma luz nova.

Fazendo do *Erlebnis* o conceito fundamental de sua estética da juventude, Lukács consagrava a primeira parte de sua obra inacabada a uma *fenomenologia do vivido*. O manuscrito se abre com uma questão decisiva: "Dada a existência das obras de arte, como são possíveis?", questão de que o autor pensava poder afirmar que estava no espírito, se não na letra, do kantismo. De fato, Lukács derrogava a célebre maneira kantiana de colocar o problema da natureza do fenômeno estético, em que se partia do ato de julgamento estético para se interrogar sobre a possibilidade de julgamentos de gosto universais; desse modo, Lukács operava um importante deslocamento dos planos. A ênfase era colocada, com decisão, sobre a existência do *objeto estético*, sobre a fenomenologia da *criação artística*, e não sobre aquela, derivada e secundária, da recepção da obra e das condições do gosto. A perspectiva kantiana estava voltada para a direção da *objetividade*, e o interesse não se dirigia mais para a problemática do belo, mas para uma análise da obra de arte como *produto humano*.[9] Max Weber se mostrou entusiasmado com a audácia de pensamento de seu jovem amigo. Marianne Weber, em uma página de

---

8 LUKÁCS, Georg. Aesthetik, Teil I, Halbband I. In: _____. *Werke, Band* 11. Neuwied und Berlin: Luchterhand Verlag, 1963, p.70.

9 Ver igualmente: Heller, Agnes. L'Esthétique de Georg Lukács. *l'Homme et la Société*, n.9, p.221-2, 1968.

seu livro *Max Weber. Ein Lebensbild*,[10] lembra a forte impressão que a leitura do manuscrito de Lukács deixou em seu marido e reproduz seu comentário:

> Minha impressão é muito forte e eu estou inteiramente certo de que a maneira de colocar o problema é, realmente, a adequada. Tentar conceber a estética do ponto de vista do criador depois que foi tratada do ponto de vista do receptor (*des Rezipierenden*), enfim, dar, daqui em diante, à "obra" como tal a palavra, eis um verdadeiro benefício. Eu estou bastante curioso do que se passará com esse seu conceito de forma.

E Max Weber prossegue com uma série de considerações sobre o poder da *forma*, inspiradas pela leitura do manuscrito de Lukács (p.508). Julgar-se-á o efeito durável sofrido ao contato dessa obra pela menção que Max Weber fará, em seu discurso sobre *O ofício e a vocação de sábio* (*Wissenschaft als Beruf*, 1919), ao procedimento de Lukács, exemplarmente condensado em uma fórmula de ressonância kantiana: "Dada a existência das obras de arte; quais são as pressuposições que as tornam possíveis?"

O manuscrito da estética da juventude testemunha o esforço do jovem pensador para traçar o itinerário de suas intuições e teses primordiais com a ajuda de instrumentos metodológicos e categoriais tão diferentes quanto os do neokantismo, da fenomenologia de Husserl, da *Lebensphilosophie*, de Dilthey, e da *Fenomenologia do espírito*, de Hegel, com todas as tentativas, flutuações e contradições inerentes a tal empreitada. O interesse em seguir a trajetória de Lukács é tanto maior quanto se ergue diante de nós o monumental resultado de toda a sua evolução: o sistema estético final. Antes de empreender a análise rigorosa do importante conceito de "realidade do vivido" (*Erlebniswirklichkeit*), reveladora antecipação do conceito de "vida cotidiana" da *Estética*, Lukács dava particular atenção à zona de materialidade informe que precederia necessariamente toda atividade do espírito, e que ele chamava intencionalmente de o "caos". Tratava-se do fundo original, brumoso e indizível da experiência, fundo que o espírito submeteria à sua atividade criadora. Esse conceito, cuja função é

---

10 Verlag Lambert Schneider, 1950.

designar uma realidade limite (a matéria informe, não expressa, anterior ao predicado), tem, para nós, o interesse de evidenciar as contradições em que se debatia o pensamento neokantiano do jovem Lukács. Por um lado, pretendia permanecer fiel ao conceito neokantiano de irredutível autonomia de cada forma da consciência (lógica, ética, estética); por outro lado, sentia a necessidade de fazer sobressair a ideia de que as diversas atividades intelectuais não têm sua fonte a partir do vazio, por pura espontaneidade e criatividade, mas encontram seu ponto de partida em uma obscura realidade exterior. O conceito de "caos" parecia dotado de uma função puramente epistemológica, designando apenas o vago informe daquilo que transcende a atividade formativa da consciência. Para formulá-lo e localizá-lo, o que é significativo, Lukács apelava ao conceito kantiano de "coisa em si", incognoscível, mas presente à nossa sensibilidade, ou ainda à identidade primária entre o Ser e o Nada (*Sein = Nichts*) que Hegel situava no "começo" de seu sistema filosófico. Do encadeamento de seus raciocínios, destaca-se a impressão de que a aplicação em assinalar um plano do imediatismo, anterior aos processos formativos da consciência, nele estava ligado a essa mesma vontade de atacar fortemente a soberania ilimitada do modo de pensamento lógico--teórico, na ordem das formas da consciência. Uma página do manuscrito dá a entender que a cada tipo fundamental de atividade da consciência corresponde sua "matéria" específica. Uma outra página contém a exaltação do fato moral, cuja grandiosa ação autônoma seria contudo necessariamente precedida por uma intuição da "angústia do abismo" (*Schauer des Abgrunds*). Insistindo na existência de uma zona material que precederia a atividade transcendente da consciência (o "caos" equivalia a "o que está pura e simplesmente além da atividade" – *das schlechthin Setzungsjensesitige*), o jovem Lukács pensava provavelmente em garantir, de alguma forma, a especificidade de cada atividade formativa do espírito, em afastar todo perigo de confusão entre os domínios ético, estético e lógico, enquanto preservava sua autonomia como "valores" exclusivos da consciência.

Convém lembrar que, bem mais tarde, traçando sua trajetória intelectual em *Mein Weg zu Marx* (1933), Lukács fazia uma confissão duplamente significativa: por um lado, convinha que, em seu primeiro período criador, a doutrina neokantiana da "ima-

GEORG LUKÁCS 131

nência da consciência" correspondesse perfeitamente à sua posição de classe e à sua *Weltanschauung*, sendo o materialismo,
naquele tempo, considerado ultrapassado sob o aspecto epistemológico; por outro lado, estava realmente entregue à dúvida
permanente a respeito do idealismo subjetivo, levado ao extremo,
da escola neokantiana de Marburg e da escola de Mach, pois,
segundo suas próprias palavras, "sentia-se incapaz de compreender como a realidade poderia ser deduzida, pura e simplesmente,
como uma categoria imanente da consciência".[11] A justeza da
autocrítica retrospectiva de Lukács se encontra amplamente
corroborada pela análise acima.

No manuscrito da estética de Heidelberg, muito mais interessante é a definição de um outro conceito: o da realidade do
vivido (*die Erlebniswirklichkeit*). É bastante surpreendente descobrir num pensador formado na escola neokantiana a manutenção
do interesse por uma região da existência independente do
universo dos valores, ou, em todo caso, precedendo-o de modo
ideal. O jovem Lukács testemunha um notável senso do terreno
da vida prática; oferece-nos uma eloquente descrição de um setor da existência nitidamente distinto da atividade da consciência normativa (teórica, ética ou estética). É o mundo da "facticidade" ou, segundo sua própria e significativa denominação, o
"mundo do pragmatismo", no qual o homem se encontra imerso
com a totalidade de sua vida e de sua consciência, um mundo
no qual o homem é muito mais possuído pela realidade que
transcende sua consciência do que ele mesmo possui e domina
essa realidade. As categorias específicas de tal modo de existência são as do pensamento como simples instrumento, que opera
a fusão imediata da teoria e da prática: são as da simpatia e da
antipatia, do amor e do ódio, em uma palavra, são as dos diferentes humores (*Stimmung*). A realidade do vivido se identifica
então com a vida prática. Observaremos que os pontos de partida utilizados para a descoberta desse campo original de experiências por definição sincréticas não são mais fornecidos pelas
concepções neokantianas, mas por aquelas da *filosofia da vida*, de
Dilthey, ou da fenomenologia. Encontra-se citada – segundo uma

---

11 LUKÁCS, Georg. *Mein Weg zu* Marx. In: _____. *Schriften zur Ideologie
und Politik*. Org. von Peter Ludz. Luchterhand, 1967, p.323-4.

132   NICOLAS TERTULIAN

obra de Arthur Stein, *Der Begriff des Geistes bei Dilthey* (1913) –
a tese de Dilthey relativa à primordialidade da *existência* histórica em relação a qualquer consideração teórica ou contemplativa sobre a história. Lembremo-nos da simpatia expressa na
Estética da maturidade de Lukács (que mencionamos intencionalmente, acima) pelos propósitos de Heidegger que visavam à
unidade original da teoria e da prática no processo da vida cotidiana e pelo progresso que representavam em relação ao neokantismo. A passagem de Heidegger, citada na *Estética* de modo
aprobativo, terminava com estas palavras: "Um olhar simplesmente 'teórico' sobre as coisas não tem a compreensão do ser-
-disponível. Não é o caso de se dizer, contudo, que o uso e a
manipulação das coisas sejam cegos, eles têm a sua própria maneira de ver, que determina essa manipulação e confere ao instrumento sua 'reidade* específica'" (*Dinghaftigkeit*).[12] Nos capítulos de *Sein und Zeit* que tratam da vida *cotidiana*, Lukács
reencontrava, sem dúvida, amplificadas e concretizadas, as
pulsões de seu próprio pensamento inicial.

Devemos destacar, muito fortemente, o mérito de Lukács
de ter procedido, desde a sua estética da juventude, a um considerável alargamento da fenomenologia da consciência, abrindo brechas na problemática tradicional do neokantismo. De
fato, sua concepção daquela época separava, de modo rígido, o
plano do vivido do "homem total" (*der ganze Mensch*) da esfera
dos valores autotélicos da consciência (nesse ponto, permane-

---

* Coexistindo com a palavra "*réification*" (reificação), utilizada cinco vezes
  (ed. fr., p. 30, 32, 42, 47 e 56), encontra-se a palavra "*réité*" (sem correspondente dicionarizada em português), utilizada apenas uma vez (ed. fr.,
  p.120). Em ambas, observa-se a forma latina *res, rei*, "coisa", a que foram
  acrescentados os sufixos nominais, formadores de substantivos abstratos,
  "*ation*" (-ção), que indica ação ou resultado de ação, e "*ité*" (-dade), que
  indica estado, propriedade, qualidade ou modo de ser. Essa diferença de
  sentido presente nos sufixos me fez rejeitar a correspondência *réité*/reifi-
  cação e preferir a correspondência *réité*/reidade, pois, nesse neônimo,
  respeita-se o processo de formação adotado, existente nas duas línguas.
  (Nota do tradutor – N.T.)
12 HEIDEGGER, Martin. *L'Être et le Temps*. Traduit par Rudolf Boehm et
  Alphonse de Waehlens. Paris: Gallimard, 1963, p.93. [Edição brasileira:
  O ser e o tempo. Tradução de Márcia de Sá Cavalcanti. Petrópolis: Vozes,
  1988. (N.E.)]

cia nos limites do modo de pensamento kantiano). Não é menos verdade que sua sugestiva descrição de uma vasta região da existência humana, bem distinta da esfera dos valores ou das objetivações superiores da consciência, lhe fazia dar um passo importante em direção à sua concepção final.

Desse ponto de vista, as similitudes entre sua estética da juventude e a estética elaborada uns quarenta anos mais tarde são surpreendentes (sem querer, evidentemente, escamotear as diferenças radicais supramencionadas ligeiramente). Havia, então, "anterior" às ações normativas da consciência, um plano do "vivido", onde todas as formas da consciência se encontram no estado indiferenciado de mistura sincrética. É o plano da existência que designará como o do "homem total" (*des ganzen Menschen*), denominação que encontraremos tal qual na estética final. O manuscrito fala de uma "existência misturada dos objetos" (*gemischte Gegenständlichkeit*) no vasto espaço da "realidade vivida" para marcar a ideia de que a experiência do mundo não é diferenciada nesse estágio segundo o conhecimento teórico, o fato ético ou a atividade estética. As descrições convergem para sublinhar a espontaneidade e o prático como atributos constitutivos desse tipo de existência. O jovem Lukács indicava, certamente, que essa *Erlebniswirklichkeit* não suprimia, de modo algum, o pensamento, que, entretanto, permanecia inteiramente escravizado aos atos práticos sem poder nem mesmo alçar-se ao nível da atitude puramente contemplativa do conhecimento teórico. O pensamento, a vontade e a afetividade estão presentes numa mistura sincrética original.

Depois de ter destacado, com muita insistência, o valor da antecipação, na *Estética* da maturidade, de certos procedimentos de pensamento da estética da juventude, convém dar, por um instante, uma igual atenção a suas diferenças radicais. De um ponto de vista estritamente teórico, o jovem Lukács estabelecia uma nítida solução de continuidade entre o plano da "vida" (o do "homem total") e o dos "valores" (*Geltungen*). A atividade normativa da consciência parecia fazer uma irrupção brutal e inopinada na "*realidade do vivido*". Havia um hiato entre o sujeito da vida cotidiana do "homem total" e o sujeito das esferas normativas da consciência. O manuscrito se refere explicitamente a uma separação abrupta (*schroffe Abhebung*) entre os dois planos: "A vida e o valor se excluem reciprocamente por essência ... (*Leben und Geltung schliessen sich ihrem Wesen nach aus* ...)".

Eis-nos aqui numa reviravolta do pensamento de Lukács. Que nos seja suficiente dizer, por antecipação aos desenvolvimentos futuros, que o mérito fundamental do sistema final repousa precisamente na notável análise das múltiplas mediações que aproximam os dois planos: o da vida imediata do "homem total" e o das formas superiores da atividade do espírito. A linha divisória entre o "*Sein*" (o *ser*) e o "*Sollen*" (o *dever-ser* conforme à *norma*) perde a sua nitidez. A estrutura da arte, da ciência ou da moral não será mais, de modo algum, dissociada de sua gênese, nas múltiplas articulações a partir do plasma original da vida e do pensamento cotidianos. A estética da juventude oferece uma imagem mais ou menos oposta. A despeito dos progressos realizados para ultrapassar o horizonte neokantiano, o alicerce teórico do neokantismo parece dever permanecer inabalável. A segregação ou a heterogeneidade da existência "real" e da existência "postulada", da "vida" e da "norma" parecem irredutíveis. Os dois planos – o da existência concreta, espaço-temporal, *hic et nunc*, e o dos valores intemporais, do "sentido" – continuam a ser rigorosamente separados. Os propósitos críticos que, muito mais tarde, no prefácio da nova edição da *Teoria do romance* (1962), Lukács fixará na intenção do neokantismo de Rickert – "kantianos, como Rickert e seus alunos, estabelecem um corte radical entre o valor intemporal e a realização histórica dos valores" – são os de um homem tendo conhecido de seu interior a posição ulteriormente incriminada. No momento, Lukács nos autoriza a abordar o problema da continuidade e da descontinuidade em sua evolução por um ângulo dos mais reveladores. A intuição aguda das diferenças qualitativas entre o horizonte de um espírito com experiência limitada às realidades heteróclitas e heterogêneas da vida corrente e o horizonte de um espírito orientado para uma atividade teórica criadora, intuição privada, no entanto, da percepção das articulações leves e flexíveis que ligam de fato os dois planos, contribuía para manter o jovem Lukács prisioneiro dos esquemas teóricos do neokantismo. Ele estava muito longe, naquele momento, de suspeitar quais os elos reais que unem a *praxis* humana e sua atividade normativa superior, quais as transições naturais entre o complexo da vida cotidiana e as altas objetivações do espírito.

Comum à estética inacabada da juventude e ao sistema estético final, encontramos a inclinação para estabelecer o lugar geométrico da arte na constelação do espírito sobre um fundo de perpétua comparação com as outras formas da relação sujeito-objeto, para estabelecer seu "lugar" transcendental (para retomar uma expressão filosófica típica do jovem Lukács, derivada de Lask) no fundo de uma tipologia universal do espírito. As intuições essenciais serão conservadas inalteradas em sua essência, não obstante sua articulação filosófica muito diferente. O neokantismo de Rickert e de Lask ou a fenomenologia de Husserl podiam oferecer-lhe indiferentemente, no curso de sua temerária tentativa de elaborar um sistema de estética autônomo, os instrumentos teóricos que lhe permitiam marcar a distinção entre a vida prática, vivida sob o horizonte imediato da vida cotidiana, e a atividade estética própria. A vontade de exprimir firmemente a ideia de que a arte, como a teoria ou a ética, implica uma violência feita no vivido prático, uma extirpação do círculo da vida imediata, podia apoiar-se teoricamente tanto na distinção feita por Husserl entre consciência *natural* (ingênua) e consciência *transcendental* como na oposição estabelecida pelos neokantianos entre a existência dada e a atividade normativa do espírito. Lukács indicava, aliás, que toda atividade normativa equivale a abandonar o mundo "natural" de existência e a instalar-se numa forma "não natural" de vida.

As reflexões do manuscrito da juventude giram em torno de uma ideia cardeal: a arte nos permite "viver" uma existência purificada de todos seus elos e dependências práticas; "viver" tornando-se um fim em si, sob a forma de uma "realização imanente", dá-nos, então, "o sentido[13] do vivido como vivido" (*der Sinn des Erlebnisses*). Na *Estética* da maturidade, encontramos a tese segundo a qual a gênese da arte está ligada a uma volta da subjetividade sobre si mesma, com o intuito de torná-la mais viva, homogênea e harmoniosa. Primeiramente, fortalece-se a preocupação em fixar, com precisão, as fronteiras entre a ativi-

---

13 Destaque do autor.

dade do sujeito estético e a do sujeito teórico ou ético e, depois, a preocupação em sublinhar, com um traço espesso, o caráter *normativo* do vivido na arte. As primeiras páginas do texto publicado na revista *Logos* ("Die Subjekt-Objekt-Beziehung in der Aesthetik") exprimiam, de modo pregnante, as ideias favoritas de Lukács sobre o primeiro desses temas. O conhecimento teórico implicaria a primazia absoluta e esmagadora do objeto sobre o sujeito, a ética exigindo a soberania ilimitada do sujeito sobre o objeto (para o autor do estudo da *Logos*, o sujeito ético se identifica com a "vontade sagrada" de Kant, transcendendo toda existência empírica, carnal e indiferente às consequências materiais do ato moral). Fazendo um notável esforço teórico, Lukács tentava definir o estatuto específico da subjetividade estética. Sua proposição central era formulada como segue: "A essência da esfera estética se fundamenta no fato de que ela, e somente ela, conhece a relação sujeito-objeto no sentido autêntico do termo" (p.7). A célula e o núcleo do rico florescimento de todo o pensamento estético lukácsiano (tanto o da fase da juventude como o da fase da maturidade) tomam, desde já, sua clara configuração: a causa transcendental do nascimento do fato estético seria a aspiração "subjetiva" (*die "subjektive" Sehnsucht*) a uma realidade conforme aos vividos e às expectativas da subjetividade. Longe de serem suprimidos ou neutralizados pelo ato normativo da subjetividade estética concretizado na criação da obra de arte, os vividos são amplificados e reforçados até constituírem um universo autônomo. Estamos, aqui, nos antípodas tanto do sujeito "construído" da consciência teórica como do sujeito "postulando" a consciência ética. A *teoria*, tanto quanto a *ética*, implica consubstancialmente transcender o vivido como vivido: a impessoalidade dos teoremas da ciência ou da filosofia e os postulados da consciência moral (o jovem Lukács seguia as coordenadas da ética de Kant) ocasionam, por sua normatividade, a neutralização dos móveis e das evanescentes vibrações da afetividade.

O paradoxo do conceito central da estética do jovem Lukács, "o vivido normativo", aparece, presentemente, à sua verdadeira luz. A fenomenologia da criação artística era descrita sob a forma do processo de ultrapassagem do plano da "experiência vivida" (*Erlebniswirklichkeit*) para chegar à realização do vivido como

GEORG LUKÁCS 137

vivido. O ato de autonomização, pela purificação do vivido, não ficava um só instante dissociado da articulação sincrônica de um *objeto* correspondente. É possível deduzir daí que, para Lukács, o plano da vida imediata ou prática, definido sob a designação de "realidade da experiência vivida", equivalia a uma zona de dispersão e de heterogeneidade dos vividos, de desarmonia e de caos. A função transcendental da arte na topografia do espírito humano consistia justamente em neutralizar tal discordância ou "não conformidade" (*Unangemessenheit*), em tender primordialmente para a realização harmônica do vivido enquanto vivido: a plenitude completa da alma humana conhece, graças à arte, uma verdadeira eclosão e uma realização ideal. Entre os aspectos inéditos da estética do período de Heidelberg, tanto do ponto de vista histórico-filosófico como do ponto de vista estritamente estético, convém igualmente notar o paralelo que opõe o *vivido metafísico* e o *vivido estético*, como as primeiras pesquisas de Lukács na *Fenomenologia do espírito*, de Hegel, e, parcialmente, na fenomenologia de Husserl, dos instrumentos teóricos necessários para formular seu próprio conceito sobre a arte. A apologia da arte, como única forma de exprimir a "alma" em toda a sua plenitude, não representaria um risco de levar Lukács para as paragens da concepção metafísica de Schelling sobre a arte como única forma autêntica de revelação do absoluto? As teses de Schelling a propósito da Filosofia como expressão superlativa, mas fragmentária, do homem, e da arte como única expressão do homem total (*des ganzen Menschen*) eram efetivamente citadas no capítulo publicado na *Logos*. Entretanto, as distinções operadas por Lukács no manuscrito de Heidelberg entre a função da metafísica e a função da arte na constelação do espírito humano — e que não encontraremos mais *tais quais* em parte alguma, posteriormente — aniquilam toda possibilidade de equívoco ou confusão.

Lukács se encontrava, ao longo do período de que nos ocupamos, em uma fase de transição entre o kantismo e o hegelianismo. A realidade metafísica lhe aparecia, então, ou como o mundo da "coisa em si", transcendendo as faculdades de nossa sensibilidade e de nosso intelecto, ou como o mundo de uma identidade ideal entre sujeito e objeto, segundo o postulado de Schelling ou de Hegel. Nessas duas hipóstases, o vivido metafí sico do mundo significava a ultrapassagem dos limites da subjetividade empírica, um desconfinamento do eu, para chegar a fundir-se na realidade substancial do mundo *em si*. O *telos* da atividade estética toma, no entanto, uma direção muito diferente daquele do vivido metafísico. Longe de aniquilar a riqueza concreta das pulsões e das motivações da alma humana, *hic et nunc*, para favorecer sua reabsorção por fusão com a transcendência, a atividade estética do espírito visa, ao contrário, a sua homogeneização e o seu reforço, na volta dos vividos sobre si mesmos, até a obtenção de uma "conformidade formal" com eles mesmos. O vivido metafísico é um vivido heterônomo, cuja ambição é a ultrapassagem da forma inadequada de existência da "realidade vivida" para um quimérico contato com uma existência absoluta; por sua vez, o vivido estético é, por definição, "autônomo", realizando-se a ultrapassagem da *realidade vivida*, indo para a intensificação da subjetividade como subjetividade.

Eis-nos no cerne de uma problemática que o sistema final da estética retomará com métodos de pensamento e de interpretação radicalmente diferentes. É suficiente que pensemos no importante capítulo "Ansich-Für-uns-Fürsich" e na seção capital intitulada "A obra de arte como sendo-por-si" ("Das Kunstwerk als Für-sichseiendes"). A relação entre a importante tentativa da estética da juventude e a grande *Estética* da maturidade poderia ser definida como simultaneamente de identidade e de não identidade. O jovem Lukács era *si mesmo*, sendo, ao mesmo tempo, neokantiano, husserliano e hegeliano, e permanecerá *si mesmo* em sua fase marxista definitiva. Ambicionando descrever a ação de homogeneização e purificação do vivido na obra de arte como um processo de ascensão do plano empírico-pragmático do "homem total" até o plano autônomo da obra como realidade por-si, encontrar-se-á na *Fenomenologia do espírito* como em um terreno familiar. O manuscrito da estética do período de Heidelberg nos oferece o primeiro testemunho explícito de uma comunhão profunda com a célebre obra de Hegel, a qual terá um papel considerável na evolução intelectual de Lukács. Para representar o caráter de *processo* do *devir* da subjetividade estética, o método fenomenológico de Hegel lhe parecia ser de longe o mais adequado. A ambição de evocar o evoluir para a obra como uma *estrada* ou um *percurso* cheio de

GEORG LUKÁCS 139

perigos, e até de precipícios (o capítulo publicado na *Logos* fala de "*der lange und an Abgründen reiche Weg*") aproxima-lo-á nitidamente de Hegel. A polêmica de Hegel contra a concepção de Schelling da "intuição intelectual" como meio de revelação instantânea do Absoluto provoca no jovem Lukács um grande impulso de adesão. Ele garante prover, com uma racionalidade bem fundada, a via fenomenológica escolhida para constituir a subjetividade estética; e as críticas severas que Hegel dirige, no prefácio da *Fenomenologia do espírito*, àqueles que imaginam poder adquirir o conhecimento absoluto por um ato de entusiasmo, "como se dá um tiro de pistola", são muitas vezes citadas na primeira estética.

Pode-se dizer, em síntese, que Lukács, naquele tempo, estava entregue à obsessão de delimitar nitidamente tanto a zona do fato estético como a zona do fato psicológico e a do fato metafísico. Desde a primeira página do manuscrito da estética de Heidelberg, encontra-se a clara separação do campo estético do campo da psicologia ou da metafísica. A autoconstituição da subjetividade estética, como realização imanente do vivido como vivido, conduzia à necessidade de abandonar a esfera do "eu" banal, psicológico-pragmático; deixava-se o plano do "eu" empírico (*ichhaftig*), da subjetividade real, recorrendo à "estilização" da subjetividade no processo de sua constituição estética. O antipsicologismo, comum a Rickert e a Husserl, fornecia aqui o quadro teórico próprio para fundamentar filosoficamente seu procedimento. A comparação com o itinerário fenomenológico de Hegel na *Fenomenologia do espírito*, seguindo aí as etapas da relação sujeito-objeto até a realização de sua total identidade na unidade do "espírito absoluto", lhe permitia, assim, separar a gênese da subjetividade estética da gênese da relação metafísica sujeito-objeto. Do ponto de vista histórico-filosófico, é um espetáculo ideológico dos mais interessantes descobrir o contraponto dos diversos motivos hegelianos, neokantianos ou husserlianos na trama dos raciocínios de Lukács, uma vez que visavam exprimir, num plano categorial, a natureza específica da arte. E tanto mais ainda porque, podemos dizê-lo, nenhum dos atuais procedimentos do pensamento lukácsiano ficará perdido na sistematização final da grande *Estética*, não obstante todas as metamorfoses pelas quais passarão nessa obra. A polêmica contra a identificação da subjetividade estética com a identidade meta-física sujeito-objeto da filosofia hegeliana visava eliminar a ideia segundo a qual a vocação do sujeito estético poderia ser sua confusão com um objeto exterior (quer fosse o "Ser", a "Alma" ou o "Espírito") e a postular energicamente a emergência autô-noma da subjetividade por um ato de afirmação *sui generis*. Lukács não hesitava em afirmar que, no processo da criação artística, a existência objetiva da realidade era pura e simplesmente aniqui-lada ou suprimida (*Vertilgung des Seins...*), a única pulsão deter-minante permanecendo o movimento autônomo do sujeito no ato de realização imanente do vivido como vivido. O contraste com a concepção final, da época da maturidade, da arte como uma *mimesis* parece aqui absoluto. Não vamos negar a realidade desse contraste (muito ao contrário, pretendemos ulteriormente sublinhá-lo fortemente), mas desejamos insistir no fato, aparen-temente paradoxal, de que a substância profunda de suas intui-ções e teses não será nunca abandonada.

Antes de qualquer contato com o manuscrito da estética do período de Heidelberg, teria sido difícil imaginar que a fenome-nologia de Husserl tivesse podido exercer uma atração tão real no jovem Lukács. Mas é suficiente pensar que o fenômeno esté-tico estava descrito sob a forma da automatização de um vivido puro, destacado do fluxo dos vividos banais, para conceber as afinidades diretas entre o espírito de sua estética e o espírito da fenomenologia de Husserl. A afirmação, deliberadamente para-doxal, desde a primeira página do manuscrito, de que *o princípio estético permaneceria válido mesmo quando a realidade dada não permitisse encontrar nenhuma obra de arte*, lembra, de imediato, o idealismo transcendental de Kant ou Husserl. Lukács declara em seu manuscrito: "Toda repetição do programa hegeliano da feno-menologia se aproximará, por certos detalhes do método, e não pelos inessenciais, do programa de Husserl" (p.50). Hegel atraía o jovem esteta porque propunha, com a *Fenomenologia do espíri-to*, uma topografia dinâmica dos tipos de relação sujeito-objeto, atribuindo a cada "figura da consciência" uma função única no mapa do espírito. Husserl lhe interessava principalmente pela ideia da *evidência transcendental* das formas da consciência pura. Não esqueçamos que Wilhelm Szilasi, antigo amigo de juventu-de e admirador de Lukács, que se tornou posteriormente conhe-

GEORG LUKÁCS   141

cido partidário da fenomenologia de Husserl e da filosofia de
Heidegger, chamou a fenomenologia, de modo sugestivo, e não
sem razão, de um "positivismo transcendental".[14] Definindo o
fato estético como o termo *ad quem* de um processo de metamorfose do "homem total" da existência prática em "homem inte-
gralizado" da subjetividade estética (encontraremos essas defini-
ções intactas na *Estética* da maturidade) ou como o produto de
um movimento simultâneo de desapego do "eu" pragmático-
-psicológico e de "colocação entre parênteses" de todo contato
com a existência objetiva, até constituir um objeto *sui generis*,
Lukács podia encontrar igualmente, nos conceitos da fenomenologia descritiva de Husserl ou nos conceitos de Hegel, ope-
rando por dinamização e sistematização, os meios teóricos para
exprimir suas ideias. É verdade que na nota introdutória ao capítulo publicado na *Logos* precisava que, em seu sistema de estética não publicado, o conceito de *fenomenologia* é utilizado num
sentido mais próximo do conceito de Hegel do que do conceito
de Hussserl, acrescentando que podem ser encontradas aí algumas
aproximações de Husserl ou desvios de Hegel, mas sem importância, porém, para a compreensão do conjunto.

Não podemos nos permitir aqui percorrer o labirinto dos
raciocínios de Lukács a propósito da *Fenomenologia* de Hegel ao
longo de seu manuscrito inédito, com todas as suas sondagens e
aproximações inevitáveis. O que nos interessa, em primeiro
lugar, é o problema da continuidade e da descontinuidade em
relação à grande síntese final de sua *Estética*. Sublinhemos, então,
que, já no período de Heidelberg, o fascínio exercido sobre ele
pela *Fenomenologia do espírito* de Hegel ou a afinidade pela fenomenologia de Husserl eram ditados, por um lado, pela revelação
da ideia de que, entre a estrutura de cada forma do espírito humano e sua função específica em sua economia, existiria um elo
orgânico (é a tese genial de Hegel, recuperada ulteriormente,
num plano materialista, por Luckács); por outro lado, pela ideia
de que cada um dos tipos de relação fundamental sujeito-objeto
(logo, também a arte) teria uma evidência imediata, com caráter *metapsicológico* e *transempírico*. Sem pensar, um instante, em

---

14 SZILASI, W. *Einführung in die Phänomenologie Edmund Husserls*. Max
    Niemeyer, 1959, p.116.

dissimular o idealismo filosófico inerente às teses fenomenológicas, podemos dizer que a polêmica sobre o psicologismo e o historismo, a síntese original entre a ideia de presença original, de evidência imediata, da concretude e da essência transcendental, a negação da tendência para considerar as diversas formas do espírito como outras tantas adulterações da forma lógica constituirão um terreno fértil para a direção *ontológica* da estética do último Lukács: lembremo-nos de que sua obra final se proporá igualmente uma análise da estrutura original da estética, implicada na variedade de suas formas históricas, e que a relação entre a subjetividade particular e a subjetividade como consciência da espécie da humanidade estará no centro de sua *Estética*. A exaltação, no manuscrito de Heidelberg, da "imediatidade metapsíquica" e da "concretude metaempírica" como corolário necessário da "atitude" fenomenológica prefigura, então, além de todo idealismo filosófico, os procedimentos ulteriores do pensamento de Lukács. Acrescentemos o fato de que a síntese Hegel-Husserl, realizada pelo jovem Lukács já na época da Primeira Guerra Mundial, adquire valor de documento quase único na história da filosofia contemporânea.

A comparação da estética de Heidelberg com o sistema de estética marxista publicada, em 1963, com o título *Die Eigenart des Aesthetischen* oferece um terreno bastante privilegiado para o estudo das relações entre a estética e o pensamento filosófico. A redescoberta e a revalorização dos textos da juventude trazem, certamente, a surpresa de constatar que existe uma continuidade substancial entre as opções iniciais e as teses finais. Basta dizer que a fenomenologia do processo de criação, descrevendo a passagem do plano da existência pragmático-cotidiana do "homem total" para o plano da obra como expressão da "plenitude condensada do homem"[15] estará identicamente presente na estética de Heidelberg e na obra publicada cinco décadas mais tarde. A verdade enunciada acima não deve impedir-nos de afirmar, muito claramente, que as transformações decisivas das orientações filosóficas do pensador, no intervalo lembrado, levaram à remodelagem radical de suas ideias e a um reimplante

---

15 Os termos e a expressão alemães (de *"der ganze Mensch"* a *"der Mensch ganz"*) são, de certa forma, intraduzíveis.

completamente novo de suas teses iniciais num contexto sensivelmente diferente. Nossa pesquisa se propõe a descobrir, em primeiro lugar, os efeitos das transformações do conceito referente à relação sujeito-objeto na análise do fato estético. A atitude quanto à estética de Kant desempenhará, naturalmente, um papel principal. Aqui a posição de Lukács sofrerá metamorfoses evidentes. Kant e suas ideias estéticas voltam, de modo obsedante, como um termo constante de referência a seus desenvolvimentos teóricos. Quaisquer que sejam os elementos inéditos e a originalidade inovadora do pensamento de Lukács nos textos da juventude, gravitam no espaço teórico de Kant e do neokantismo; tanto o capítulo "Das Wesen der ästhetischen Setzung" como, principalmente, o capítulo antônomo reproduzido na *Logos* contêm uma especificação da estética por comparação com a lógica e com a ética que se apóia em uma análise intracategorial; a realidade objetiva só desempenha o papel de um terreno de decolagem. Quando, contudo, na grande *Estética* da maturidade, a realidade objetiva tiver penetrado com uma força dominadora, com toda a sua densidade e sua substancialidade, o emparedamento intracategorial da análise, cederá o lugar a um método oposto de articulação dos problemas, se a atmosfera rarefeita e ultrateórica do kantismo inicial for substituída por uma construção teórica grandiosa, edificada numa base materialista, genético-ontológica.

Analisemos, por exemplo, o conceito estético principal da estética do jovem Lukács: a arte cria um "equilíbrio repousante" (*ein ruhendes Gleichgewicht*) entre subjetividade e objetividade, oferecendo criações cujo sentido é a realização do vivido como vivido. Sua atenção estava, então, focalizada na operação que visava separar, da forma mais rigorosa possível, a esfera do fato estético da esfera do lógico (teórico) e do ético. Para ele, a especificidade da arte estava ligada à retroversão de toda a realidade nos termos da subjetividade. De fato, Lukács tinha dado um passo importante em direção à objetividade e o realismo filosófico, deslocando o centro da análise do terreno puramente subjetivo dos julgamentos de gosto (tese kantiana) para o do processo de criação das *obras de arte* e de uma interação constante entre o sujeito e o objeto. Tinha a dupla preocupação de afirmar a autonomia (caráter autossuficiente) do objeto estético, a obra de arte, e seu completo condicionamento pela existência de uma subjetividade. No capítulo da *Logos*, criticava até mesmo Kant, por não ter levado em consideração o "milagre" do caráter duplo da obra de arte (p.8). A oposição firmemente estabelecida por Kant entre o saber teórico e a atividade estética, entre a *universalidade objetiva* dos resultados de um e a *universalidade subjetiva* dos produtos da outra, era plenamente admitida por Lukács. O autor do texto da *Logos* não hesitava em fazer esta declaração de base: "A *Crítica do juízo* contém a chave da solução de qualquer problema referente à estrutura da esfera estética ... a estética não tem nada a fazer, a não ser esclarecer e pensar até o fim o que existe ali implicitamente" (ibidem). Lukács valorizava, com insistência, a tese kantiana dando um caráter, por definição, *subjetivo* à universalidade do prazer estético. Pode parecer surpreendente e paradoxal ver o teórico conceber a arte como *mimesis* e defender, com um fervor e um rigor intratáveis, a autonomia da arte em face de qualquer ingerência com pretensão hegemônica do *objeto*. Não há dúvida de que, para o autor do texto da *Logos*, a realidade objetiva, independente da consciência, não exercia nenhum poder coercitivo na constituição da esfera do fato estético. A nítida disjunção da esfera teórica (lógica) da esfera estética, efetuada no espírito dos argumentos de Kant, concorria, em definitivo, para essa mesma busca de libertação da arte em relação ao objeto. As verdades teóricas impõem uma universalidade de caráter objetivo, sua universalidade se funde em propriedades ontológicas objetivamente universais, com validade impessoal e transubjetiva; mas o esforço teórico de Lukács queria demonstrar que a universalidade do objeto estético não se apoiava, de modo algum, na reprodução de tais propriedades, universalmente válidas, do *objeto em si*, mas em uma conformidade do objeto com as aspirações da subjetividade como subjetividade. Suas formulações não deixam lugar para o equívoco: o objeto em si (a realidade objetiva) desempenha na arte apenas o papel de um desencadeador ou de um canalizador das pulsões e dos movimentos da subjetividade (*es nur als Veranlassung gebrauchenden Kräften des Subjekts zugesprochen*). Ele afirmava como o "fundamento transcendental" da arte uma "imanência do vivido ... *totalmente independente do objeto*" (p.11, destaque nosso). A observação que, no entanto, se impõe de modo evidente é que o

GEORG LUKÁCS 145

procedimento de Lukács lhe era ditado não por uma fidelidade qualquer à posição filosófica do idealismo subjetivo kantiano, mas por um escrúpulo estético muito agudo e pela vontade de garantir, por todos os meios, a autonomia da arte entre as outras formas do espírito.

Sua recusa a toda confusão da contemplação estética com a reflexão teórica (efetuada, por definição, com as categorias do intelecto) se devia ao temor de colocar em perigo o caráter autárquico da obra de arte como totalidade fechada em si mesma. Lukács empreende, a partir de então, uma ação teórica que oferece uma semelhança tocante com a de Benedetto Croce. Sua solidariedade com a crítica de Kant a toda confusão entre o fato estético e o fato lógico não o impede de considerar que a posição de Kant é exclusivamente negativa e insuficiente para a determinação efetiva do princípio estético. Critica Kant por não aceitar, no fundo, outro princípio constitutivo universal da objetividade a não ser o princípio lógico, e por não suspeitar que poderia existir uma forma de constituição universal do *objeto* com caráter *subjetivo*. Na *Logos*, Lukács aceitava a tese kantiana da beleza como objeto de um prazer sem conceito, mas a considerava "estritamente negativa" (p.14) e se esforçava para opor-lhe um princípio *positivo* de constituição da esfera estética. Lembremo-nos de que Benedetto Croce, considerando, no modo superlativo, a *Crítica do juízo* como um momento crucial na história da estética, lhe dirigia uma crítica semelhante: as determinações do conceito kantiano do belo teriam um caráter "negativo e genérico", o que não diminuiria sua imensa função heurística. Croce lamentava que Immanuel Kant não tivesse conseguido unificar sua teoria do belo e a genial teoria, de Vico, da existência de uma autônoma *"logica della fantasia"*.[16] O princípio positivo proposto por Lukács em sua estética da juventude é o que temos muitas vezes lembrado: o objeto estético é um objeto desenhado de acordo com as exigências e os imperativos da realização do vivido como vivido, uma encarnação da aspiração da subjetividade num estado de harmonia (de conformidade formal) consigo mesma.

---

16 CROCE, Benedetto. Aesthetica in nuce. In: _____. *Ultimi Saggi*, III *Edizione*. Bari: Laterza, 1963, p.39.

O progresso de Luckács em relação a Kant reside na ênfase colocada na formação de um *objeto* autônomo, como expressão da universalidade subjetiva. Os que conhecem a evolução ulterior de Lukács poderiam achar surpreendente a observação de que o autor do estudo da *Logos* se mostrava mais consequente na defesa da *autonomia da esfera estética* do que o próprio Immanuel Kant. Estamos, com efeito, diante de um dos problemas mais complicados da evolução do pensamento estético de Lukács, principalmente se o consideramos à luz de nossa tese principal: a existência de uma relação simultânea de identidade e de não identidade entre a estética da juventude e o sistema de estética marxista. Em seu texto da *Logos*, Lukács aceitava também com entusiasmo a teoria kantiana do "desinteresse" como atributo constitutivo da atitude estética (o célebre *Interesselosigkeit* de Kant). Contudo, levado por seu fervor autonomista, censurava Kant por ter igualmente cedido, nessa circunstância igualmente, a um impulso antes *metaestético*, de natureza *ética*. A teoria kantiana da "beleza aderente" (*pulchritudo adhærens*), a que implica a representação de um *conceito* do objeto contemplado, por oposição à "beleza livre" (*pulchritudo vaga*), que não implica conceito algum, não escapava a uma censura semelhante. Lukács traçava, com igual firmeza e segurança, a rigorosa fronteira entre a atividade estética e as outras formas principais de atividade espiritual. Sua segurança vinha da convicção de ter descoberto um princípio positivo de constituição da esfera estética. Como a única razão de ser do objeto estético era estimular e colocar em movimento as forças internas da subjetividade, levá-las a um estado de equilíbrio e de adequação entre elas e o objeto e entre elas próprias, tudo o que teria podido ser de natureza a transcender uma tal *reine Erlebnisimmanenz* se via expulsar para as regiões extraestéticas. O caráter autárquico, o encerramento em si mesma da obra de arte, não era, para Lukács, um princípio puramente formal, mas tinha uma raiz ontológica: ele bania, necessariamente, toda determinação do "mundo", presente na obra, que teria refletido, fora do "objeto correspondente" ao puro vivido, da esfera do fato estético (compreendido aí o estabelecimento de uma relação com um conceito, o que significava sua extrapolação para a zona do teórico, ou com um interesse moral, o que a prendia à esfera do ético).

"O ato de desinteresse não significa nada mais, em última instância, do que a intenção do sujeito vivo (*des erlebenden Subjekts*) a respeito do objeto apropriado ao puro vivido", escrevia Lukács no capítulo publicado na *Logos* (p.15). Sua intransigência parecia, então, ter por alvo a incerteza e as inconsequências de Kant, tratando-se de estabelecer firmemente a autonomia do fato estético. O conceito de "beleza aderente", com a reintrodução do *conceito a propósito do objeto* no julgamento estético e da noção de "ideal de beleza", a posição intermediária conferida ao desinteresse estético, entre o interesse sensível da vida cotidiana e o interesse moral da esfera ética, a ideia de que o estado estético seria apenas uma estase da alma durante sua subida para o seu país real, a moralidade, a própria presença das "ideias de razão" no sentimento do sublime lhe apareciam como outras tantas derrogações ao princípio rigoroso da autonomia da esfera estética. Poder-se-ia dizer que nunca, tanto quanto nessa circunstância, Lukács se mostrou mais ardente defensor de uma tal autonomia. A exasperação do autonomismo kantiano, a polêmica dirigida contra o conceitualismo ou o moralismo em arte tinham uma razão bem definida: o ressentimento com toda possível adulteração do princípio estético. Não é certamente difícil mostrar até que ponto suas posições ulteriores serão diametralmente opostas às questões enunciadas acima. Preferimos, no entanto, mais uma vez, sublinhar inicialmente a *continuidade* na evolução do pensamento estético de Lukács. Seria, por exemplo, errôneo tomar a adesão do jovem Lukács à tese do desinteresse da arte como um sintoma qualquer de "formalismo". Sua única preocupação era a defesa da pureza de seu princípio fundamental: a arte equivale a uma retroversão do mundo nos termos da subjetividade, com a criação de um "objeto", o qual, em toda a sua constituição, se encontra saturado de riqueza de vida e de plenitude "humana" e se articula exclusivamente tendo em vista a realização do vivido como vivido. Na arte, todo momento objetivo está impregnado pelas pulsões da subjetividade, todo movimento da subjetividade adquire, no espaço da obra, uma expressão objetiva. A análise de Lukács observava o percurso fenomenológico para a realização de uma tal "realidade utópica" (a obra de arte), o processo progressivo da relativização da subjetividade e da objetividade na busca de seu equilíbrio e de sua identificação. Vale a pena mostrar que se encontra aqui *in nuce* a tese principal da *Esté-*

tica futura: por oposição à ciência como forma desantropomorfizante do reflexo das coisas, a arte é, por definição, um reflexo antropomorfizante do mundo. Como toda experiência vivida (*Erlebnis*) possui um caráter singular, sua realização como vivida no espaço homogêneo da obra encontra sua expressão exclusivamente em si mesma, e a realidade objetiva só existe incorporada nesse processo de "subjetivação". É precisamente o que determina o caráter de realidade autárquica da arte. O jovem Lukács não hesitava em exigir energicamente que se eliminassem todas as pontes entre a obra e a realidade que lhe é exterior (bem mais radical, ele dizia, do que a famosa "colocação entre parênteses" de Husserl) e que se suprimissem os elos entre a obra e o eu pragmático e psicológico. A obra de arte era definida, segundo uma célebre expressão de Leibniz, como uma "mônada sem janelas" (*fensterlose Monade*).

A tese kantiana do "desinteresse" como atributo do prazer estético era, então, adotada por Lukács com o objetivo de preservar a autossuficiência da obra, neutralizando todo "interesse" por uma realidade exterior a ela ou por um fim transcendente qualquer. Se a *teoria* implica a referência constante a uma série de princípios e axiomas constitutivos, série em princípio extensiva ao infinito, se a ética se constitui de "atos" relacionados a normas que transcendem a experiência imediata, a obra de arte pode muito bem encontrar a lei de sua produção exclusivamente em si mesma. Sem dúvida, a atitude de Lukács a respeito das teses da *Crítica do juízo* será posteriormente diferente. Pensemos, por exemplo, que, no primeiro capítulo do *Particular como categoria estética* (1957) considerará a tese de Kant sobre o julgamento estético como um julgamento fundamentado numa regra e não em conceitos, como uma atitude subjetivista e formalista; a evicção do conceito estava, a partir daquele momento, identificada por Lukács com a expulsão do conteúdo da esfera estética. As inconsequências outrora imputadas a Kant a respeito de seu próprio postulado (Lukács podia invocar a tese da "beleza aderente" ou a definição do belo como "símbolo da moralidade") eram, a partir daquele momento, objeto de uma apreciação inversa. Lukács rejeitava, pura e simplesmente, a disjunção radical das esferas do fato estético e do conhecimento operada por Kant; via aí o perigo de um isolamento do fato estético em uma espécie de "reserva natural" (*Naturschutzpark*).[17] Duas décadas antes, no importante estudo consagrado à estética de Schiller ("Zur Aesthetik Schiller", 1935, no volume *Beiträge zur Geschichte der Aesthetik*) já mantinha a respeito de Kant uma posição análoga. Lembremo--nos ainda de que em sua *Estética* da maturidade, em que a atitude a respeito de Kant se torna mais definida, a teoria do "desinteresse" (*Interesselosigkeit*), apesar de uma aquiescência dada a seu fundo válido – suspensão do comportamento prático em direção à realidade durante o processo da atividade estética –, estava definitivamente rejeitada em nome de um conceito superior do "interesse" que exige a verdadeira obra de arte. Paradoxo aparente, é principalmente na grande *Estética* que o pensador se mostrará, *em essência*, fiel aos procedimentos iniciais de sua estética, ainda que em um contexto completamente diferente.[18]

---

17 LUKÁCS, Georg. *Probleme der Aesthetik*. In: _____. *Werke, Band 10*. Luchterhand Verlag, p.552-3.

18 O próprio Georg Lukács quis, inúmeras vezes, atrair a atenção para as transformações qualitativas operadas em seu pensamento da fase da maturidade e para a *novidade* do ponto de vista marxista adotado na *Estética* da maturidade, de tal modo que os elementos de continuidade entre os textos da juventude e os produzidos ulteriormente se encontraram inevitavelmente eclipsados. Sartre criticava Lukács, durante uma violenta polêmica em que foram oponentes, de ter serenamente abjurado das obras da juventude. Concomitantemente, Lukács criticava Sartre de não ter a lucidez filosófica necessária para reconhecer a contradição inerente a uma posição que permanecia, em essência, fiel ao conceito heideggeriano de *Geworfenheit* (o homem é um ser "jogado no mundo"), considerando-se adepto do materialismo histórico. Não são nem o fundo nem os detalhes da polêmica que nos interessam no momento, mas uma ideia, profundamente justa, emitida por Sartre no momento da disputa (ainda que sua aplicação a Lukács fosse objeto de um mal-entendido). Sartre mostrava que, nos verdadeiros criadores, poetas ou filósofos, as opções originais não são nunca desmentidas nem anuladas: "Em um Nietzsche ou um Baudelaire a escolha é tão profunda e tão original que encontramos os temas dominantes de seu pensamento desde sua mais tenra idade". No ponto da análise em que estamos, admitindo, sem reserva, as excelentes razões que tinha Lukács de colocar fortemente em evidência as mutações de seu pensamento, podemos igualmente medir a justeza da observação de Sartre e mesmo sua aplicabilidade no caso do filósofo contestado. (A polêmica entre Sartre e Lukács se desenvolveu nas colunas do jornal *Combat*, depois de uma entrevista dada, em fevereiro de 1949, por Lukács a François

É certo que uma tese como a que defende o caráter não metafísico e puramente transcendental da atividade estética, tanto em sua formulação tipicamente kantiana como no modo de conceber que a sustentava, não se encontrará mais exatamente *igual*, em parte alguma, na obra final de Lukács. Continua sendo uma característica própria do manuscrito da estética do período de Heidelberg. Sua substância, contudo, não estará ausente da sistematização última de sua estética. O método de interpretação da arte, na perspectiva de uma análise filosófica das relações entre subjetividade e objetividade, permanecerá igualmente o mesmo. A ideia de que a arte tende para o estabelecimento de uma espécie de "equilíbrio flutuante" entre sujeito e objeto será encontrada também nas duas hipóstases. A tese de que a vocação da arte é inteiramente divergente da vocação da metafísica, que ela não persegue a realização de uma quimérica identidade do sujeito e do objeto pela reabsorção da subjetividade na contemplação da "coisa em si", mas que, ao contrário, se trata de, constantemente, trazer o mundo em si ao gabarito da subjetividade mediante um ato de "subjetivação" extrema (o barbarismo é cometido deliberadamente pelo jovem Lukács), essa tese é reconhecível, *mutatis mutandis*, na oposição entre a função da ciência de dar um reflexo desantropomorfizante da realidade-em-si e a função da arte de ser um ser-para-si (*ein Fürsichseiendes*). O conceito de "correspondência" ou de "conformidade" do mundo (*Angemessenheit*) com as exigências e os imperativos mais profundos da subjetividade será conservado. Mesmo a polêmica dirigida contra a analogia entre a arte e a "intuição intelectual" de Schelling e contra a concepção de Schelling que faz da arte o único instrumento de revelação do absoluto está também presente tanto na fase inicial como na fase final da estética de Lukács. Mas todas as correspondências que acabamos de assinalar não devem nos fazer esquecer de que será precisamente em sua concepção da relação sujeito-objeto que serão produzidas também as mudanças decisivas de sua orientação.

Erval. Ela não ultrapassa, contudo, o estágio de um simples duelo jornalístico. As coisas se tornaram sérias com a réplica de Sartre, em *Questões de método*, ao livro de Lukács *Existencialismo ou marxismo?*.)

A afirmação do caráter transcendental e não metafísico da obra de arte exigia uma nova demonstração do caráter soberano da subjetividade, na área do fato estético. Sua libertação de todo heterocondicionamento pelo objeto era um elemento de base para a tese do caráter não metafísico da atividade estética. A criação artística não tinha, para Lukács, outro motor formador a não ser o vivido subjetivo, e, por outro lado, tal vivido necessitava da eliminação de suas aderências empíricas, a fim de atingir, na sequência de um processo de homogeneização e purificação, o nível da subjetividade estética. Filosoficamente falando, o jovem Lukács não encontrava em outro lugar, a não ser na tese kantiana da transcendentalidade das funções do espírito, um suporte para suas ideias no tocante à natureza do fato estético. As distinções mais que sutis utilizadas por Lukács para operar no espaço teórico neokantiano lhe eram inspiradas, de modo unívoco, por sua intuição central referente à especificidade do fato estético. O *Erlebnis* lhe parecia incapaz de impor sua hegemonia, consubstancial à atividade estética, a menos que se liberasse radicalmente de toda influência da objetividade; de onde sua perpétua querela com a "metafísica" que não conhece o vivido de outro modo a não ser – por definição – como uma dependência heteronômica do objeto. Para evitar toda confusão entre a experiência real, entre o vivido empírico e a realização imanente do vivido como vivido na obra de arte, entre o "homem total" (*der ganze Mensch*) da vida cotidiana e o "homem em sua plenitude" (*der Mensch ganz*) expresso na obra de arte, Lukács insistirá, mais de uma vez, em seu manuscrito do período de Heidelberg, na ideia de que a obra de arte dá "*o sentido* do vivido, uma conformidade formal do vivido consigo mesmo, em outras palavras, a exigência de estar em situação de viver um objeto, cujas formas constitutivas do objeto são idênticas às formas de organização interna do vivido, aos postulados de sua realização como vivido (*qua Erlebnis*)".[19] O mundo objetivo da obra só adquire sentido como objetivização do vivido gerador, como materialização de seu poder formativo (da força de "in-formar"

---

19 "Das Wesen der ästhetischen Setzung", manuscrito, p.63. LUKÁCS, Georg. Heidelberger Aesthetik (1916-1918). In: _____. *Frühe Schriften zur Aesthetik*, II, *Werke*, *Band* 17. Luchterhand Verlag, 1975, p.52.

o objeto em conformidade com as suas exigências puras). A distinção operada pelos neokantianos entre "ser" e "valor", entre o mundo dos "fatos brutos" e o mundo do "sentido" lhe aparecia como a única apta a abrigar, em seu espaço teórico, a ideia que ele se fazia da natureza do fato estético: a volta da experiência vivida sobre si mesma tendo em vista adquirir o *sentido* equivalia a dividir a atividade estética da esfera existencial (empírica ou metafísica) e a assimilá-la com a esfera dos "valores". A obra de arte não tinha, então, um caráter *existencial* (*seinsartig*), mas era a expressão de um *valor* (tinha por definição um caráter de "*Geltung*", era o produto de uma atividade normativa, de uma "*werthaftige Setzung*"). Do interior de tais posições teóricas, conquistadas em consequência de um considerável trabalho de filtragem, Lukács estava apto a combater tanto o platonismo da estética de Schopenhauer como a confusão entre a arte e a "intuição intelectual" de Schelling. A identidade do sujeito e do objeto era efetivamente um traço comum à obra de arte e à "intuição intelectual" postulada por Schelling, mas, enquanto essa última era o produto de uma fusão mística do sujeito com um objeto transcendente (o Absoluto), a obra de arte ignora a presença do objeto de outra forma que não a reabsorvida na imanência da subjetividade. A teoria de Schopenhauer sofria de um vício semelhante: transformar a arte em um instrumento de contemplação das Ideias platônicas não era senão uma outra modalidade de despojar seus "microcosmos" de sua autonomia congênita e de quebrar a imanência do vivido. As semelhanças com as posições de Croce podem, ainda aqui, ser consideradas surpreendentes. A aversão do esteta italiano tanto pelo sensualismo e pelo naturalismo filosófico (e geralmente pelo materialismo) como pelas teorias metafísicas e transcendentalistas em arte e Filosofia (compreendida aí pela teoria da "ideia" em arte, a de um Schelling ou de um Schopenhauer) é bem conhecida. A teoria da arte, considerada como uma "intuição lírica", não fazia nada além de afirmar o *sentimento* como única força criadora da obra de arte. A obra artística era também para Croce, um "*mondo a sé*". Esse fato paradoxal que a exacerbação do idealismo filosófico nos textos da juventude de Lukács, longe de desviá-lo da compreensão da autonomia da esfera estética, em um certo sentido, muito ao contrário, contribuía para aproximá-

-lo (era igualmente o caso de Croce), não poderia ser realmente apreendido senão à luz de uma das teses fundamentais de sua *Estética* da maturidade: a arte é a única forma de atividade espiritual em que o princípio do idealismo filosófico – "não há objeto sem sujeito" – pode aparecer constitutivo da relação sujeito-objeto. O peso da subjetividade na obra de arte era expresso por Lukács tanto mediante suas disputas antimetafísica e antiplatônica (as duas dirigidas contra toda forma de "objetivismo transcendental" na estética) como pela energia empregada para integrar o domínio estético na esfera dos *valores*: a arte aparece para a consciência receptiva como um *imperativo* e como uma *norma* (*als eine Forderung, als ein Sollen*).

Para captar os "paradoxos" com os quais, obstinadamente, Lukács embeleza seu sistema estético da juventude (compreendido aí o notável capítulo publicado na *Logos*), é-nos preciso voltar à estrutura teórica do neokantismo. Pode-se dizer que o espírito de Lukács em seus textos estéticos da juventude evolui constantemente *sur la corde raide*, mantendo um equilíbrio difícil entre termos aparentemente antinômicos. A ideia de valor, no quadro neokantiano, se identificava (como já vimos anteriormente) com a abstração do campo do imediatismo e do vivido (*Erlebnishaftigkeit* era o nome utilizado para designar o espaço da experiência vivida). A normatividade voltava a transcender o plano da experiência imediata e do vivido empírico. No campo do pensamento teórico, a *forma* equivale à ultrapassagem de qualquer conteúdo particular ou experiência direta (*die Form etwas schlechthin Inhalts und Erlebnisjenseitiges ist*). O esforço de Lukács, no plano da especulação estética, visava mostrar a arte como única forma do espírito em que a *norma* e o *sentido* se realizam, simultaneamente, por meio da neutralização do setor do vivido imediato e de seu reforço *sui generis*. A subjetividade normativa da obra de arte era, para ele, uma "singularidade canônica": a plenitude concreta do vivido, com a riqueza de suas determinações singulares, é mantida, a finalidade do processo estético permanece a *formalidade* por estilização da subjetividade concreta. Materialidade e formalidade são na arte (e somente na arte!) homogêneas. Sua perfeita interpenetração se deve à sua essência comum: o vivido. As caracterizações teóricas utilizam, bem significativamente, fórmulas oriundas da epistemologia de Lask: a atividade estética é, por definição, uma "transformação da matéria conforme às exigências dessa" (*eine materialechte Verwandlung*); forma e conteúdo se unem em "um todo indissolúvel" (*ein schlichtes Ineinander*). O jovem esteta se aplicava, de modo particular, a explorar o itinerário fenomenológico específico da criação artística: o desapego dos vividos de sua esfera prática, a abolição de seu estado de dispersão e de desperdício na área da existência comum, sua homogeneização e sua equilibração por redução, tendo em vista a aquisição do "sentido", sua objetivação em uma gestação autônoma. Assim a forma da obra aparecia saturada pela plenitude completa da experiência vivida. Lukács lançava uma proposição que conservará intacta durante a sistematização definitiva de suas concepções estéticas: "*A forma é, de qualquer modo, a forma de um conteúdo determinado*". De acordo com sua obsessão constante, aqui ainda se esforça para destacar a irredutível originalidade da esfera estética em relação à esfera teórica (lógica) ou ética. A universalidade das proposições teóricas ou dos imperativos éticos se caracterizava precisamente por uma relativa independência do conteúdo (de onde a plurivalência específica de suas fórmulas); a universalidade da forma estética não pode ser dissociada de sua singularidade. Não podemos deixar de lembrar, ainda, a concordância com as posições de Croce, o qual citava frequentemente, conferindo-lhes valor de programa, os célebres propósitos de De Sanctis: "*La forma non è a priori, non è qualcosa che stia da sè e diversa dal contenuto quasi ornamento o veste o apparenza, o aggiunto di esso; anzi è essa generata dal contenuto, attivo nella mente dell'artista: tal contenuto, tal forma*".*

A síntese da singularidade da experiência incorporada à obra e de sua universalidade, obtida graças à forma estética, mobilizava a reflexão do jovem Lukács. O neokantiano Lukács vinha assim enfrentar uma questão crucial: qual era, na ordem estética, o princípio transcendental chamado para sustentar o valor de cada obra de arte em particular? A questão não tem nada de surpreen-

---

* [A forma não existe *a priori*, não é uma coisa que exista por si só e diferente do conteúdo, um quase ornamento, ou veste, ou aparência, ou parte disto; ela, ao contrário, é gerada pelo conteúdo ativo na mente do artista: tal conteúdo, tal forma.] (N.E.)

GEORG LUKÁCS 155

dente, se lembramos a tese fundamental de Rickert: as obras de cultura são o produto do encontro de um conteúdo material com um valor transcendente. Para os neokantianos, os valores são formas transcendentes e apriorísticas do espírito aplicadas especificamente à materialidade e à facticidade. As obras de arte concretas eram, para Rickert, as encarnações de um "sentido" estético irreal e transcendente.[20] A resposta à questão enunciada acima levava Lukács a sublinhar, ainda mais fortemente, os "paradoxos" da esfera estética. Consequente com o conjunto de suas premissas, não podia chegar senão à conclusão de que o "valor transcendente" do fato estético se realiza exclusivamente na imanência do concreto de cada obra de arte. A autossuficiência das obras de arte, sua particularidade de ser microcosmos apresentavam justamente a característica da supressão de toda "transcendência".

O autor do projeto estético do período de Heidelberg trabalhava, no mais alto grau, a relação entre a unicidade de cada obra e o princípio universal do fato estético. Por um lado, Lukács levava até suas últimas consequências a ideia da qualidade constitutiva da subjetividade *individual* no processo de criação e receptividade artística. Por outro lado, nutria uma profunda inimizade pelo relativismo ou pelo "anarquismo" puro no julgamento estético e tendia a contrariar firmemente toda confusão entre subjetividade prática e subjetividade estética. Dezenas de páginas de sua estética de Heidelberg são consagradas ao reforço das distinções entre a esfera lógico-teórica do conhecimento e a esfera estética, sem esquecer a situação "paradoxal" da estética como teoria universal da arte em relação a seu objeto, a obra de arte como *unicum* irredutível. O paradoxo de seu conceito central, o do "vivido normativo", revelava aqui todas as suas incidências. O jovem Lukács lutava para conciliar a necessária singularidade de cada experiência estética com seu caráter normativo-universal. Não mais as encontraremos idênticas, em seu sistema final de estética, as aporias formuladas em seu manuscrito inédito. Este colocava em evidência o *fosso* que separava a experiência individual do contato com cada obra de arte e

---

20 Ver notadamente o parágrafo "Die irrealen Sinngebilde und das geschichtliche Verstehen" em seu livro *Die Grenzen der naturwissenschaftlichen Begriffsbildung, fünfte Auflage*, 1929, p.537.

a estética como teoria universal do objeto estético, ou ainda sua heterogeneidade radical. Os desenvolvimentos convergiam para fazer sobressair o elo indissolúvel que une a subjetividade pura como princípio fundamental da área estética e a irredutível singularidade de todo ato estético. É mesmo surpreendente ver até onde Lukács podia levar sua decisão de apresentar a incomensurabilidade da subjetividade como atributo constitutivo do comportamento estético. Partia da constatação de que a obra de arte motivava uma universalização *sui generis* no campo da experiência vivida do que contemplado: o fato de viver a obra (sua reevocação, como dirá Croce) implica a elevação da consciência receptora ao nível do "puro vivido", mas, em cada consciência individual, o vivido normativo só pode, por definição, realizar-se de maneira diferente. A atividade da reevocação teria um caráter *divergente* em seu princípio, pois está ligada à irredutível individualidade de cada subjetividade; mas ela não começaria, por isso, a subordinação comum à intencionalidade estética da obra. Além de uma série de conclusões paradoxais e inaceitáveis (que não deixaremos passar em silêncio), devemos descobrir a substância válida das argumentações lukácsianas. Sua preocupação fundamental diz respeito à epistemologia estética. Dissociar, nitidamente, a "universalidade subjetiva", procurada pela obra artística, da universalidade dos conceitos obtidos por meio da teoria é a base de sua reflexão demonstrativa. Assim, insiste muito em destacar que a elevação da subjetividade individual ao nível da universalidade através da experiência de uma obra de arte não tem nada de uma "formalização", mas pressupõe o reforço e a amplificação da *singularidade*. Vê-se, ainda, até que ponto o pensamento estético do jovem Lukács era profundamente solidário ao de Kant, com sua adesão total à célebre tese kantiana segundo a qual não existiria princípio *objetivo* do gosto. Kant tinha-o categoricamente afirmado na *Crítica do juízo*: a universalidade do julgamento do gosto não pode jamais ser fundamentada em provas *objetivas*, mas possui, por definição, um caráter subjetivo que procede da reflexão do sujeito sobre seu próprio sentimento de prazer ou de desprazer. A esse propósito Lukács quererá, de imediato, radicalizar a posição kantiana. Não hesitará em criticar o próprio Kant por ter mantido o princípio da "universalida-

GEORG LUKÁCS 157

de subjetiva" do gosto ainda próximo demais do princípio da universalidade do tipo lógico-teórico e de não ter delimitado suficientemente a natureza própria da estética. O objeto de seus cuidados era defender firmemente a síntese da individualidade do vivido e da universalidade do vivido como "paradoxal" realidade constitutiva da experiência estética.[21] O "subjetivismo" de sua estética estava bastante desenvolvido para levá-lo a afirmar que "o valor estético é desprovido de evidência constrangedora" (*keine erzwingbare Geltung besitzt*). Que, ao mesmo tempo, quis prevenir energicamente toda confusão possível entre vivido prático e vivido estético, para assegurar a defesa do princípio da "universalidade subjetiva", mostra sua preocupação em destacar o caráter *exclusivo* da presença subjetiva em todo ato de valorização estética. É o que ditava igualmente sua adesão repetida à tese kantiana do prazer estético como prazer "sem conceito" (portanto sem razões impostas pelo "objeto"): o lugar geométrico do fato estético não podia ser senão a zona da "pura subjetividade".

Quando dizíamos que a finalidade das análises visava os problemas epistemológicos na área estética, pensávamos nas páginas muito numerosas do manuscrito inédito que tratam da situação especial da estética em relação a seu objeto, comparada com a posição das outras disciplinas do porte da teoria do conhecimento em relação a seu objeto. Desta vez, estamos em presença de uma maneira de pensar que encontraremos intacta na estética da maturidade. A ideia de Lukács era que, em matéria de fato estético, toda oposição entre "singular" e "geral" seria completamente desprovida de sentido. A obra de arte singular não obedece a um princípio "geral" do fato estético e a ele não está subsumida como um fenômeno da natureza ou da sociedade submetido a uma lei geral que o subsume. Lukács tinha a revelação do caráter, por definição, *antiplatônico* da esfera estética. Suas análises tinham o mérito de mostrar que as obras de arte não são a especificação de um princípio transcendente ou de um valor ideal. Todo transbordamento da obra individual em sua imanência pura de cosmos autônomo prejudicava a experiência estética original. O jovem Lukács devia encarar a tarefa difícil e

---

21 Cf. principalmente o capítulo dado na *Logos* (1917-1918), "Die Subjekt--Objekt-Beziehung in der Aesthetik", p.30-1.

paradoxal de justificar o procedimento teórico próprio da estética, à qual era proibido *a priori* perder o contato natural com a
individualidade de todos os seus objetos. O caráter "paradoxal"
só aparecia como tal com a adoção da perspectiva do conhecimento lógico-matemático. No domínio da ciência, o estabelecimento de uma lei ou de um teorema torna, em geral, supérfluo
o estabelecimento de sua relação perpétua com a grande quanti-
dade de casos particulares. Contrariamente, a estética ignoraria
o procedimento – corrente no plano teórico – que vai da universalidade dos princípios gerais à especificidade dos casos individuais; o contato permanente com a singularidade dos objetos
de arte (definidos na estética de Heidelberg como "individuali-
dades simbólicas" ou "singularidades paradigmáticas") é uma
condição *sine qua non* de sua existência. Sem dúvida Lukács não
renuncia à ideia rickertiana de colocar um princípio transcendente da esfera estética. Mas, definindo-o como a expansão da
pura subjetividade sem entraves (*reine gegensatzfreie Subjektivität*),
e a ideia de subjetividade levando, por definição, à da individualidade *hic et nunc*, a esfera do fato estético lhe aparecia como a
única em que a lei imanente do objeto individual se torna constitutiva para a existência do "valor transcendente". É realmente
instrutivo, e um pouco divertido, ver aquele que iria se tornar
um fervoroso esteta racionalista afirmar de imediato que a obra
de arte individual se condensa em uma espécie de "irracionali-
dade insolúvel" ou de "*je ne sais quoi*", segundo a expressão dos
estetas do século XVIII, referindo-se aos princípios gerais da
teoria da arte; ou ouvi-lo caracterizar a heterogeneidade inelutável da experiência individual da obra e da teoria estética geral
em termos quase kierkegaardianos: "A experiência estética
imediata (*das ästhetische Erlebnis*) conserva um impenetrável
incógnito para o conhecimento de si em estética ...". Para melhor
radicalizar a ideia de incomensurabilidade de cada experiência
estética, Lukács vinha com uma dessas formulações extremistas
e inaceitáveis evocadas acima: "Uma teoria do conhecimento
consequente aplicada ao domínio estético – precisamente porque
se trata de uma teoria do conhecimento no domínio estético –
deveria chegar a um agnosticismo".[22]

---

22 *Manuscrito*, p.110, *Heidelberger-Aesthetik*, op. cit., p.83.

Mas tal "nominalismo" estético radical era ditado a Lukács por suas intuições primordiais quanto à natureza do fato estético; a objetividade da obra de arte era para ele um "esquema da realização do vivido como vivido" (*Schema der erlebbaren Erfüllung*), e, sendo a singularidade um traço inapagável de cada vivido, a "subjetividade pura", incorporada em cada obra de arte, o implicava de modo consubstancial. A estética da juventude esclarecia a inevitável distorção entre a experiência direta das obras e sua tradução na linguagem da teoria. De fato, Lukács se defendia de poder ser acusado de uma propensão a diminuir o valor heurístico da estética como teoria filosófica, o que estaria em contradição gritante com o seu próprio procedimento. Mas não era menos evidente que a heterogeneidade da experiência estética primeira e de sua interpretação na linguagem dos conceitos filosóficos da estética não encontrava uma solução satisfatória no manuscrito inédito. Criticou até mesmo Konrad Fiedler, que tinha mostrado a prioridade das diversas faces da arte em relação ao conceito universal da arte, por não se ter liberado do "platonismo": não seria a "visualidade pura" que teria sido a categoria constitutiva das obras de arte plástica, mas uma visualidade única, cada vez articulada de outro modo, das diferentes obras individuais. Levado a suas últimas consequências, tal nominalismo estético torna impossível todo discurso teórico sobre a arte. Resta apenas uma demonstração polêmica dirigida contra a confusão entre a metodologia do conhecimento das obras de arte e a teoria do conhecimento científico.

Somente a *Estética* da maturidade proporá uma tentativa coerente de solução do problema. O capítulo intitulado "Continuidade e descontinuidade da esfera estética"[23] conservará, sem nenhuma alteração, as considerações da primeira estética a propósito da distinção entre a abstração do tipo lógico-científico, praticada no domínio das classificações da ciência, e as generalizações operadas na zona estética. O princípio metodológico fundamental enunciado por Lukács atesta sua fidelidade às observações iniciais do manuscrito inédito: "Não se admite que a generalização de um estado de fato originariamente estético ul-

---

23 LUKÁCS, Georg. *Aesthetik, Teil* I, *Halbband* I, p.618-40.

trapasse a singularidade da obra dada senão na medida em que essa singularidade, no curso de sua ultrapassagem pelo conceito, permaneça intacta".[24] Não podemos, no momento, nos permitir uma exposição mais ampla das conclusões de Lukács. Digamos somente que sua discriminação entre os conceitos de tipo taxonômico e os conceitos estéticos será traduzida pela exigência de uma ductilidade e uma mobilidade extremas desses últimos. Seu postulado será que toda generalização estética (desde as espécies ou gêneros de arte até o conceito de arte e do fato estético como tais) deve guardar uma relação de aderência indestrutível com a realidade estética primordial: a obra de arte em sua individualidade. Concluir-se-á daí não somente que todas as regras ou prescrições do tipo taxonômico são inoperantes na arte, visto que são outras tantas contradições com a natureza original do fato estético, mas também que as generalizações estéticas (de que não contestava a legitimidade), desde as leis dos diferentes gêneros de arte até as leis da arte em geral, conhecem um aprofundamento e um enriquecimento com cada nova obra de arte. Assim, como o fazia em sua juventude, o autor da *Estética* contestará o caráter "subsumante" da relação da obra individual com o gênero artístico, defendendo a interessante asserção de que os gêneros artísticos sofrem, em seu conteúdo e em sua forma, uma modificação contínua, se não uma transformação decisiva, com o nascimento de cada nova obra. Lembremos ainda simplesmente que a mais importante iniciativa teórica do Lukács da maturidade, nesse problema, será a introdução da categoria da "*inerência*" (*Inhärenz*) para definir o específico da generalização estética: a individualidade da obra de arte incorporará sua universalidade (aí compreendida a lei do gênero ou a lei da arte em geral) em uma relação de "*inerência*" e não de *subsunção*, o que explicaria o caráter indissolúvel da síntese do individual e do universal na arte.

Um olhar que englobe a parte central da estética do período de Heidelberg (temos aqui em vista a primeira parte, que totaliza 118 páginas datilografadas, intitulada, de modo genérico, "Das Wesen der ästhetischen Setzung") e o capítulo autônomo publicado na revista *Logos* permite ver que, na análise da relação esté-

---

24 Ibidem, p.619-20.

GEORG LUKÁCS 161

tica sujeito-objeto, o jovem Lukács privilegiava a ideia de "pura subjetividade". A fenomenologia do processo de criação artística era representada como um movimento da subjetividade que se recolhe sobre si mesma: o recolhimento, abandonando o estado de dispersão da existência comum (característica do *der ganze Mensch*), era uma primeira condição para a aquisição da homogeneização e da purificação dos vividos. O movimento próprio da subjetividade para o estado de equilíbrio e de harmonia com ela mesma (incorporado na obra de arte) levava necessariamente à subordinação da realidade objetiva ao processo de homogeneização e de purificação do sujeito. Tudo o que parece arbitrário, pelo ângulo "objetivo", nos movimentos da "subjetividade" se encontra na arte, ao contrário, tocado pelo sinete da necessidade: "*sie gerade als Willkür objektiv werde*" (ela se torna objetiva justamente como movimento arbitrário), dirá Lukács, utilizando uma de suas formas paradoxais, no estudo da *Logos* (p.26). A arte estava destinada, na constelação das formas do espírito, a encarnar a realização da subjetividade como subjetividade. O caminho para tal fim significava, para o jovem Lukács, o desapego completo da subjetividade estética de todo elo ou comunhão subjetiva e objetiva, o abandono total de sua própria "personalidade" religada, em todas as suas raízes, ao espaço do mundo objetivo.

É preciso ter em mente que o esquema que precede visava a transcrição conceitual dos aspectos *imediatos* do processo de criação: abstrair-se do campo da realidade vivida sem mediação ("*die Erlebniswirklichkein*) é uma condição da "redução homogênea", da purificação dos vividos de toda heterogeneidade e dependência objetiva, prévias a seu acesso ao estado ideal de liberdade, coesão e organicidade, no quadro da globalização *sui generis* do "homem em sua plenitude condensada" (*der Mensch ganz*). Sem dúvida, Lukács caracterizava o específico da atividade estética como um equilíbrio dinâmico entre subjetividade e objetividade. Aí estava inevitavelmente implicada a ideia de que a autoconstituição da subjetividade pura passa pela assimilação dos determinantes do mundo objetivo, pela conversão recíproca da subjetividade e da objetividade. O capítulo da *Logos* falava efetivamente da permanente "relativização dos princípios subjetivos e objetivos durante o processo de criação", ou ainda definia a atividade da arte como tendendo a um "equilíbrio que flutua entre arbitrário e necessidade, entre subjetividade e objetividade, para a assimilação constantemente cambiante da objetividade pela subjetividade e inversamente" (p.34). Mas a ênfase estava fortemente colocada no processo de subjetivização, de plena expansão da subjetividade durante o processo de criação artística. A "objetividade" como realidade constitutiva estava lá apenas envolvida e incorporada no movimento de autoafirmação da subjetividade. Em parte alguma é visível a ideia de que o acesso ao estado de plenitude e de organicidade da subjetividade, graças à purificação e à homogeneização das experiências vividas,[25] estaria intrinsecamente condicionado pela conquista e pelo domínio do mundo objetivo, por uma completa inserção no espaço da realidade exterior. A realização da personalidade como condição fenomenológica da geração da obra de arte não aparecia, no estudo da *Logos*, estreitamente dependente dos elos com o mundo (*Weltverbundenheit*) ou de um enraizamento no mundo (*Verwurzeltheit in der Welt*) de que a estética da maturidade fará a condição *sine qua non* do enriquecimento e do aprofundamento da subjetividade. Jamais aparece, no jovem Lukács, a ideia de que a realidade do mundo exterior possui uma espécie de legalidade autônoma, que a realização autárquica da subjetividade durante a geração da obra de arte (*forma formans*, segundo o estudo da *Logos*) está em relação conexa com a confrontação com as exigências da realidade objetiva, com a "perda" do sujeito na densidade e na substancialidade do real exterior, perda seguida da reconquista de um si-mesmo amplificado, enriquecido pelo contato com o "mundo". Tal visão, muito diferente e muito mais evoluída do processo de criação artística, não será adquirida senão ao termo de uma profunda transformação da concepção lukácsiana da relação sujeito-objeto (ainda que os germes já existam no manuscrito inédito, onde se encontram as páginas dedicadas a Goethe e a suas reflexões sobre o conhecimento de si). No capítulo da *Logos*, ao contrário, como já havíamos observa-

---

25 "*Immer reineres Herausarbeiten der nur ihm eigenen Erlebnisqualitäten*", é o que escreve Lukács; em outras palavras, um trabalho de elaboração constantemente afinado dos traços do vivido, de modo próprio, exclusivo do artista.

do, os acentos estavam colocados principalmente no gesto de retração e de isolamento da subjetividade em sua própria autarquia, no "espaço vazio da pura subjetividade" (p.35), onde não penetra nenhum eco da exterioridade, nada do que poderia distrair a subjetividade de seu próprio movimento autotélico. Paradoxo aparente, aqui ainda a estética da maturidade não modificará a descrição do aspecto *imediato* do processo de criação.

A diferença decisiva será o esclarecimento da relação determinada e necessária com a exterioridade de que dependem estreitamente a plenitude e a organicidade da interioridade. Não é, então, de modo inteiramente fortuito que a estética da juventude parecia encontrar uma paisagem familiar entre as teses kantianas da beleza como objeto de um prazer "sem conceito" e "desinteressado". A colocação entre parênteses do "objeto", com suas exigências e imperativos autônomos, era para o jovem Lukács uma condição imanente do processo artístico. É verdade que, apesar de tudo, tinha realizado um progresso importante em relação a Kant, na medida em que ultrapassava a redução da análise estética ao jogo das faculdades, como a imaginação e o intelecto, acentuando a relação específica sujeito-objeto na estética: a arte produz um objeto cuja "conformidade" (*Angemessenheit*) é perfeita em relação às exigências da subjetividade.

Lukács tinha plenamente razão em sublinhar que, para se tornar o centro de gravidade de uma obra de arte, adquirir autonomia e se purificar, uma experiência vivida (*ein Erlebnis qua Erlebnis*) deve executar um movimento de autoisolamento e concentração em sua pura imanência. O sistema final da estética, contudo, estabelecerá um elo estreito entre a realização imanente do equilíbrio do sujeito e do objeto num mundo autárquico da obra de arte e a relação que une subjetividade artística e desenvolvimento da humanidade a uma etapa histórica e social dada. A ideia de "antropomorfização" do mundo pela arte (decorrente do princípio transcendental da "subjetivação", ou da "pura subjetividade" da estética da juventude) não será jamais dissociado, na estética da maturidade, da ideia de *mimesis*, de *reflexo* do mundo objetivo. O problema apaixonante, pelo ângulo teórico, é saber como Lukács conseguirá transferir suas opções iniciais, sem distorções ou mutilações, numa constelação teórica radicalmente diferente: a da ontologia e da epistemologia materialista-dialética; como conseguirá aproximar, de modo harmonioso, tendências que têm, tradicionalmente, um estatuto de incompatibilidade (como, por exemplo, a antinomia estabelecida por Croce entre sua tese da arte como "intuição lírica", corolário de sua gnoseologia "*soggettivistica*", e o conceito de arte como *mimesis*, corolário de uma filosofia de espírito "*oggettivistica*": *la Poesia*, p.181).

Nada testemunha melhor o interesse do problema do que a *posteridade ambígua* da estética da juventude. O próprio Lukács a olhava com um olhar muito crítico, considerando-a uma obra "idealista" (coisa que insistiu em repetir, ao entregar-nos o manuscrito). O estudo da *Logos*, expressão concentrada da estética da juventude, teve, contudo, admiradores entusiastas entre os pensadores formados na escola filosófica de Husserl e de Heidegger, ou na do espiritualismo filosófico francês. É compreensível que seu interesse tenha podido ser particularmente mantido pela ideia da soberania subjetiva como princípio formador da obra de arte. A descrição do processo de criação artística num espírito "fenomenológico" (no sentido hegeliano do termo) como um movimento ascensional, de desprendimento progressivo da subjetividade de todos os seus condicionamentos empíricos e objetivos, até a conquista de seu equilíbrio autárquico, esteve na origem das reflexões de Ludwig Binswanger no estudo que fez sobre Ibsen, e das aplicações estéticas de seu conceito de *Verstiegenheit* (um "voo" da subjetividade tomada entre a aspiração para as alturas e a necessidade de manter o contato com a realidade). A ideia sugerida por Lukács de que o ato de "objetivização" na obra seria um repouso (*Sprung*) subsequente a uma renúncia da subjetividade em estado de completude, não sendo a objetividade da obra nada mais do que uma espécie de transcrição hieroglífica do movimento da pura subjetividade, incitava Paul de Man a ver aí uma antecipação direta da estética de Maurice Blanchot.[26] Quanto a Georges Poulet, mostrava-se fascinado pela definição lukácsiana da obra de arte como uma "mônada sem janelas" e aplaudia a supressão das pontes entre a "pura interioridade" da obra e a exterioridade do mundo objetivo que comportava a posição de Lukács. É interessante notar em que termos Poulet se prendia

---

26 Colóquio de Cerisy, *Les Chemins Actuels de la Critique*, Plon, 1966, p.85-6.

aos julgamentos do sartriano Serge Doubrovsky, o qual, defendendo a ideia da indissociabilidade entre interioridade e exterioridade, se aproximava muito da atitude filosófica do *último* Lukács: "A posição do primeiro Lukács me parece inteiramente fascinante ...", dizia Georges Poulet.

O paradoxo que eu mesmo, obscuramente, estou encontrando cada vez que eu faço meu ato crítico, se encontra no próprio cerne do pensamento do primeiro Lukács. Aceito – e com alegria – essa definição da obra como mônada sem janelas que escapa tão profundamente a meu amigo Serge Doubrovsky. Ele sabe, como eu, que o núcleo do debate está no fato de que, no pensamento sartriano, não se existe a não ser em uma projeção para o exterior, enquanto eu sou eu mesmo a projeção para um interior, que não é o meu interior mas ... o interior do ser subjetivo, o interior de uma espécie de subjetividade geral na qual todos nós nos reconhecemos.[27]

Oskar Becker, discípulo de Husserl, num estudo do *Jahrbuch für Philosophie und phänomenologische Forschung* (1929), se mostrava, por sua vez, seduzido pelos "paradoxos do fato estético" valorizados por Lukács. O conceito de "vivido normativo" que exprime a conciliação em uma síntese *sui generis* da concretude do vivido com a universalidade da norma fazia-o pensar na ideia de "precariedade" (*Hinfälligkeit*) tendendo para o senso de *fragilidade* constitutiva do fato estético, formulada por Solger,* em *Erwin*. Lukács tinha evocado o "milagre" (*das Wunder*) da esfera estética, o qual chega a criar um equilíbrio extremamente delicado entre a materialidade dos vividos brutos e a formalidade do espírito. Ali ainda, Oskar Becker aproveitará amplamente as sugestões lukácsianas. Lukács tinha falado do "heraclitismo" da esfera estética, corolário ao fato de que o vivido da obra de arte possui, a cada vez, um caráter único e incomparável; Oskar Becker encontrava aí matéria para celebrar o mérito de Lukács de ter introduzido a dimensão "temporal" como atributo constitutivo do ato estético, e para fazer toda uma série de aproximações com as teses de Heidegger em *Ser e tempo*.

---

27 Ibidem, p.102.

 * Karl-Wilhelm-Ferdinand Solger (1780-1819). Esteta. *Erwin* é o título de um diálogo filosófico desse autor. (N.E.F.)

Todos os comentários que acabamos de mencionar têm isto em comum: manifestam um interesse pleno de admiração pela apologia da *subjetividade pura*, isenta do conjunto de seus condicionamentos espaço-temporais, na análise lukácsiana do fato estético. Oskar Becker fará mais de uma aproximação significativa entre os conceitos de "redução homogênea", "estilização" ou "plenitude condensada do homem" (*der Mensch ganz*) e a "redução fenomenológica" de Husserl (com referência aos cursos de Husserl, os quais teriam feito da atividade estética uma constante "redução fenomenológica" *in actu*). Ludwig Binswanger descobrirá no movimento ascensional da subjetividade estética uma analogia com o "eu transcendental" da fenomenologia. E tanto Oskar Becker como Ludwig Binswanger estabelecerão pontes entre o estatuto lukácsiano da subjetividade estética e o desapego da "existência autêntica", fixada pelo *Dasein* heideggeriano, do plano inautêntico da existência cotidiana.

Os elementos mencionados acima nos levam a formular, de modo mais forte, as questões decisivas: como Lukács chegará a recuperar, em seu sistema estético final, a dimensão da *mimesis*, a reintroduzir na imanência autárquica da obra de arte a presença soberana da realidade objetiva, independente da consciência, como presença constitutiva da criação artística, sem com isso sacrificar as aquisições autênticas da estética da juventude? Como conseguirá conciliar a ideia de soberania da subjetividade pura, parte integrante da "mônada sem janelas" de toda obra de arte, e a ideia de interação permanente que rege a subjetividade e a objetividade, essa tendo prioridade, tese capital de sua reflexão chegada à maturidade? Como, então, fará para ser simultaneamente fiel e infiel ao seu procedimento teórico do início no campo da estética?

O exame da evolução de seu ponto de vista filosófico sobre o problema da relação sujeito-objeto e das articulações de seu sistema de estética marxista deve trazer-nos respostas claras a tais questões.

5. O ROMANCE HISTÓRICO

O romance histórico representa a primeira grande obra escrita por Georg Lukács depois que suas concepções estéticas marxistas tomaram forma. Ele trabalhou nessa obra durante todo o inverno de 1936-1937, em Moscou, onde teve de exilar-se por ter sido, na qualidade de antifascista, expulso de Berlim com o advento do poder hitlerista.

Para compreender o "esquema dinâmico" de *O romance histórico*, o modelo ideológico e estético em que se apóiam constantemente os raciocínios do autor, é preciso parar um pouco no estágio atingido por seu pensamento quando redigia seu livro. Lukács tinha se libertado do messianismo utópico e do sectarismo político que tinham marcado os primeiros anos de aprendizagem da luta revolucionária – e culminado com a publicação de sua célebre *História e consciência de classe* –, e isso desde o período subsequente ao aparecimento e à condenação desse texto muito controverso por Zinoviev durante o V Congresso da Internacional Comunista. Sua atividade de militante do movimento comunista clandestino que combatia a ditadura do almirante Horthy, sua fidelidade à divisão do Partido Comunista Húngaro liderada por Eugen Landler e hostil à linha política imprimida por Béla Kun levaram-no, aos poucos, entre 1922 e 1929, à convicção de que o sucesso da luta contra a ditadura e contra o fascismo em plena ascensão dependia da consolidação de uma unidade muito ampla das forças democráticas consequentes e do abandono do sectarismo doutrinário e do extremismo revolucionário que não tinha nenhum domínio sobre o concreto. Se a grave derrota política sofrida pelas proposições de Lukács conhecidas pelo nome de "Teses Blum", em 1929,[1] forçou o pensador a abandonar o campo da atividade militante política, não abalou de modo algum sua certeza quanto à justeza de suas conclusões. A sociedade burguesa, em sua fase de desenvolvimento último, e sua excrescência maligna, o fascismo, não deram simplesmente origem a uma repressão crescente do movimento operário e, sobretudo, das forças revolucionárias desse movimento. O crescimento do fascismo levou, progressivamente, ao aniquilamento não só as liberdades tradicionais, mas também os próprios valores burgueses democráticos. Foram então camadas sociais bem mais amplas do que a própria classe operária que viram seu modo de vida e seus valores diretamente afetados pela fascistização da sociedade. O antissectarismo de Lukács, que se exprimira politicamente mediante as "Teses Blum",[2] traduziu-se, no domínio das letras, por uma luta dirigida – inicialmente nas páginas da revista berlinense *Linkskurve* – contra a literatura de pura agitação, tendenciosa no sentido negativo da palavra, que a ala esquerda radical, dos partidários da "literatura proletária", pretendia cultivar. O programa estético de Lukács não podia estar separado, como lembrava frequentemente, do conjunto de suas convicções políticas e ideológicas. A ideia de que o trabalho de erosão e de sapa contra a sociedade burguesa, em sua fase reacionária, só podia ser levado a termo por meio de uma ampla coalizão das forças democráticas, reunidas sob a bandeira antifascista, encontrava sua vertente literária na luta por uma literatura que pretendia ser o reflexo da realidade, mas através de uma rede de mediações, cujo ponto de Arquimedes seria o *ethos* humanista das vastas camadas populares.

---

1 Em sua *Autobiografia*, Lukács evoca a chegada de Manuilski a Berlim e sua condenação, outra vez, pela Internacional Comunista e por Béla Kun.

2 Essas teses preconizavam a "ditadura democrática dos operários e dos camponeses" e não a "ditadura do proletariado", como objetivo estratégico da revolução na Hungria. A palavra de ordem "república democrática" era, então, substituída por "república dos conselhos", lembrança da experiência abortada em 1919, depois de cem dias de existência.

GEORG LUKÁCS   169

O militantismo ideológico e estético que se exprime nas páginas de O romance histórico encontra então sua fonte no *pathos* daquele tempo, em que se constituíam numerosas alianças democráticas e que ficou na história como o período da "frente popular". A coincidência entre as opções políticas e estéticas de Lukács é das mais reveladoras. De fato, seu discurso pressupunha, de modo latente, que, na Europa da expansão fascista, a luta pelo socialismo não podia colocar em primeiro plano, de modo *imediato*, o antagonismo entre capitalismo e socialismo. Convinha *mediar* essa luta por meio da antinomia entre antifascismo e fascismo, cujo raio de operação era infinitamente mais extenso do que o da contradição fundamental das duas classes antagônicas. Despertar o espírito democrático entre as camadas sociais mais heterogêneas implica uma sensibilidade aguda para os movimentos capilares da imanência do processo histórico. A idiossincrasia de Lukács a respeito do sectarismo e do dogmatismo esquerdista se explica justamente por seu temor legítimo de que tais condutas políticas provocassem a desordem na organicidade do processo histórico de maturação da consciência democrática antifascista e, em última análise, não a comprometessem. Os escrúpulos estéticos de Lukács, que defendia com um rigor irretratável os princípios da "evocação sensível" e da "figuração" (*Gestaltung*) na literatura contra os defensores da "abstração" ou da "montagem"[3] eram paralelos aos escrúpulos de seu pensamento político, segundo o qual o encontro com a realidade social não é possível a não ser impondo o estrito respeito a suas "mediações" (*Vermittlungen*) e reserva contra todo sectarismo ou dogmatismo doutrinário. É com esse mesmo espírito que se inscreve seu arrazoado apaixonado em favor da *continuidade* na grande literatura clássica, em oposição aos adeptos de uma arte "radicalmente nova" – entre os quais não somente os militantes da Associação Russa dos Artistas Revolucionários (que substituíra o antigo *Proletkult*), mas igualmente um escritor de envergadura como o neófito marxista e

---

3 Não nos esqueçamos de que Brecht preconizava fórmulas antiaristotélicas desse gênero com seu "teatro didático" (*die Lehrstücke*) no período médio de sua criação, fórmulas vivamente atacadas por Luckács durante os debates de 1932.

revolucionário Bertolt Brecht – que se pronunciavam, precisamente e numa posição antípoda, pela *ruptura* e pela *descontinuidade*. É que a literatura clássica encarnava, para Lukács, a imagem múltipla, ramificada e *total* da realidade que ele perseguia com muita intensidade.

Quanto ao plano político, pensamos que Lukács merece confiança quando apresenta em seu prefácio de 1967, a *História e consciência de classe*, seu movimento de revolta ao ouvir Stalin tratar (em 1928) os social-democratas como "irmãos gêmeos" do fascismo. Essa linha política, violentamente sectária, cujas consequências foram das mais negativas, naquele momento da luta da esquerda contra o crescimento do fascismo, seria submetida a uma revisão radical, como se sabe, no VII Congresso do Komintern, de 1935, quando foi aprovada uma orientação firme para a linha unificadora da "frente popular". Ao mesmo tempo, devemos assinalar claramente que Lukács sempre foi adepto da tese que defende a possibilidade de construir o socialismo num único país. Colocou-se, então, ao lado de Stalin contra Trotski durante a famosa luta política que aconteceu depois da morte de Lenin; e permaneceu, durante sua vida, um adversário do trotskismo que não cessou de denunciar como uma forma particular de sectarismo burocrático e de irrealismo político.[4] É significativo que uma polêmica incidente, dirigida contra o trotskismo, em O *romance histórico* venha a propósito de uma vigorosa diatribe contra a "sociologia vulgar" na interpretação da literatura.[5] A intolerância ao sociologismo vulgar e à confusão que instaura entre a "ideologia discursiva" e a representação do mundo que resulta da criação artística tem uma dupla motivação: a repulsa que Lukács experimentava por toda alteração da imanência e da organicidade histórica (o sectarismo político em suas diversas formas, mas igualmente o oportunismo liberal) e por toda alteração da imanência artística pelo "tesismo", ou ideologismo, a que se acrescentava a pouca apreciação que tinha pelos "quadros em preto e branco dos escri-

---

4 Lukács não deixará nunca de lembrar a controvérsia, de 1921, contra Lenin e Trotski a propósito do papel dos sindicatos, e a flagrante posição burocrática desse último naquela circunstância.

5 LUKÁCS, Georg. *Der historische Roman*. Berlin: Aufbau-Verlag, 1955, p.44.

tores agitadores (*die Agitka Dichter*), aos quais a crítica opunha "a apresentação por Maxime Gorki das tragédias *interiores* dos melhores representantes da classe capitalista".[6] Lukács estava convencido de que o fascismo não era um simples fenômeno de "demência coletiva" ou uma convulsão de histeria passageira de uma sociedade doente, mas que se tratava de uma realidade que lançava raízes profundas na estrutura da sociedade burguesa tardia (e as formidáveis demonstrações de massa organizadas por Hitler, tanto antes como depois de sua tomada do poder, provaram que tal fenômeno não tinha nada de superficial). Essa certeza desembocava necessariamente na ideia de que o desfecho do confronto com o fascismo dependia do despertar da consciência democrática e da organização da luta, fazendo que disso participassem camadas sociais mais amplas. Eis uma das principais razões da interdição posta em toda superestimação do papel das personalidades na história e que nos é lembrada a cada passo em *O romance histórico*. O crítico se esforça por exercer uma forma elevada de pedagogia sobre escritores antifascistas de primeiro plano, como Heinrich Mann ou Lion Feuchtwanger; procura, com muito tato, corrigir seus preconceitos iluministas ou humanistas abstratos, para comunicar-lhes a convicção de que o desfecho dos grandes movimentos históricos não pode ser o efeito da única luta entre razão e instinto, entre tolerância e crueldade ou brutalidade, mas que depende, em última instância, da relação entre a ação das personalidades históricas eminentes e as aspirações das massas populares mais amplas. Esse gênero de ação pedagógica fornece um exemplo eloquente do democratismo revolucionário que se exprime nas páginas desse livro. Georg Lukács é um desses críticos que desejam, por princípio, implantar o debate estético em uma ampla filosofia da história. Sua repulsa a toda forma de subjetivização da história resulta da própria convicção profunda de que o destino dos movimentos históricos repousa em uma *multidão* de fatores objetivos e subjetivos; são os primeiros que desempenham o papel decisivo, ainda que a importância dos segundos não seja menos considerável. É evidente que, escrevendo sobre o romance histórico, a simpatia explícita de Lukács vai para os escritores que respondem tão com-

---

6 Ibidem, p.175 (destaque nosso).

pletamente quanto possível à sua sede de autenticidade histórica, segundo os critérios acima definidos; em outras palavras, os que sabem dar uma imagem multiforme dos acontecimentos históricos, observando a justa proporção entre os fatos e gestos das personalidades e as correntes populares profundas. Não se deve esquecer uma outra condição fundamental para escrever um bom romance histórico, isto é, a aptidão para evocar os acontecimentos passados não com a curiosidade distanciada do arquivista ou do museógrafo, mas considerando-os como precursores orgânicos, ainda que através de múltiplas mediações do presente; o fluido da comunicação entre o passado e o presente, o sentimento do passado como *pré-história do presente*, segundo o adágio *nostra causa agitur*, constituem sinais que distinguem os verdadeiros êxitos do gênero.

Em matéria estética, *O romance histórico*, que abarca quase um século e meio da evolução de uma forma literária, visa exemplificar a tese essencial do autor a propósito da estreita conjunção entre a autenticidade histórica (tomada em um sentido *substancial* e não no sentido de exatidão documentária) e o grau de valor estético das obras. Segundo Lukács, com efeito, a linha do desenvolvimento dos valores estéticos não obedece somente ao capricho e não é, de forma alguma, imprevisível, mas aparece condicionada, de modo muitas vezes complicado e muito sutil, pelas escolhas dos escritores diante da realidade sócio-histórica de seu tempo. O grau de profundidade, densidade e pregnância artística das obras, na representação de Lukács, não está desvinculado de sua inserção específica na dinâmica do progresso histórico. A correlação entre os períodos de desabrochamento, de declínio ou de renascimento do romance histórico e o nível de consciência histórica dos escritores se mostra tão estreita, na visão de Lukács, que seus julgamentos estéticos parecem, algumas vezes, os mais temerários. A presunção de superioridade dos romances históricos de Walter Scott sobre um romance como *Salambô*, de Flaubert, parece uma tese muito discutível para qualquer um que esteja persuadido da superioridade do *artista* Flaubert sobre um escritor com meios artísticos seguramente menos refinados, se não mais rudimentares, do que os do romancista inglês. Lukács não se arrisca a sacrificar o sentimento estético puro a preconceitos sócio-históricos? A órbita dos valores estéticos pode

GEORG LUKÁCS 173

ser rigorosamente predeterminada pela lógica do processo sócio--histórico? A solidez do ponto de vista de Lukács se prende ao fato de que a perspectiva histórica dos escritores é analisada no nível da *imanência artística* das obras, e não no nível de suas convicções explícitas. A glorificação de Walter Scott é bastante surpreendente para aqueles habituados à hierarquia dos valores estabelecidos, como foram fixados pelas conveniências literárias durante as últimas décadas, e na qual o romancista inglês não ocupa um lugar dos mais eminentes. É certo que essa glorificação, à primeira vista, obedece mais a razões sócio-históricas do que a razões estritamente estéticas. A gênese do romance histórico clássico, cuja expressão maior seria o ciclo de obras em prosa de Scott, está muito estreitamente ligada ao espírito da grande Revolução Francesa. Walter Scott representa, para Lukács, uma mutação na história do romance. Não é senão com ele que a *historicidade* dos destinos e paixões humanos teria adquirido uma presença sensível na literatura. Lukács dá prova de uma audácia de pensamento própria ao crítico de altos voos, que não se deixa desviar pelos preconceitos estetizantes, para tirar a obra de Scott de um esquecimento imerecido e valorizá-la graças a sua análise de grande alcance. Como apoio à sua apreciação, oferece um bom número de argumentos: a ação dos romances gira em torno de crises históricas decisivas (o trágico declínio da antiga organização gentílica dos clãs escoceses, a luta entre os Stuart católicos e a nova monarquia progressista dos Hanovre etc.); a encenação de meios sociais muito variados e de estratificação complexa; são personagens "medíocres", de envergadura média, que são escolhidas, por predileção, como heróis principais dos romances (Frank Osbadilston, em *Rob Roy*; Waverley, no romance do mesmo nome etc.) a fim de encontrar a mediação mais apropriada entre as principais forças sociais antagônicas etc.

Um crítico moderno pouco acostumado à complacência com os preconceitos classicistas, George Steiner, foi um dos primeiros a elogiar a justeza e a novidade do ponto de vista de Lukács.[7] O capítulo consagrado a Walter Scott em O *romance histórico* é,

---

7 STEINER, George. Georg Lukács and His Devil's Pact. In: _____.
Language and Silence. s.n.t., p.332-3.

com efeito, um dos mais significativos de toda a atividade crítica lukácsiana. Digamos imediatamente que ele não dissimula, de modo algum, os limites do talento de Scott e que pesa na balança da objetividade o objeto de sua admiração. No prefácio, de 1964, do volume de suas *Obras* que contém *O romance histórico* Lukács afirma, sem rodeios, que "em um certo sentido" Scott não é "verdadeiramente um grande escritor". A comparação com as figuras tão perfeitamente individualizadas ("fascinantes" pela vida que irradiam) de Tolstoi lhe permite assinalar a ausência de semelhantes qualidades em Walter Scott e a convencionalidade e uma certa superficialidade quando se trata de esboçar os caracteres e os detalhes.[8] Mas, se sua opinião global não é respeitada, é porque considera que, pela primeira vez na história da literatura, a abstração e a impessoalidade do "humano em geral", de regra até então na figuração dos tipos (encontram-se esses traços mesmo em romancistas sociais do século XVIII, como Smollett ou Fielding), deixam de ter curso e que a dimensão *sócio-histórica* das ações e dos caracteres humanos, plenamente valorizada, torna-se a infraestrutura do romance moderno.

O espírito *partidário* da estética de Lukács aparece aqui em toda a sua clareza. O elogio superlativo que Balzac faz de Walter Scott no prefácio à *Comédia humana*, sem dúvida alguma reforça sua tese, e de modo muito convincente. A linha Walter Scott-Balzac, de fama literária, se torna não somente a *via real* do progresso do romance histórico, mas igualmente o *paradigma* do grande romance social moderno. O elo estreito entre os critérios históricos e sociológicos, por um lado, e os critérios estéticos, por outro, colocados em evidência, incessantemente, para valorizar essa linha de fama literária, só pode ser suspeito aos olhos de quem está habituado a julgar a literatura da perspectiva da "autonomia do fato estético". Não se trataria de uma admiração abusivamente transportada de um plano a outro, pela confusão entre o entusiasmo histórico-sociológico e a apreciação estética? É certo que Lukács celebra Walter Scott e, num escalão superior, Balzac (ou ainda Puchkin e Manzoni, na linha de Scott) porque encon-

---

8 LUKÁCS, Georg. *Der historische Roman*, op. cit., p.28. Ver também: Probleme des Realismus III. In: _____. *Werke, Band* VI. Neuwied und Berlin: Luchterhand, 1965, p.8.

tra aí, antes de tudo, uma imagem profundamente *verídica* dos processos histórico-sociais, ficando em equilíbrio, no plano literário, com os novos pontos de vista que, na mesma época, Thierry e Hegel traziam para o plano da história e da filosofia da história.

Além disso, as regras da ficção literária são revalidadas pelo crítico apenas quando respeitam as relações profundas e as justas proporções dos elementos sócio-históricos. Para responder às questões que provocam tais atitudes, levando em conta as teses tradicionais da "autonomia do fato estético", é preciso inicialmente lembrar que Lukács nunca fez mistério da estreita correlação que unia seus pontos de vista filosóficos ou histórico-marxistas a seus gostos literários. Quando, no início dos anos 1930, exprimiu, com Michael Lifschitz, sua convicção na existência de uma estética marxista *autônoma*, que decorria logicamente das teses do materialismo dialético e histórico, esforçou-se para demonstrar, indo de encontro a Franz Mehring, que a "shakespearianização" do drama moderno preconizada por Marx, por oposição à "schillerização" desse drama cultivada por Lassalle, não era, de modo algum, uma questão de gosto. Isso decorria necessariamente do conjunto das avaliações de Marx. A predileção deste por Cervantes e Shakespeare, por Diderot e Balzac, e, por outro lado, a preferência de Lassalle por Schiller ou Platen, lhe pareciam refletir escolhas mais fundamentais. Considerando a própria evolução de Lukács, convém, para o nosso propósito presente, mencionar a carta, que permaneceu inédita, que enviou de Moscou, em 31 de janeiro de 1940, a seu velho amigo Béla Balázs. As mudanças provocadas em sua consciência concomitantemente ao processo de assimilação do marxismo parecem ter ocasionado o deslocamento de seu centro de interesse estético e de seus julgamentos literários, bastando comparar suas apreciações da época da *Teoria do romance* (1914-1915) às de sua fase marxista: "Balzac passou para o lugar de Flaubert; Tolstoi, para o de Dostoievski; Fielding, para o de Sterne etc. etc.", escrevia a Balázs, e não deixava de incluir, em seu processo de "revisão" estética, suas opiniões quanto às obras da juventude de Balázs.

A osmose entre os critérios sócio-históricos e os critérios estéticos é visível em *O romance histórico* não somente pelo fato de que a importância dada à caracterização *sócio-histórica* das personagens, tanto em Scott como em Balzac, constitui um *progresso estético* em relação ao romance anterior, mas igualmente pelo fato de que Lukács estabelece uma relação entre a *autenticidade épica* de seus romances históricos e o respeito pelas justas proporções entre as ações das grandes personalidades históricas e o modo de vida cotidiano da época, entre a escala de valores do "alto" da sociedade e as correntes que atravessam o "baixo" vindas das profundezas da vida popular. O paradoxo aparente de sua posição, vista pelo ângulo dos preconceitos tradicionais, vem de que faz da *autenticidade histórica* a condição *sine qua non* para o êxito de todo romance histórico, enquanto condena, com igual firmeza, a mínima confusão entre o romance histórico e a crônica histórica, entre a verdade histórica (verificada pela documentação científica) e a verdade poética. Heteronomia e autonomia da arte se conjugam aqui estreitamente no esteta Lukács. Muitas páginas de O *romance histórico* fazem sobressair não somente seus protestos – apoiando-se em artistas célebres, como Balzac principalmente – contra as veleidades de certos escritores de tratar *exaustivamente* os acontecimentos históricos e de fazer concorrência assim inutilmente, e não sem prejuízo para a qualidade artística, com a historiografia corrente, mas ainda sua infatigável insistência em sublinhar que o centro nuclear de uma obra literária que evoca a história *é bem distinto* do centro nuclear de uma obra historiográfica. A "humanidade" onipresente e invisível dos acontecimentos históricos, sua "ressonância nas almas", sua "intimidade" (sua "poesia") são dificilmente analisáveis com as categorias lógicas. A culpável confusão entre a significação histórica exterior de um acontecimento e sua expressão estética, tanto no romance como no drama, está condenada sem equívoco:

> O maior acontecimento histórico pode parecer que é inteiramente vazio e irreal no drama, enquanto acontecimentos menos importantes, que a história pode mesmo não ter nunca conhecido, podem dar a impressão do fim de uma época, do nascimento de um novo mundo. Basta pensar nas grandes tragédias de Shakespeare, *Hamlet* ou *Lear*, para ver claramente até que ponto um tal destino pessoal pode suscitar a impressão de uma grande mudança histórica.[9]

---

9 Ibidem, p.120.

A dupla exigência, histórica e estética, formulada por Lukács tem por corolário, entre outros, seus esforços que visam a definição rigorosa das leis próprias a cada gênero literário; opõe-se vivamente a toda confusão dos gêneros (a "romantização" do drama, por exemplo) e chega mesmo a fazer da perfeita inserção nos moldes dos diferentes gêneros uma pedra de toque do valor estético (e ao fazê-lo segue Lessing e os estetas do classicismo); do mesmo modo, tenta fundamentar essas leis com os instrumentos do método marxista como reflexos e articulações *específicos* do processo sócio-histórico. Para marcar a fronteira entre a prosa épica e a prosa dramática, *O romance histórico* parte de uma distinção fundamental estabelecida por Hegel: a prosa épica tende a dar uma imagem exaustiva da vida que inclui necessariamente a "totalidade dos objetos" (o *ethos* da época histórica evocada, em interação com o ambiente material, as instituições etc.), enquanto o drama focalizaria a "totalidade do movimento", sendo a expressão da condensação da dinâmica da alma. Explorando essa distinção, Lukács insistirá no fato de que o romance visa refletir a *direção do movimento* da história, enquanto o drama se articula em torno de seus *movimentos culminantes*. É preciso lembrar, diante disso, que a autenticidade histórica de uma obra épica ou dramática, no campo da literatura de evocação histórica, se mede não somente pela relação necessária ao processo histórico real, mas também em função das exigências estéticas específicas de cada gênero, e encontra-se, portanto, subordinada a critérios estéticos determinados. Eis-nos na raiz da tese original de Lukács, surpreendente por seu aparente dogmatismo estético, no sentido em que ela canoniza uma modalidade de organização da matéria literária, tese que defende que, no romance histórico, as personagens históricas de primeiro plano, os "indivíduos mundialmente históricos", no sentido de Hegel, só podem ser personagens secundários (*Nebenfiguren*), ficando a cena central ocupada pelos representantes da vida normal, cotidiana, enquanto no drama histórico as coisas seriam inversas e haveria coincidência entre os conflitos históricos reais e a trajetória espiritual das figuras de primeiro plano.

A perspectiva marxista da análise dos fenômenos literários encontra, em *O romance histórico*, uma primeira aplicação exaustiva e eloquente. Essa conjunção orgânica do espírito da doutrina, não dissimulando seu caráter partidário, e de um autêntico rigor estético que muitas pessoas tinham como a "síntese impossível" era o objeto, pela primeira vez, de uma exemplificação em grande escala. A separação entre história "civil" (social, politica, moral etc.) e história literária estava abolida. O dualismo dividido, outrora postulado por Leo Spitzer, num espírito rigorosamente croceano, entre "una *poetica*" e "una *analisi sociologica*", aparece definitivamente marcado por um ponto de interrogação. A ruptura com a "reforma da história literária e artística", preconizada por Benedetto Croce, que entendia, assim, libertar a história artística da tutela da história civil, é evidente. A revolução metodológica esboçada por Lukács não se inscreve menos "na linha de uma tradição bem definida, de natureza hegeliana; lembremo--nos de que a unidade entre o espírito militante, em relação ao civil, e a extrema sensibilidade artística foi o traço marcante de um ilustre crítico de formação hegeliana, Francesco de Sanctis.

A aptidão de Lukács para abarcar a *totalidade* dos processos históricos e revelar as interações muitas vezes invisíveis ou dificilmente perceptíveis de seus diferentes níveis, respeitando sua especificidade com um escrúpulo exemplar, merece ser observada. O itinerário que cumpre, a partir dos deslocamentos ou mutações das profundidades da vida histórica, de seus prolongamentos filosóficos ou doutrinários, e até na consciência estética íntima dos escritores, constitui a particularidade onipresente de seu método. Sua cultura literária, cuja extensão é impressionante, lhe permite mover-se, com grande segurança, entre a prosa e a dramaturgia de diversas grandes literaturas europeias, e num período que cobre, aproximadamente, dois séculos. Como já dissemos, Lukács tinha escrito uma *História do drama moderno* e uma *Teoria do romance* em um tempo em que não tinha ainda aderido ao marxismo. Mas seus conhecimentos literários e sua experiência estética já eram imensos. O que o marxismo traz de novo em sua concepção se manifesta pelo rigor que preside à elucidação das relações entre a gênese sócio-histórica das obras literárias e sua *substância estética*. O julgamento de valor estético e o julgamento de existência sócio-histórica se comunicam de modo orgânico. Na vasta cena da história real, encontra-se traçado um imenso mapa literário – e isso com uma ciência muito segura do relevo estético. Cada obra recebe o seu diagnóstico em virtude de seu lugar particular na topografia histórica. Modelada a matéria literária entre as mãos do historiador, toma um aspecto completamente inédito, o que leva a estabelecer correlações novas e relações insuspeitadas. A título de exemplo, um conceito do romantismo forjado com a ajuda dos instrumentos de análise histórica marxista permite a Lukács destruir a lenda corrente de um Walter Scott romântico e situá-lo no eixo do realismo; aplicado a Alfred de Vigny, e se deixa delimitar, com um traço preciso, a fisionomia ideológica de um escritor romântico, como o autor de *Cinq Mars*. As classificações tradicionais são então submetidas à revisão estrutural, à análise ideológica e estética marxista, fazendo aparecer um quadro completamente novo das correntes literárias e dos escritores inscritos em sua órbita.

Nenhum outro crítico marxista antes de Lukács soube evidenciar, com tanta sagacidade, a maneira pela qual a experiência histórica particular é interiorizada e objetivada no nível da atividade criadora, figurativa ("fantasmática", diriam os freudianos) do artista. Sua sensibilidade ideológica excepcional (suas antenas detectam infalivelmente as incidências ideológicas dos conflitos e crises históricas) o leva, com certeza, a deter-se, de preferência, na maneira de ver o mundo encontrada nas obras. Mas faz questão de constantemente observar essas implicações ideológicas no nível da estrutura dos motivos e do estilo, em outras palavras, na elaboração estética propriamente dita. A comparação das estruturas respectivas das obras de Balzac ou de Stendhal, cujo pano de fundo são suas opções ideológicas bem distintas, é um exemplo significativo entre muitos outros.[10] O perigo de ideologismo na interpretação da obra literária, em outros termos, o perigo de sacrificar o corpo carnal estético em benefício da colocação em evidência de um esqueleto nu, esse perigo permanece seguramente presente quando se aplica tal método. Trata-se de um risco que a história literária correu desde o tempo em que os métodos *geistesgeschichtlich*, praticados por Dilthey e seus sucessores, gozavam de ampla aceitação. Quando resolve analisar o novo romance histórico, o de Flaubert ou de Conrad Ferdinand Meyer, que se constituiu, durante os anos que

---

10 Ibidem, p.79-80. V. igualmente o estudo *Balzac, Critique de Stendhal*.

seguiram, o fracasso das revoluções de 1848, cuja estrutura contrasta com a do romance histórico clássico, Lukács não se limita a projetar o fenômeno literário na tela de fundo das transformações regressivas produzidas na consciência social depois da derrota das forças progressistas, mas empreende uma vasta incursão pela filosofia da história de Nietzsche e de Burckhardt (às quais junta Croce, de maneira muito arbitrária),[11] a fim de fixar os

---

11 Em nossa opinião, Lukács se enganou ao incluir Croce na família espiritual daqueles que encarnavam, em sua representação, o declínio da verdadeira consciência histórica, depois do fracasso das revoluções de 1848, Burckhardt e Nietzsche. O termo de referência positivo era para o pensador marxista, como se sabe, a grande filosofia clássica alemã, e inicialmente Hegel e seu continuador, Marx. Ora, é evidente para nós que o ponto de vista historiográfico de Croce, exposto desde 1915 na *Teoria e Storia della Storiografia* (que Lukács cita em *O romance histórico*) e, numa forma mais elaborada e de maior maturidade, em *La storia come pensiero et come azione* (1938), está muito mais próxima da tradição racionalista que o próprio Lukács invoca para si do que as concepções de Burckhardt, de quem ele mesmo é o antípoda. E não falemos mais de Nietzsche, de quem o filósofo italiano queria separar-se por uma crítica que emprega termos de grande vigor, muito próximos dos de Lukács! Essa crítica está desenvolvida na seção do meio da *Storia come pensiero et come azione* (que Lukács, evidentemente, não podia conhecer no momento em que escrevia *O romance histórico*). Acontece que Lukács tacha de "subjetivismo" a célebre tese croceana segundo a qual "toda verdadeira história é uma história do presente", o que leva à ideia de que a "contemporaneidade" é inerente à reconstituição do passado. Ora, para nós, o agravo de Lukács parece repousar numa interpretação na contramão de tal tese. Croce queria dizer que não se poderia realmente evocar o passado com impassibilidade e indiferença, mas somente a partir de uma "necessidade prática e ética" do presente; o trajeto passado-presente, em outras palavras, a *necessária* comunicação entre os dois níveis temporais, é a realidade do verdadeiro ato historiográfico. O próprio Lukács não cessa de lembrar sua tese a propósito do passado como "pré-história do presente" e, não obstante as acusações do crítico marxista, Croce não queria dizer outra coisa. A aproximação entre Croce e Lukács era nesse ponto, como em outros, muito mais marcada do que o filósofo húngaro pensava. Ainda que este ironizasse a respeito de Croce, cuja teoria da história, segundo ele, transposta em versos daria um poema de Hofmannstahl ou de Henri de Régnier, isto é, que o espírito dessa teoria estaria próximo do espírito de um impressionismo nebuloso. Essa ironia está completamente deslocada e erra totalmente seu alvo. (Encontrar-se-á uma análise mais

limites ideológicos próprios para conter as explicações que seriam dadas sobre a estrutura estética dos novos romances históricos. Pode-se perguntar quanto ao abuso possível – do mesmo gênero que o "filosofismo" na interpretação literária, denunciado por Croce – que haveria em instituir um paralelismo tão rigoroso entre a transformação regressiva da filosofia da história, de Hegel a Burckhardt e a Nietzsche (principalmente o Nietzsche das *Considérations inactuelles*, a propósito de "Vom Nutzen und Nachteil der Historie") e a modificação involutiva de uma forma literária como o romance histórico de Scott, Balzac ou Manzoni a Flaubert e a Conrad Ferdinand Meyer. Não se corre o risco de sacrificar a autonomia do *devir* literário tentando introduzi-lo pura e simplesmente no molde da filosofia da história? Na verdade, a pesquisa dessas correspondências forma a quintessência e a originalidade do método de Lukács (G. Calinescu[12] teria falado da poderosa "imaginação ideológica" do crítico, ainda que o termo seja impróprio, pois Lukács visava o *rigor científico*), e seu refinamento dialético consiste em unificar e em distinguir simultaneamente os diversos planos (o princípio hegeliano da "identidade entre identidade e não identidade" lhe aparece como a viga mestra da dialética). Sem dúvida, a influência de Burckhardt sobre um escritor como Meyer é notória, mas a ideia de analisar os elementos estéticos específicos de *Salambô*, de Flaubert, da perspectiva das mudanças ocorridas na consciência histórica do tempo que, sob diferentes formas, se refletem nos textos de Nietzsche, Taine ou Brandes constitui uma ousadia de pensamento típica do método de Lukács.

As análises históricas e estéticas se reúnem mediante uma interrogação sobre a qualidade da *experiência humana* incorporada à obra. A soberania da imaginação artística em relação à verdade histórica representa, para Lukács, um preconceito funesto. Remonta até o núcleo gerador da obra e interroga-se quanto às forças humanas que desencadearam o ato evocativo. Tem como um processo estéril toda reconstituição da experiência

---

completa do problema Lukács *versus* Croce em nosso estudo publicado na *Rivista di Studi Crociani (Nápoles)*, n.1, 1974.)

12 George Calinescu (1899-1965), historiador da literatura, crítico, escritor e jornalista romeno.

passada sem nenhuma relação necessária – a não ser que fosse através de uma múltipla mediação – com as preocupações do presente. A brilhante reconstituição exterior de Cartago e a perfeição do estilo de Flaubert em *Salambô* não são suficientes para determinar o valor estético desse romance. A partir das observações de Sainte-Beuve,[13] Lukács lamenta, antes de tudo, ao mesmo tempo, a ausência de um senso mais profundo, histórico e humano do conflito central que forma a trama do romance, o que se desenrola entre os cartagineses e os mercenários bárbaros. A objeção essencial parece formulada do ponto de vista do filósofo da história, do moralista, que se colocaria num plano extra-estético. O gigantesco confronto dos cartagineses e dos bárbaros, reduzido a ser apenas a apoteose da crueldade e da atrocidade, estaria, por isso mesmo, desprovido de todo interesse real pelo destino das civilizações posteriores e não ultrapassaria o patamar da curiosidade exótica. Desde o instante em que a luta dos dois campos não aparece como a confrontação de dois sistemas de valores e não coloca, então, em presença, dois estágios diferentes do desenvolvimento da *humanidade*, único tipo de afrontamento de natureza a ecoar na consciência das gerações futuras, permitindo, ao mesmo tempo, uma comunicação efetiva com o presente, desde aquele instante, a soberba evocação de Cartago não vale mais do que a evocação de uma vasta paisagem lunar, e não é nada mais do que o cenário suntuoso de uma enorme e selvagem batalha. A objeção de ordem histórica se torna, então, espontanemente, uma crítica estética. No monoideísmo, habitado pela crueldade e pela ferocidade de que dá testemunho *Salambô*, Lukács vê apenas a ausência de *substância humana* autêntica, única mesmo a conferir à obra literária um interesse estético superior. A análise genética da elaboração do romance tende a validar essa conclusão. Com efeito, o romance histórico flaubertiano não nasceu da necessidade imperiosa de responder a um *problema moral* do presente, único motor capaz de garantir a autenticidade e a vitalidade de uma obra literária de evocação histórica. Nasceu, sobretudo, do desejo ardente do escritor de *evadir-se* de um presente que considerava irremediavelmente re-

---

13 Em uma série de artigos consagrados ao romance histórico, de Flaubert, e reproduzidos no quarto volume de *Nouveaux Lundis*.

GEORG LUKÁCS 183

pugnante e mesquinho. Flaubert escrevia a Jules Duplan, no verão de 1858, quando seu romance estava em gestação: "Estou cansado das coisas feias e dos meios vis. A *Bovary* me fez desgostar, por muito tempo, dos costumes burgueses. Vou, talvez durante alguns anos, viver um assunto esplêndido, longe do mundo moderno do qual estou farto".

As considerações estéticas de Lukács estão constantemente permeadas por um feixe de hipóteses a propósito do condicionamento histórico-social da vida psíquica em geral e das paixões em particular. Se não se trata de fazer da vida psíquica o reflexo mecânico das condições histórico-sociais preexistentes, convém sublinhar, ao contrário, que as paixões humanas não se desenvolvem num espaço vazio, mas se chocam necessariamente com as normas e os hábitos existentes, e sofrem um trabalho de acabamento em função das circunstâncias sócio-históricas. Se a selvagem paixão de Mâtho por Salambô e se o conjunto da conduta dessa virgem mística se apresentam sem sinete sócio-histórico da época evocada, Lukács vê aí o sintoma típico de um fenômeno estético negativo: a tendência a dar um "caráter privado" aos conflitos humanos em período de declínio do romance histórico. O condicionamento histórico e social da vida passional é indiscutível para Lukács; sua ingratidão só pode trazer uma desastrosa transgressão da lei do realismo. Modernizar abusivamente a psicologia, tornar privados os conflitos humanos, destacando arbitrariamente a vida individual de seu ambiente real, eis aí os contragolpes inevitáveis dos desvios em relação ao realismo.

A concreção orgânica de seus julgamentos estéticos e de toda uma filosofia da história nos explica a inflexibilidade de Lukács ao defender o modelo Walter Scott-Balzac-Pouchkine--Manzoni como linha autêntica de desenvolvimento do romance histórico. Um poderoso sentimento da continuidade histórica, da "unidade na diversidade" da substância humana nos diferentes estágios de desenvolvimento social inspira sua exigência aparentemente ambivalente. A implantação do presente na realidade histórica é a condição *sine qua non* para decifrar exatamente as tendências do passado, e, por outro lado, somente a reconstituição fiel do passado pode dar a segurança de que a evocação do passado terá uma autêntica ressonância na vida presente, geradora do sentimento *tua res agitur*. O entrincheiramento de Flaubert, seguindo um movimento de desgosto, da vida presente, sua fuga deliberada, com *Salambô*, para um mundo por hipótese exótico e privado de toda ligação com a dialética da vida contemporânea seriam as razões do fracasso do romance. Um outro notável escritor, o suíço Conrad Ferdinand Meyer, é criticado, não menos vigorosamente, em nome da mesma dupla exigência, histórica e estética. O culto dos heróis do Renascimento, estimulado em Meyer sob a influência de Burckhardt, a apologia do herói solitário, em contraste com a massa mais ou menos amorfa, são para Lukács outros tantos sinais do declínio da consciência histórica autêntica. O estilo da glorificação do herói, ainda que fosse positivo como Jurg Jenatsch, o chefe da revolta dos Grisons contra a dominação estrangeira, trairia ao mesmo tempo o "bourckharditismo" da concepção histórica de C. F. Meyer e seu desprendimento acentuado do universo muito estratificado da vida popular.

A análise consagrada ao romance histórico antifascista é fiel aos mesmos critérios. Podemos mesmo ficar surpreendidos com o modo rigoroso com que Lukács aplica a tese marxista a propósito das relações entre os movimentos e correntes da vida social profunda e o papel da personalidade ("o indivíduo mundialmente histórico" de Hegel) ao estudo da estrutura do romance histórico. A lei estética do romance não é arbitrária, segundo Lukács, mas reflete exatamente as relações e as proporções dos fenômenos reais. Os movimentos e os deslocamentos, as tensões e as crises, sua direção, como se pode discerni-los nas profundidades da vida histórica, cristalizam-se, essencialmente, de modo mais ou menos perceptível, no nível da *vida cotidiana* das principais forças sociais. O papel das personalidades de primeiro plano consiste em dar corpo a esses movimentos e a levá-los, graças a seu horizonte mais amplo, a um resultado decisivo. A vocação do romance é englobar a "totalidade dos objetos", consequentemente a vida social com toda a sua complexidade e com o conjunto de suas reações típicas, e não a única "totalidade do movimento" a que o drama procura chegar. Conclui-se que a frente da cena deveria ser ocupada pelas interações dos tipos representativos dos diferentes grupos sociais, interações que se produzem no nível da *vida corrente*, lugar onde germinam e tomam forma as mudanças históricas. As personagens históricas notórias só po-

GEORG LUKÁCS 185

dem, então, ocupar, por definição, um papel de *presença secundária* na intriga do romance. Encontra-se aí a razão do antibiografismo que Lukács prega a propósito da composição do romance histórico. E saúda com real entusiasmo no romance histórico antifascista (Feuchtwanger, Bruno Frank, Heinrich Mann) a ressurreição da consciência democrática depois de seu longo eclipse, desde o declínio do realismo clássico, no romance histórico da segunda metade do século XIX; não hesita em censurar, mesmo nos expoentes da literatura antifascista, o fato de utilizarem o biografismo como princípio dominante de composição e de concentrarem, mais ou menos exclusivamente, sua atenção nas personalidades históricas de primeiro plano. Lukács via nisso o índice do *caráter de transição* dessa literatura, esperando uma verdadeira assimilação do espírito democrático e revolucionário que permitiria integrar organicamente, na matéria estética, as grandes correntes da vida popular. A admiração que lhe inspira o notável romance *A juventude de Henrique IV*, de Heinrich Mann, principalmente pela pintura fascinante da personagem principal, não o impede de lamentar a presença insuficiente dos movimentos históricos de "baixo" que nutriram, de fato, o terrível conflito entre o progressismo huguenote e o espírito conservador católico. A questão que se pode colocar a esse propósito é a seguinte: as objeções dirigidas por Lukács ao romance de Heinrich Mann (cuja continuação – *Die Vollendung des Königs Henri IV* – não conhecia no momento em que escrevia seu livro), e mesmo a outros romances históricos antifascistas, não estariam contaminadas por algum doutrinarismo excessivo devido à intransigência democrática e revolucionária do crítico, fervoroso adepto da frente popular? O próprio Lukács parece ter admitido, posteriormente, que pecou por ter uma visão muito esquemática e simplista das coisas, responsabilizando os vestígios do "liberalismo" na mentalidade dos escritores antifascistas pela fatura *biográfica* da composição de seus romances.[14] Mesmo

---

14 Cf. o ensaio "Der Kampf zwischen Liberalismus und Demokratie im Spiegel des historischen Romans der deutschen Antifaschisten" (1938) no volume *Probleme des Realismus* (Aufbau-Verlag, Berlin, 1955, p.184--210), Esse texto não foi mais reproduzido por Lukács no volume *Essays über Realismus*, da série das *Obras*, em dezessete volumes, das edições

assim, é preciso observar que, ainda nesse caso, as objeções de Lukács não obedeciam a motivações puramente "ideológicas" (num sentido imediatamente político), mas, ao mesmo tempo, inspiravam-se em exigências estéticas e ideológicas. Pode-se ver que o crítico estava muito pouco contaminado pelo "ideologismo" com a afirmação reiterada de que um *tory* moderado como Walter Scott testemunhava em seus romances uma intuição maior da vida popular do que um *democrata revolucionário* militante como Heinrich Mann. Lukács se mostra constantemente interessado pela "forma interna" da obra, por sua configuração estética profunda, e julga-a sempre no nível de sua imanência literária. A presença, na composição dos romances históricos, da perspectiva comandada pelos valores morais populares lhe parece indispensável, como a única capaz de conferir-lhe as dimensões estéticas da *densidade* e da *profundidade*. Ele sonhava mesmo com a ressurreição do antigo *epos* mediante a acentuação de uma tal perspectiva. Entretanto, será preciso que, em seu prefácio de 1954, sua perspectiva histórica de 1936-1937 se mostre maculada por um otimismo excessivo. (A resistência ao nazismo, na Alemanha hitlerista, esteve longe de atingir a amplidão que desejava; quanto à guerra civil espanhola, terminou com a derrota dos revolucionários.) É, aliás, sintomático, pelo excesso de otimismo histórico do teórico Lukács, que a tão sonhada ressurreição do romance histórico, em forma de epopeia, não se tenha mais produzido. Com efeito, o período posterior à Segunda Guerra Mundial – principalmente as duas últimas décadas – não conhecera, pelo menos no Ocidente, realizações notáveis do gênero do romance histórico (com exceção da *Semana Santa*, de Aragon, ou de certos textos de Zoé Oldenbourg).

O valor de *O romance histórico* é, antes de tudo, *teórico*. Inaugurava um novo tipo de leitura e de interpretação das obras literárias, de um modo sistemático. A inflexibilidade doutrinária dessa obra de pioneiro e os erros, ou limites, de perspectiva histórica são, sem dúvida, passíveis de crítica ou de retificação. A estrutura fundamental da obra permanece, no entanto, válida:

Luchterhand. (O quarto volume das *Obras* apareceu em 1971 com um posfácio do autor, datado de março de 1970.)

os pontos de vista da estética marxista do autor eram, pela primeira vez, experimentados, por meio de cortes, em algumas das grandes literaturas europeias. A *Estética*, tendo mais amplitude e trazendo novos esclarecimentos, faz que os novos desenvolvimentos da literatura contribuam igualmente para o suporte teórico do pensamento de Lukács. *O romance histórico* tem o mérito de, com ele, ter sido escrita uma nova página da história e da crítica literária das últimas décadas.

6. A GRANDE ESTÉTICA MARXISTA
GEORG LUKÁCS E OS PROBLEMAS
FILOSÓFICOS DA ESTÉTICA

O sistema marxista de estética de Georg Lukács, contido nos dois grandes volumes impressos em 1963 pela editora Luchterhand, da Alemanha Federal, pode ser considerado a obra mais *completa* do pensador. Sua significação vai muito além do estreito domínio das teses que trataram da natureza da arte. A importante evolução filosófica de Lukács, desde sua célebre obra *História e consciência de classe* até a fase, última e definitiva, de seu pensamento da maturidade, encontra sua expressão mais fiel na *Estética*. Sem dúvida, o grosso manuscrito da *Ontologia*, destinada a ser uma obra póstuma, é de natureza a lançar novas luzes, do mais alto interesse, na última fase da evolução filosófica de Lukács. Mas a *Estética* permanece o monumento mais expressivo dos textos publicados durante sua vida.

Por diversas vezes, Lukács destacou que a gênese da *Estética* está estreitamente ligada ao estabelecimento definitivo de sua concepção filosófica quanto à relação sujeito-objeto. De fato, o sistema estético final está de tal forma impregnado de postulados retirados do campo da "ontologia do ser social" e da antropologia filosófica, que podemos afirmar que toda discussão da estética de Lukács está necessariamente fadada a voltar ao debate sobre uma fenomenologia do espírito em seu conjunto. O teórico estava convencido de que só a apropriação e o domínio de uma concepção bem mais leve e flexível que trata da gênese das formas da consciência – concepção fundamentada na interação sujeito-objeto, portanto nitidamente mais dialética e, consequentemente, realmente *objetiva* do que aquela impregnada de hegelianismo na época de *História e consciência de classe* – permitiu a elaboração de sua *Estética* final. Com essas indicações em mente, parece-nos possível adotar a única perspectiva adequada para a análise da *Estética*, a única que permitiria, aliás, projetar uma luz nova sobre as múltiplas controvérsias em torno do "caso Lukács".

Objeções e polêmicas

É certo que a maior parte das objeções e críticas feitas a seus textos e seu método de interpretação dos fenômenos espirituais se referem, em última instância, explícita ou implicitamente, à concepção que trata das relações entre subjetividade e objetividade. Mesmo quando parecem não ultrapassar os limites da controvérsia estritamente estética (como no caso de Brecht), é ainda nesse capítulo das grandes orientações filosóficas que convém buscar a mola profunda da querela. Em suas últimas grandes obras, a *Estética* e a *Ontologia do ser social*, Lukács revelou os alicerces mais profundos de sua concepção final quanto às formas do espírito, em geral, e da arte, em particular. Mas, de fato – e isso é fácil de verificar –, nenhum de seus contraditores se deu ao trabalho, até o momento,* de discutir os temas contidos nessas últimas grandes obras de síntese; em suma, teria sido lógico não buscar em outros lugares a não ser nas pressuposições e articulações de seu próprio sistema de pensamento a origem de toda insuficiência ou falha em seu método de interpretação dos fenômenos espirituais (estando, então, aí compreendida a literatura), método que as pessoas não deixaram de contestar.

Ernst Bloch, por exemplo, em um de seus trabalhos recentes, imputava a Lukács uma relativa cegueira a respeito do substrato "de natureza utópica" de toda obra de arte verdadeira. Lukács teria permanecido prisioneiro de uma relação de aderência estreita demais entre o condicionamento econômico-social e a

---

* Escrito em 1972. (N.E.F.)

estrutura da obra de arte, insensível à emergência de sua dimensão utópica. Ernst Bloch escrevia:

> *Auch das Amalgam aus guter ökonomischer Analyse, die die Schuppen von den Augen fallen lässt, und aus soziologisch schematischen Scheuklappen zugleich, die die Schuppen andersherum ersetzen, dies Amalgam selbst noch bei Lukács, Literaturtheorie, verdeckt nur die utopische Perspektive jeder grossen Kunst.*[1]

A crítica de Ernst Bloch, provavelmente inspirada na leitura de certos ensaios de história literária de Lukács, não leva em conta, evidentemente, o conjunto das precisões que o esteta marxista traz, principalmente na *Estética* final (mas não unicamente), para as mediações complexas que ligam a estrutura de uma obra literária a uma situação sócio-histórica dada. Quanto às acusações de "sociologismo" apresentadas contra o método de Lukács, são relativamente difundidas, e foi preciso esperar que o aparecimento de sua *Estética* provocasse um amplo debate em torno desse problema cardeal. Mesmo um crítico de formação marxista como Hans Mayer, embora admitindo que sua compreensão das relações que ligam as correntes literárias à vida social devia muito a Lukács, não hesitava em criticar-lhe não somente uma visão por demais simplificadora da relação condicionamento sócio-histórico/arte, mas também uma relativa carência no que se refere à decifração das particularidades estritamente estéticas das obras. Hans Mayer assim justificava seu objetivo firme de distanciar-se de Lukács:

> Não me é mais suficiente que Lukács esclareça de fato as relações históricas entre a obra de arte e a situação histórica, desde que se resguarde de aflorar as particularidades (*Einzelheiten*) que constituem precisamente o valor de uma poesia. Experiências históricas se encontram em todos os romances de Goethe; não posso,

---

1 "Quanto à mistura de uma boa análise econômica que faz caírem os argueiros dos olhos com um esquematismo sociologizante com antolhos, estes suprindo aqueles, uma tal mistura é feita apenas para mascarar, mesmo na teoria da literatura de Lukács, a perspectiva utópica de toda grande arte" (*Tübinger Einleitung in die Philosophie*, Suhrkamp Verlag, 1970, p.107).

entretanto, contentar-me em interpretar o *Werther* do mesmo modo que *As afinidades eletivas*.[2]

O autor de tais afirmações, aparentemente, não achou adequado controlar sua consistência real confrontando-as com a obra de síntese teórica de Lukács, única capaz de validar uma argumentação tanto num sentido como no outro. Precisemos que Hans Mayer escreveu isso em 1963, isto é, numa época em que era moda, na Alemanha Federal, criticar Lukács.

Muito mais interessantes aparecem – não somente por seu vigor polêmico, mas sobretudo pela força de esclarecimento que valoriza suas implicações filosóficas – as objeções que Sartre apresenta na introdução da *Crítica da razão dialética*; consideradas de modo muito abstrato, não parecem diferir das objeções expostas acima, mas seus móveis e articulações filosóficas são bem diferentes. Em *Questões de método*,* Sartre tenta provar, por diversas vezes, que Lukács teria sacrificado as mediações complexas que ligam a estrutura de certos fenômenos espirituais a seu substrato sócio-histórico. Os exemplos utilizados buscam comprovar que Lukács teria construído cenários ideológicos arbitrários para explicar a gênese diferente do existencialismo alemão e francês ou o "culto da interioridade" durante o período anterior à Primeira Guerra Mundial, sem levar em conta a multiplicidade dos determinantes concretos no encadeamento real dos fenômenos. Não podemos deixar de ser muito sensíveis à crítica de Sartre. Ainda que este não vise a esfera específica do fato estético, mas o domínio geral das ideologias e de sua interpretação, é evidente que, se há simplificação excessiva ou forçada das relações entre o espiritual e o material, como quer Sartre, devia estar na teoria geral da gênese das formas do espírito exposta por Lukács na *Estética* e na *Ontologia do ser social*. Em outros termos, se Lukács era efetivamente culpado de "conceitualizações *a priori*", de "*universalizações abstratas*", de uma espécie de cripto-hegelianismo por "fetichização" de abstrações, se estava inclinado a simplificar a relação de

---

2 MAYER, Hans. *Kritiker unserer Zeit, Texte und Dokumente herausgegeben von Hans Mayer*. *Band* II. Günther Neske, 1967, p.71.

* Edição brasileira das duas obra de Sartre: Rio de Janeiro: DPA, 2002. (N.E.)

certos fenômenos de consciência com o conjunto das condições sócio-históricas dadas, a Fenomenologia do Espírito, contida na *Estética*, devia manifestar tais desvios ou deficiências. Lembremos ligeiramente, a título de curiosidade, que pouco tempo antes da publicação de *Questões de método* Sartre reconhecia o mérito de Lukács ser "o único que, na Europa, tenta explicar, por suas causas, os movimentos de pensamento contemporâneos", ao mesmo tempo em que exprime o pesar de que seu último livro (*A destruição da razão*) não estivesse ainda traduzido em francês.[3] A teoria geral da subjetividade estética, de sua gênese e de sua estrutura, como Lukács a desenvolve na *Estética*, leva de fato constantemente, por seu dinamismo, a uma teoria geral da gênese de todas as formas do espírito; constituirá, então, uma pedra de toque ideal para apreciar o grau de elegância e de adequação da teoria lukácsiana às ideologias. A osmose entre os diferentes níveis, já, muitas vezes, observada em Benedetto Croce, permitirá que encontremos na *Estética* igualmente as respostas às graves interrogações de Sartre sobre o método de Lukács. O paradoxo é, como veremos, que os dois pensadores estavam de fato fundamentalmente de acordo para criticar a dogmatização e a vulgarização do marxismo; os dois estavam também preocupados em restaurar o sentido original do pensamento marxista, apesar dos métodos de abordagem dos problemas sensivelmente diferentes. (Nos Prolegômenos à *Ontologia do ser social*, uma crítica do texto de Engels referente a Napoleão e ao papel do indivíduo na história apresenta muitas analogias com a que Sartre faz na *Crítica da razão dialética*.)

As acusações de sociologismo ou de hegelianismo adulterado não são as únicas feitas contra os textos e o método de Lukács. Quando quebrava lanças a favor da vanguarda e de seus princípios estéticos, sendo contra a concepção do realismo professado por Lukács, Theodor W. Adorno pensava que descobrira uma contradição flagrante entre o conceito de "imanência do sentido" (*Immanenz des Sinnes*) que o jovem Lukács formula na *Teoria do romance* e as noções de *mimesis* ou de "perspectiva" utilizadas para seus julgamentos literários pelo último Lukács. Uma

---

3 Cf. "Le reformisme et les fétiches". *Temps Modernes*, fev. 1956. Republicado em *Situations* VII.

das conclusões teóricas de Adorno – e ela nos interessa principalmente como prelúdio para a leitura da *Estética* – procurava explicar os anátemas de Lukács contra as obras de vanguarda por uma certa resistência às transformações específicas que sofre a matéria de uma obra de arte por sua forma e por sua técnica, pela ignorância da função *crítica* que exerce a "lei da forma" sobre a matéria. A controvérsia que opõe Adorno a Lukács girava em torno da específica mediação artística da matéria social. Adorno estava persuadido de que, levando aos limites extremos, até a exasperação, o sentimento de solidão e de impotência que dá um mundo impenetrável e não assimilável,[4] as obras de vanguarda artística (as de Beckett principalmente) comportavam, por isso mesmo, uma crítica e uma acusação da negatividade da condição humana. Lukács via aí, ao contrário, a aceitação *não crítica* do imediatismo de uma situação histórica negativa, a sublimação estilizada desse imediatismo. No momento, o que nos interessa é o aspecto estritamente teórico da controvérsia. Adorno acusava Lukács de negligenciar a função mediadora específica da subjetividade estética, a metamorfose *sui generis* que sofre a matéria empírica no processo de criação artística. O pensador húngaro teria identificado, muito sumariamente, o conteúdo substancial da obra de arte à empiria, ou ainda, como Adorno o declara, sem rodeios, em seu artigo "Erpresste Versöhnung" (1958): "Lukács simplifica a unidade dialética entre arte e ciência até reduzi-las a uma pura identidade, um pouco como se as obras de arte fossem a antecipação visionária de descobertas futuras na ordem das ciências sociais".[5] Acusar de confundir a lógica do pensamento científico com a da imaginação artística é grave. Ora, o sistema estético de Lukács é amplamente consagrado a estabelecer, de modo constante, a distinção entre os dois tipos de atividade espiritual. Levando-se em conta as advertências de Adorno, esforçamo-nos por verificar se, efetivamente, Lukács sacrifica a autonomia da arte à sua heteronomia, se realmente sua teoria da subjetividade estética faz qualquer conces-

---

4 *Ubermächtige und unassimilierbare Dingwelt*, atributo da civilização moderna reificada.

5 ADORNO, T. W. *Noten zur Literatur*, II. Frankfurt am Main: Suhrkamp, p.168.

são a preocupações extraestéticas. A leitura da *Estética* de Lukács não teria deixado de revelar a Adorno a importância considerável que o pensador marxista dava à mutação da matéria empírica no curso do processo da atividade estética, como nos processos complexos que levam à constituição do universo autônomo da obra de arte. Contudo, a autoconstituição da subjetividade estética implica, em Lukács, uma outra concepção das relações entre subjetividade e objetividade, uma outra representação do equilíbrio entre os dois polos, bem diferente da concepção cultivada pelo autor da *Dialética negativa*.

Uma análise adequada da *Estética* deve, enfim, afrontar muitas outras suspeitas e críticas que pesam sobre a obra do crítico literário e do esteta Lukács. Desde o aparecimento de seu primeiro livro realmente importante e original, *A alma e as formas* (1911), no qual a dialética da alma e da forma culminava com a apologia do poder criador da forma, Ernst Bloch, seu amigo de juventude, tachou de "neoclassicismo" os pontos de vista lukácsianos.[6] A continuidade entre as ideias da juventude sobre o *poder da forma*, diretamente influenciadas pelos textos do historiador de arte Leo Popper, e a estética da maturidade é uma realidade. Ninguém pensará em negar o caráter partidário das opções estéticas lukácsianas; pode-se indagar se essas opções justificam uma qualificação tão violentamente unilateral e, de uma certa maneira, comprometedora quanto a de "neoclassicismo", e, sobretudo, se tal espírito partidário não afeta negativamente o rigor e a objetividade das demonstrações estritamente teóricas quanto à origem e à estrutura do fenômeno estético. Mais precisamente, não predetermina um gosto estético limitado a uma área circunscrita e relativa ao desenvolvimento da arte um sistema de deduções teóricas que, por sua natureza, deveria apresen-

---

6 Cf. BLOCH, Ernst. *Geist der Utopie*, 1964, p.146. Para dizer a verdade, na primeira edição de *Geist der Utopie*, de 1918, Bloch não empregava ainda a expressão "neoclassicismo" a propósito de Lukács, mesmo se sua reserva em relação a *A alma e as formas* caminhe nesse sentido (ver p.178-9). Ele só introduziu essa fórmula ulteriormente, depois da polêmica em torno do expressionismo, conservando inteiramente o sentido de seu discurso inicial e sua posição crítica quanto ao culto da forma presente em Lukács.

tar um caráter "impessoal" e envolver, de acordo com seu projeto e suas ambições, a esfera do conjunto das artes? Lembremos
que, desde o aparecimento de O particular como categoria da estética, em sua versão italiana intitulada Prolegomeni a un'estetica
marxista (Roma, 1957),* o anúncio que Lukács fazia aí da divisão
metodológica de seu tratado estético entre uma parte dominada
pelo ponto de vista do materialismo dialético (posteriormente
devia compreender as duas primeiras partes da trilogia projetada)
e uma outra essencialmente sob o domínio do materialismo
histórico ("A arte como fenômeno sócio-histórico") se chocou
com sérias reservas ao problema supramencionado. Bernard
Teyssèdre foi o primeiro a protestar contra a ideia de tal divisão,
inicialmente em um estudo das Novas cartas dedicado à estética
de Lukács (escrito depois do lançamento dos Prolegômenos, mas
antes do lançamento da grande Estética), e, em seguida, num
texto, "La Réflexion sur l'Art après la déroute des systèmes es-
thétiques", publicado, em primeira posição, na obra coletiva Les
sciences humaines et l'oeuvre d'art.[7] "É possível, de imediato, du-
vidar se uma tal dissociação é lícita: tratar a arte 'dialeticamen-
te', sem relação com sua história, não é considerá-la uma 'essência' intemporal, proibir delimitar a validade de seus conceitos
e, consequentemente, fundamentar seu uso?" (p.34). Diante da
evidência do contexto, conclui-se que B. Teyssèdre escreveu
essas linhas sem considerar, na obra última de Lukács, Die Eigenart des Aesthetischen, as precisões importantes, contidas em seu
prefácio, quanto à indissociabilidade das duas perspectivas:
materialista dialética e materialista histórica. Mas, principalmente, é preciso lembrar que Bernard Teyssèdre coloca em dúvida a própria legitimidade da tentativa de Lukács de formular
um conceito unitário a respeito da essência do fato estético e da
arte, que estabelece uma antinomia significativa entre a historicidade consubstancial à arte e à ideia de "sistema estético":

---

* Edição brasileira: Introdução a uma estética marxista. Tradução de Carlos
   Nelson Coutinho e Leandro Konder. Rio de Janeiro: Civilização Brasileira, 1978. (N.E.)
7 Bruxelles: La Connaissance, 1969.

De fato, a possibilidade de um "sistema estético" é excluída, ao mesmo tempo pelo modo de existência da arte, que é histórica; pelo método dialético, que proíbe nunca levar ao absoluto um componente engajado na evolução e na interação do todo; enfim, pela crítica semântica, que dá à palavra uma área de validade delimitada. (ibidem, p.44)

Movido pelo ceticismo, o esteta francês levava sua objeção para um plano puramente teórico, e seria impensável englobar a infinita riqueza das formas de arte em um conceito único. Lukács, fiel às grandes tradições da estética clássica, tinha tomado por hipótese de partida a possibilidade de tal operação.

A suspeita de dogmatismo ou criptodogmatismo que pesa sobre seu procedimento teórico tomava, todavia, uma forma bem mais virulenta nas numerosas notas manuscritas que Bertolt Brecht consagrou, entre 1938 e 1940, às teses de Lukács sobre o realismo. A animosidade de Brecht tomava igualmente por alvo a pretensa cegueira de Lukács à historicidade própria das formas da arte. Brecht, visivelmente, então no que se chamava o "segundo período" – médio – de sua obra, estava excluído pelos critérios lukácsianos do realismo. Bertolt Brecht, cujas obras dramáticas daquele período eram recusadas pelo crítico Lukács, não se considerava menos realista do que os ilustres predecessores frequentemente invocados nos estudos lukácsianos, Balzac ou Tolstoi. O problema que nos colocam os textos de Brecht é saber se a concepção lukácsiana do realismo, identificado com a arte verdadeira de todos os lugares e de sempre, possui realmente a *universalidade* que lhe atribuem o crítico e o esteta, ou ainda se não seria a simples expressão de escolhas particulares e, portanto, suscetível de ser corrigida ou invalidada por uma experiência artística tão importante quanto a de um dramaturgo revolucionário como Bertolt Brecht. Devemos levar em conta a impressão, abertamente declarada por Brecht, de que os ensaios de Lukács, a despeito de seu indiscutível valor instrutivo, teriam um ar um pouco "estranho à realidade" (*wirklichkeitsfremd*) e, sobretudo, o sentimento do escritor relativo ao "momento utópico e idealista" da posição luckácsiana. Assim, Brecht escrevia, em conclusão de seu texto intitulado *Die Essays von Georg Lukács*: "*Es gehe ihm um den Genuss allein, nicht um den Kampf, um den*

Ausweg, nicht um den Vormarsch".[8] Eis, então, o esteta marxista Georg Lukács acusado de estar mais próximo da tese do "prazer desinteressado", de Kant, do que da tese dos imperativos da arte revolucionária! É a acusação de "neoclassicismo", expressa por Ernst Bloch, que encontramos, sob uma outra forma, nas notas de Bertolt Brecht.

As origens da atividade estética
Antropomorfização e desantropomorfização

Os teoremas do sistema de estética de Georg Lukács devem ser relacionados com suas teses finais relativas aos problemas fundamentais da filosofia: causalidade-teleologia, necessidade--liberdade, realidade-valor. A tese cardeal que estabelece uma proporcionalidade direta entre a profundidade da subjetividade e a de seu enraizamento no mundo objetivo encontra sua justificação na análise das formas mais elementares da relação sujeito-objeto. Lukács apresentou, constantemente, em suas grandes obras teóricas finais (e sobretudo no capítulo do "Trabalho" de sua *Ontologia*), esta verdade: cada manifestação da subjetividade humana se encontra condicionada, de múltiplas formas, por suas relações concretas com a realidade objetiva; não é, simplesmente, o objetivo de uma atividade humana, por mais elementar que essa atividade seja, a qual é criada pelos problemas surgidos no curso do processo de produção e reprodução da existência; sua própria realização, porém, não é possível senão a partir da observação cuidadosa das propriedades causais objetivas. Por suas atividades teleológicas, o homem interrompe as séries causais objetivamente determinadas; introduz no determinismo natural uma ordem nova; submete o movimento da matéria a suas intenções; mas, para materializar realmente suas intenções, deve sempre apoiar-se no conhecimento adequado dos objetos que entram em seu campo de ação. Parece-nos, contudo, que Lukács acentua, de modo muito mais enérgico e mais insistente, a resistên-

---

8 "É o gozo que lhe importa, não a luta, a chegada, não a marcha para a frente" (Bertolt Brecht, *Gesammelte Werke*, Bd. 19, Suhrkamp, p.298).

cia oposta pela densidade e pela opacidade do real às iniciativas e às finalidades humanas do que o faz para a gênese e a emergência dessas finalidades e iniciativas. A lógica do *reflexo* na atividade de trabalho está mais no centro de sua atenção do que na lógica da *invenção* e das atividades criativas.

Fica, no entanto, bem estabelecido que no processo de trabalho cria-se, pela primeira vez, uma verdadeira relação sujeito-objeto: não somente um objeto em face do sujeito, mas também um sujeito autônomo diante do objeto. A autoconstituição da subjetividade, o desenvolvimento progressivo das aptidões e capacidades humanas estão em relação de concrescência com os atos de manipulação e de dominação da realidade objetiva. Poder-se-ia dizer que cada uma das propriedades da subjetividade está marcada pela continuidade dos atos práticos que lhe deram origem. A lembrança de tais verdades elementares era necessária, já que a subjetividade estética não representa senão um caso-limite da relação sujeito-objeto, uma forma evoluída e especificamente modificada da relação primária sujeito-objeto. O conceito do "reflexo" da realidade na arte em Lukács é nitidamente distinto do conceito da "imitação" (*Widerspiegelung* e *Nachahmung*). A particularidade de sua iniciativa teórica reside no fato de que procura, nas formas "superiores" da vida espiritual (entre as quais a atividade estética), a expressão dos determinantes fundamentais da relação sujeito-objeto. Como a finalidade da atividade estética é a "autocontemplação da subjetividade" (*die Selbstbetrachtung der Subjektivität*) e a subjetividade sofre, na totalidade de seus traços, a impregnação dos múltiplos contatos com a realidade objetiva, a dupla particularidade do reflexo estético, descrito por Lukács, é bem compreensível: o conhecimento de si supõe inevitavelmente o conhecimento dos acontecimentos objetivos que contribuíram para forjar a personalidade; e a *mimesis* estética implica a presença da realidade objetiva e do automovimento da subjetividade para uma indestrutível unidade.

Poder-se-ia dizer que o método da *Estética* de Lukács nasceu de uma reação de princípio ao método utilizado por Kant em suas *Críticas*. Longe de interessar-se pelo que torna possíveis os julgamentos *sintéticos a priori* ou os julgamentos *de gosto a priori* (universais), de considerar, portanto, as atividades teóricas ou estéticas como faculdades apriorísticas do espírito humano,

Lukács desejará saber em que estágio da evolução histórica surgiram e a que funções as atividades científica e estética respondem na economia das relações sujeito-objeto. À análise das faculdades (*Vermögen*) de Kant, à divisão do espírito em atividades cognitiva, prática e estética, Lukács oporá um método genético-ontológico em que a estrutura de cada tipo de atividade espiritual encontra sua explicação em sua própria gênese. Estrutura e gênese, *Geltung* e *Genesis*, estão, para ele, indissoluvelmente ligadas. Seu modelo, secreto ou confesso, seria, até certo ponto, a *Fenomenologia do Espírito* de Hegel, mas interpretada à luz da ontologia materialista de Marx.

Finalmente, nenhum esteta moderno deu tanta atenção às origens da atividade estética do espírito como único meio válido para sua decifração. As faculdades de criação artística e de prazer estético não são, para ele, qualidades constitutivas, inatas, do espírito – Lukács não deixará de repeti-lo –, mas aptidões nascidas numa certa etapa do desenvolvimento histórico. Paradoxo aparente, nenhuma das grandes conquistas da estética kantiana, às quais a estética da juventude de Lukács era devedora, será, no fundo, renegada; apenas a estrutura do fato estético será reconstituída de uma maneira exatamente oposta ao método transcendental: não compara faculdades pretensamente autônomas, mas analisa, de modo genético, como o fato estético se diferencia progressivamente da multiplicidade das atividades espirituais originais. Sem dúvida, tal método não está isento de grandes dificuldades. Por mais rica que seja a matéria fornecida pela arqueologia e pela etnografia no que se refere às formas da arte primitiva, subsistem lacunas muito importantes, e o tempo é um fator por demais irreversível para tornar possível uma reconstituição histórica exata da gênese da arte. A essa dificuldade de ordem histórica vem juntar-se uma outra, de caráter teórico, talvez mais importante: a ausência de material histórico suficiente não oferece um risco de levar a extrapolar para as formas primitivas da arte um conceito retirado de suas formas incomparavelmente mais evoluídas? Não haveria razões para farejar um procedimento superfetatório que ofereceria o risco de comprometer toda a análise teórica do gênero da análise de Lukács: se, para analisar a gênese da arte, apelamos forçosamente para um conceito deduzido de suas formas superiores, quando realmente chegou ao estágio da autonomia, de que vale continuar a gastar tanta energia para a pesquisa das origens, se a função heurística de nosso conceito de arte não depende, de fato, senão da experiência de suas formas históricas desenvolvidas? Mas não é esse o ponto de vista de Lukács. Apesar da realidade das lacunas de nossos conhecimentos históricos quanto ao *devir* da humanidade em suas origens, elas não são consideráveis o bastante para impedir a reconstituição, em grandes linhas, das etapas decisivas da evolução do espírito. Além disso, longe de negar que utiliza, para desengajar a arte do sincretismo original, um conceito inferido de suas formas evoluídas, o esteta invocará, para legitimar seu próprio procedimento teórico, a célebre tese de Marx contida na introdução aos *Fundamentos da crítica da economia política*: "A anatomia do homem dá a chave da anatomia do macaco".

Nessa questão, a posição de Georg Lukács é inteiramente oposta à de Benedetto Croce. Não somente o esteta marxista não considera com condescendência os resultados da antropologia e da etnografia, mas também exprime sua convicção de que a teoria do conhecimento, em geral, e a estética, em particular, não podem estar realmente fundamentadas sem que esses resultados sejam considerados. Em sua *Estética*, Croce adota o ponto de vista do idealismo filosófico: como a intuição, no sentido que Croce dá a essa palavra, sinônimo de atividade estética (de *expressão*), é a forma constitutiva, inerente, do espírito, toda investigação sobre as origens históricas da arte é considerada vã e supérflua. Assim Croce se exprimia, sem ambiguidade alguma, em sua *Estética*:

> Se a expressão é a primeira forma da consciência, se é a passagem pela qual o animal se transforma em homem, se é a epigênese humana, como procurar a origem histórica daquilo que não é um *produto da natureza,* mas um *postulado* da história humana? Como poderia demonstrar-se a gênese daquilo que é uma categoria, graças à qual nós concebemos toda gênese e todo fato histórico?[9]

---

9 Tradução de Henry Bigot, 1904, p.128.

202   NICOLAS TERTULIAN

A tese do apriorismo das categorias do espírito estava, em seguida, exposta de modo ainda mais direto:

> Entre o fato estético e uma instituição humana, como o casamento monogâmico ou como o feudo, existe uma diferença comparável com a dos corpos simples e compostos em química: do corpo simples não se pode indicar a formação, senão não seria simples, e, quando é descoberta, essa formação deixa de ser um corpo simples e passa para o grupo dos compostos.[10]

Lukács jamais se refere a Croce, mas sua atitude exprime nitidamente a vontade de construir todo o seu edifício sobre concepções situadas nos antípodas do ponto de vista reproduzido acima. É interessante notar que mesmo um esteta como T. W. Adorno, cuja formação espiritual, no entanto, se opõe às teorias de Croce, manifesta igualmente seu ceticismo, ainda que diferentemente motivado, a propósito da ideia de inferir a essência da arte do estudo de suas origens. O apêndice teórico intitulado "Teorias das origens da arte", colocado no final da obra póstuma de Adorno *Aesthetische theorie*, começa com uma afirmação categórica: "As tentativas que visam fundamentar a estética a partir da origem da arte como sua essência são necessariamente decepcionantes".[11]

A ambição fundamental de Lukács é poder demonstrar que a atividade estética do homem foi precedida, geneticamente, de todo um *devir*, que existe uma "pré-história" de seu aparecimento e uma estratificação progressiva de suas qualidades constitutivas. Sua tarefa descritiva parece com uma verdadeira arqueologia do sentimento estético. Lukács não pensa nunca em dissimular que, entregando-se à análise das origens da atividade estética, tem constantemente em vista o termo *ad quem* de seu desenvolvimento, isto é, a arte em suas formas evoluídas, cristalizadas de maneira autônoma. Mas, como Marx, partindo da análise da forma da sociedade capitalista, a mais desenvolvida de seu tempo, e

---

10 Ibidem.

11 ADORNO, Theodor. *Autour de la Théorie Esthétique, Paralipomena, Introduction première*. Traduit par Marc Jimenez et Eliane Kaufholz. Paris: Klincksieck, 1976, p.97.

do estudo de suas categorias, tinha reconstituído sua formação e sua evolução nos sistemas sociais anteriores (evitando, assim, as assimilações simplistas e as identificações anacrônicas), Lukács estima poder reconstituir a gênese da atividade artística a partir do plasma indiferenciado da vida primitiva, estudando as articulações sucessivas dos diversos tipos de atividade espiritual, calculando sua evolução ulterior e suas formas que chegaram à maturidade. Tal método genético-ontológico apresenta, efetivamente, vantagens enormes em relação aos métodos clássicos da teoria do conhecimento. Lukács observa rigorosamente o princípio segundo o qual existe uma correlação necessária entre a estrutura e a função, entre as propriedades de uma atividade espiritual e o seu aparecimento numa certa etapa da evolução histórica. Isso lhe permite tratar, seguindo um método contrapontista e sinfônico, a articulação da arte como uma forma autônoma do sincretismo com as outras formas espirituais. As propriedades constitutivas da arte e do fato estético apresentam, numa tal perspectiva vertical, um relevo e uma profundidade bem diferentes; adquirem um coeficiente de *necessidade* que as análises estritamente epistemológicas do idealismo filosófico estavam longe de poder assegurar-lhes.

O método contrapontista, genético-sistemático, desenvolvido por Lukács tem como efeito resultados reveladores. Sem dúvida, apesar da amplitude de suas análises, não se propõe, de modo algum, uma reconstituição *histórica* das origens da arte. Não procura utilizar o material histórico senão para recortar, em seu tecido, uma série de variações qualitativas: os momentos cruciais, as mutações decisivas, as clivagens no *devir* das formas do espírito. Com uma base estritamente histórica, a finalidade das análises é *categorial*. A mudança de perspectiva em relação ao kantismo (e em relação a toda forma de idealismo filosófico, incluída aí a *"filosofia dello spirito"* de Croce) é obtida considerando-se cada categoria espiritual como a expressão de um patamar historicamente determinado da relação sujeito-objeto. A finalidade de sua ofensiva filosófica é, então, refutar a tese, de origem kantiana, fazendo da "produtividade do espírito" ou da "espontaneidade do sujeito" o terreno das categorias. Seus projetos filosóficos eram enormes. Tinha concebido a exposição de seu sistema estético sob a forma de trilogia cuja primeira parte (a única concluída, composta de dois volumes com quase 1.800 páginas) estava consagrada a uma análise exclusivamente categorial que se propunha fixar, em grandes linhas, o lugar geométrico da atividade estética entre os outros gêneros de atividade espiritual. Uma segunda parte devia conter uma análise concreta da estrutura da obra de arte, de qualquer forma sua morfologia e sua sintaxe;[12] e apenas na terceira parte ele se propunha a analisar a arte como fenômeno sócio-histórico, os fatores que determinam suas modificações de forma e de estilo etc. Mas Lukács não esquece jamais de sublinhar que nenhuma análise categorial é possível sem um sólido substrato histórico: os pontos de vista categorial sistemático e histórico devem interpenetrar-se constantemente.

Para começar, Lukács se dedica a estabelecer como toda uma série de traços, que, nas produções da atividade estética, aparecem amplificados, atacados, algumas vezes invertidos, podem encontrar-se em estado germinativo, fundidos em um magma indiferenciado, na vida e no pensamento cotidianos. O prático (pragmatismo) é uma das características decisivas da vida e do pensamento cotidianos. A observação elementar de que as produções da atividade estética implicam necessariamente a interrupção da ligação com o prático permite ao esteta medir o enorme caminho percorrido pela humanidade para chegar ao estágio da atividade artística autônoma. Lukács reconstitui, por um mergulho nas profundezas da história, as etapas sucessivas da formação da consciência humana. É pelo *trabalho*, a forma primordial e essencial do contato do homem com o mundo, que têm origem as formas do pensamento cotidiano. Suas representações são caracterizadas por uma mistura contraditória de rigidez apodíctica e incerteza consubstancial (*Verschwommenheit*). O imediatismo do contato com o mundo dá origem ao caráter materialista espontâneo das representações cotidianas, mas a impossibilidade de perceber as relações mais obscuras e mais profundas entre as coisas faz que, nas origens, o culto das transcendências, nas for-

---

12 Não podemos imaginar o que poderia ser essa segunda parte, muitas vezes evocada no curso da primeira, a não ser à luz das análises contidas na estética da juventude, cujos capítulos agrupados com o título de *Philosophie der Kunst* tratam dos diferentes componentes da obra de arte.

mas de pensamento mágico e religioso, venha sobrepor-se a esse materialismo espontâneo. O agrupamento específico de materialismo espontâneo e de apelo às transcendências caracteriza o pensamento cotidiano primitivo. Toda representação mais "complicada" dos fenômenos se vê, instantaneamente, converter nos termos da atividade prática; o imediatismo da relação entre a teoria e a prática é onipresente. É o que explica o aparecimento precoce da analogia como forma típica do pensamento primitivo. Uma das observações interessantes de Lukács é que certas categorias do pensamento cotidiano pertencentes à fase primitiva serão dissolvidas e suprimidas pelas formas mais evoluídas do pensamento, de tipo científico, mas serão conservadas nas formas que refletem artisticamente o mundo. O pensamento que recorre à causalidade científica aniquilará as formas analógicas de interpretação dos fenômenos, mas a analogia conservará um papel na *mimesis* artística. (Encontraremos uma situação semelhante no caso da categoria da *inerência*.) Revelar-se-á como uma forma própria para figurar a presença do sujeito no mundo, como o objeto central da atividade estética.

O momento crucial da ontogênese do espírito é, todavia, aquele em que as formas do pensamento cotidiano, com sua mistura específica de rigidez e maleabilidade, com seu empirismo consubstancial, não estão mais aptas para enfrentar os imperativos práticos da existência, em que o domínio da realidade reclama a utilização de generalizações mais complexas, a ampliação dos conhecimentos adquiridos até sua autonomização em um sistema homogêneo: é o momento do aparecimento da *ciência*. Sua exigência de submissão total ao objeto, a intenção de refletir, de modo tão adequado quanto possível, as propriedades e relações dos fenômenos, a purificação dos conhecimentos de todo traço de subjetividade (tendências que os cuidados da prática engendram constantemente) conferem à ciência o caráter de reflexo *desantropomorfizante* do mundo.

Lukács, porém, descobre nas profundezas da ontogênese do espírito um segundo processo, simétrico ao primeiro, ainda que situado num nível diferente: os acontecimentos da história humana têm, constantemente, bases subjetivas; existe no homem, desde as origens, uma irreprimível tendência a restabelecer sua existência no mundo, com suas diversas fases e avatares, para sua própria perturbação ou para seu próprio equilíbrio. Importa seguir atentamente esse último processo, pois em tais formas espontâneas de antropomorfização do mundo descobriremos a célula da atividade estética do espírito. A magia representa uma forma elementar de manipulação e de "dominação" da realidade, no seio da qual os elementos que refletem fielmente o mundo se combinam de forma caótica e perturbam com as interpretações mais fantasmagóricas. A religião é uma forma muito mais evoluída e mais evidente de retroversão do mundo nos termos da subjetividade: o estabelecimento da relação teleológica dos acontecimentos com o estado de depressão ou de exaltação, de insatisfação ou de satisfação do sujeito humano tem a ver necessariamente com um fator transcendente. Um poder cósmico absoluto decide pela divergência ou convergência dos acontecimentos do universo com as aspirações da subjetividade humana. Entre a vida carnal e a vida essencial (divina) há um hiato, simbolizado pela onipresença da transcendência. Lukács observa sutilmente que, na religião, o elo é mantido, de modo imediato, com a vida prática do indivíduo, suas aspirações e seus objetivos pragmáticos, específicos do modo de vida e de pensamento cotidiano; a transcendência exerce sua ação salvadora sobre o indivíduo como pessoa particular, ser de carne, fazendo-lhe promessas de paz e de absolvição. Em tal contexto, a arte representaria uma forma muito especial de antropomorfização da existência. Observemos de início que o esteta não a coloca, de modo algum, na linha filogenética ou ontogenética da ciência, das atividades puramente cognitivas do espírito (as quais teriam, por definição, uma função desantropomorfizante), mas no prolongamento das formas que refletem antropomorficamente o mundo, inauguradas pela magia, pelo animismo, pela religião. É preciso, entretanto, acrescentar a essa observação a informação de que a ciência e a arte são, para ele, verdadeiras formas simétricas, com igual direito, na constelação do espírito.

A originalidade de suas análises e seu mérito essencial residem na estreita conjugação da *estrutura* das diferentes formas de atividade espiritual e de sua *função* na espiral da evolução sócio-histórica. Vimos que sua fenomenologia do espírito se apóia na ideia de uma *ambivalência* de suas funções: o homem não é simplesmente levado pelas necessidades práticas a submeter-se com abnegação às propriedades objetivas dos fenômenos, a depurar suas representações de seus próprios fantasmas, projeções e preconceitos, o que o leva a erigir progressivamente a ciência como reflexo desantropomorfizante; mas experimenta paralelamente a necessidade, também irresistível, de restaurar teleologicamente o mundo para sua própria condição humana, para situar a totalidade dos fenômenos e experiências com relação a seus próprios impulsos e aspirações. Uma análise muito fina permite a Lukács revelar o papel que desempenha a fé no conjunto de atividades do espírito humano, das formas elementares da magia às formas evoluídas da religião, para satisfazer essa necessidade antropomorfizante. Contudo, quando não se encontra mais apelo à transcendência nas representações do mundo destinadas a figurar a perturbação ou o equilíbrio do ser, quando o grau de conformidade do mundo com as aspirações humanas aparece, sob os traços da estrita imanência, como o resultado de uma relação dialética equilibrada entre objetividade e subjetividade, então o reflexo antropomorfizante do mundo atinge o nível da arte. É assim que, filogeneticamente, na visão de Lukács, os rituais mágicos e religiosos precederam o aparecimento da atividade artística propriamente dita. Na vida cotidiana, em que vive, frequentemente, sob o domínio alternado do medo e da esperança, o homem primitivo deve conjurar misteriosos poderes transcendentes para prevenir o fracasso ou para assegurar o sucesso de suas realizações. Geneticamente, o espírito humano percorre sucessivamente as etapas da simples *impressão* ou *opinião* (*Meinen*), da *crença* (*Glauben*), para chegar ao estágio superior da verdadeira *consciência* ou *ciência* (*Wissen*). A sutileza das demonstrações reside no modo de mostrar quão estreitamente se conjugam a tirania das exigências imediatas, estritamente práticas, e a existência da fé de tipo mágico ou religioso. Não é sem razão que Lukács sublinha com tanta insistência o caráter "eminentemente utilitário" (prático) da magia ou o parentesco substancial entre a estrutura prática do pensamento cotidiano e a estrutura da religião. Tanto é assim que, entre os imperativos da vida prática, cotidiana, e o conjunto da vida social, uma zona de opacidade ou de impenetrabilidade serve de anteparo para a consciência, a simples opinião ou, em suas formas mais envolventes, a *crença* são os instrumentos com os quais o homem ajusta o mundo a suas aspirações e a seus desejos. Mas, quando essa opacidade ou impenetrabilidade começa a atenuar-se, quando o homem descobre, na imanência da realidade, as forças que concorrem para a perturbação ou para a paz de seu ser, quando a modelagem fictícia da realidade, destinada a simular a conformidade do mundo com as aspirações humanas, deixa de recorrer à crença salvadora na enigmática transcendência e aparece uma criação habitada pela tensão imanente entre subjetividade e objetividade (o que não exclui a permanência de nostalgias religiosas no plano da *consciência*), pode-se dizer que o espírito humano atingiu o patamar da atividade estética.

Uma das ideias mais interessantes e mais fecundas de Lukács, consequência direta de seu procedimento teórico genético-ontológico, é que a gênese da atividade estética não pode ser relacionada com a existência de uma "intenção artística" original qualquer (o famoso *Kunstwollen* de estetas como Alois Riegl), mas que é o corolário ou o produto muitas vezes involuntário de atividades sincréticas originais antropomórficas. Um simples ornamento ou uma narrativa que evoca a realidade à mais crua luz nascem igualmente da necessidade de exprimir uma emoção diante do mundo, uma relação de conformidade da realidade com as aspirações humanas. Mas, na origem, sua significação era mágica ou religiosa. Lukács concentra seus esforços teóricos na demonstração da multiplicidade e da complexidade das mediações que ligam as formas de atividade do homem à sua atividade estética propriamente dita. Seu mérito é ter revelado a elasticidade e a fluidez das transições entre os diversos gêneros de atividade espiritual nas origens. O fato estético está, então, longe de constituir o produto de uma autogênese. É mais legítimo falar, no caso da atividade estética, de heterogênese.

Em seus desenvolvimentos, visa elucidar uma situação aparentemente paradoxal: ainda que apareça em estreita correlação com as formas práticas de uma suposta tomada do real (magia ou religião), a atividade estética do espírito tem por condição liminar a interrupção de todo elo direto com a prática. O fenômeno é muito mais verificável numa época mais tardia, por exemplo na Antiguidade, em que a autonomização das diversas formas espirituais é muito mais sensível. Um discurso no fórum, uma atividade retórica ou escritural qualquer visam persuadir e estão, portanto, inevitavelmente ligadas a uma finalidade prática. Em oposição, a tragédia alça o acontecimento contingente do sofrimento humano ao nível de um drama da espécie humana e fá-lo atingir o plano da universalidade. A heterogeneidade dos dois planos é evidente mesmo quando a existência de mediações entre eles é verossímil. Lukács destaca, com razão, que um procedimento retórico ou escritural pode conter, em estado latente, em germe, involuntariamente provocados, elementos dotados de um valor puramente estético. A historiografia antiga tinha um caráter mais artístico que científico. Esse gênero de análise, baseado na ideia da existência de uma mistura original indiferenciada de atividades espirituais, ulteriormente submetidas a um processo de autonomização, com numerosas formas sincréticas intermediárias, é igualmente utilizado no caso das origens da arte. Lukács tenta fixar, filogeneticamente, o momento, impossível de ser captado, em nossos dias, como uma relação estritamente histórica, em que os sentimentos expressos em uma produção ou narrativa de caráter mágico ou religioso (medo ou alegria, terror ou triunfo) perdem seu caráter prático-factual, inerente à magia ou à religião, e adquirem, no interior dessa produção ou narrativa, uma espécie de autonomia, que equivale a um estado de imanência: é a significação de uma experiência *puramente humana*, que tem o valor de relativa generalidade. Momento em que a produção ou a narrativa, dança ritual ou mágica recebem, além de sua função original, uma nova função, que surge involuntariamente, a função estética; elas figuram um momento da *consciência de si* humana em uma etapa determinada de sua evolução.

A antropomorfização estética do mundo é, portanto, uma aquisição relativamente tardia da consciência humana. Sem dúvida, para defender tal conclusão, Lukács se baseia, de acordo com seu programa metodológico, na experiência das formas evoluídas e tardias da arte (por exemplo, a existência de transições com caráter de salto qualitativo entre as formas literárias do gênero oratório ou escritural e a narração artística propriamente dita lhe serve de modelo retroativo para reconstituir a passagem da antropomorfização mágica ou religiosa do mundo, de caráter inevitavelmente pragmático, para a antropomorfização estética). Não se pode negar, como já dissemos, que ele parte de um conceito definido da *estrutura* da arte para reconstituir sua *gênese*.

Atividade utilitária e atividade estética
Lukács versus *Kant*

Precisamos assinalar novamente a significação particular e o valor heurístico notável do método genético-ontológico, pela primeira vez amplamente utilizado no domínio estético por Georg Lukács. A volta às origens, com um método filosófico em tudo fiel à antropogênese de Marx e fundamentado no papel decisivo do trabalho no *devir* do homem como homem, persegue um objetivo preciso: derrubar a tese, latente ou explícita, própria a todo idealismo filosófico, que faz da atividade estética (a produção do belo ou o "instinto do belo") uma faculdade apriorística ou um dom inato, de caráter antropológico, do espírito humano. As consequências filosóficas do *desafio* de Lukács para mostrar até que ponto foi laborioso o caminho seguido pela consciência para atingir o estágio da atividade estética autônoma, que foi preciso acumular tantas faculdades na geologia e na paleontologia do espírito para tornar possível uma tal atividade, são, para nós, consequências consideráveis. Basta dizer que as distinções entre o agradável e o estético, ou ainda entre a atividade utilitária e a atividade estética, quando são consideradas ontológica e geneticamente como uma etapa necessária de um longo e complicado percurso histórico, com suas interferências e transições inevitáveis, adquirem uma outra força de evidência, diferente da força que apresentam quando são inferidas como faculdades autônomas do espírito, segundo a concepção apriorística e transcendental de Kant. Além disso, o êxito de tal método é de natureza a reduzir a nada as acusações de hegelianismo ou cripto-hegelianismo dirigidas contra Lukács. Longe de reeditar pura e simplesmente a tentativa hegeliana de colocar a arte, ao lado da religião e da filosofia, entre as formas do "espírito absoluto", como o acusavam, Lukács parte das origens para reconstituir a gênese da atividade estética em suas formas elementares, germinais, estudando, com aplicação e minúcia, sua autonomização progressiva. Seu método genético materialista, por mais que seja devedor da *Fenomenologia do Espírito* de Hegel, se situa nos antípodas do idealismo absoluto de Hegel. (É significativo que certos comentadores, como R. Franchini, adepto de Croce, lhe tenham censurado uma adulteração do hegelianismo por uma volta ao "positivismo" de Engels; poderemos avaliar mais tarde o valor de tal objeção.) Também parece explicável sua animosidade contra todos aqueles que estariam tentados a descobrir, desde as origens da humanidade, um período "estético", pré-lógico, e a idealizar, muitas vezes no espírito do romantismo anticapitalista, o tempo dos começos como uma idade da poesia e da espontaneidade plástica, não alteradas ainda pelo prosaísmo e pelo modo de pensamento lógico-racional. A célebre tese que Hamann defende em *Aesthetica in nuce* será inicialmente o objeto de sua polêmica:

> A poesia é a língua materna da espécie humana; da mesma forma que a jardinagem precede a agricultura; a pintura, a escrita; o canto, a declamação; as parábolas, os silogismos; a troca, o comércio. Um profundo sono era o repouso de nossos ancestrais; e seu modo de mover-se, uma dança desencadeada. Durante sete dias, observavam o silêncio da meditação ou da admiração; e, quando abriam a boca dela saíam palavras aladas.[13]

Lukács não se deixa impressionar pela exaltação mítica das origens que impregna os argumentos de Hamann. Seguro do implacável realismo de sua concepção a respeito da gênese do homem e de suas faculdades espirituais, afirmará: apesar de ser dito que a jardinagem é anterior ao trabalho dos campos, de fato ambos apareceram como formas diferentes de agricultura; os hieróglifos ou a escrita ideográfica nasceram como uma expressão figurada do pensamento, como um complexo de signos mágicos, mas não como antecipações diretas da pintura por vir; se as analogias da língua primitiva tomam, algumas vezes, uma coloração imaginada, pode-se considerar que tal fenômeno reúne germes de metáforas assim como de silogismos, mas não que represente

---

13 HAMANN, J. G. *Hauptschriften*. Leipzig: Dieterich, s.d., p.381.

a "poesia" como um estado original da humanidade. E assim por diante. Vê-se, então, a tentativa de Hamann de alterar a ordem real das prioridades históricas, conferindo à fantasia poética a preeminência histórica sobre as atividades utilitárias da *praxis* humana ou sobre as atividades tendo a ver com a lógica, opor-se a *une fin de non-recevoir* que decorre de uma reconstituição realista da antropogênese. Em Giambattista Vico – que Lukács aproxima, naturalmente, de Hamann, como Benedetto Croce,[14] antes dele, já o fizera – reconhecem-se méritos excepcionais na concepção das origens da história humana, mas também o próprio Lukács descobre no autor da *Scienza nuova* uma leve tendência para a "estilização estética" dos tempos primitivos. Vico oscilaria entre a compreensão absolutamente realista do primitivismo como estado de não diferenciação em relação às etapas ulteriores e a inclinação para identificar a forma sensível de expressão da época primitiva da poesia e da arte plenamente desabrochadas. O gênio de Vico, entretanto, se exprime na visão *histórica*, infinitamente mais realista e crítica do que a de Hamann no tocante à periodização da cultura humana.[15] A discussão em torno das teses de Hamann e Vico pode ser considerada um dos episódios mais reveladores da polêmica em que Lukács se engajou contra os defensores da concepção que fazia do comportamento estético uma faculdade original[16] do espírito humano.

As proposições de Kant, na *Crítica do juízo*, que visam ao caráter *desinteressado* do prazer estético (ou, como dirá Croce, o "ateleologismo prático" da arte), a autonomia do juízo de gosto em relação ao sentimento do agradável ou do interesse moral, o caráter por definição subjetivo e ao mesmo tempo universal do prazer estético em contraste com o caráter por definição objetivo do ato de conhecimento, essas proposições, para nós, eram defendidas, há muito tempo, como aquisições definitivas do pensamento estético moderno. A questão legítima que coloca a

---

14 Ver: CROCE, Benedetto. Hamann e Vico. In: _____. *Saggio sullo Hegel seguito da altri scritti...*, p.304-10.

15 *Die Eigenart des Aesthetischen* I, *Halbband* I, p.224-1116.

16 "*Ursprüngliches Vermögen*": mesmo um marxista, fortemente influenciado por Kant, como Franz Mehring utilizará esse qualificativo.

monumental tentativa de Lukács de uma análise genética da natureza do fato estético é esta: como se chegará a reimplantar a atividade estética no contexto da atividade utilitária e cognitiva do homem, e mais, como se conseguirá demonstrar a necessidade social de seu aparecimento e de seu *devir* sem trazer dano à sua natureza primeira, admiravelmente percebida pelos teoremas kantianos, sem cair nas vulgarizações utilitaristas ou nas deformações intelectualistas, sem sacrificar sua autonomia constitutiva a preconceitos dogmáticos, impostos pelo sistema. Trata-se aí de um problema frequentemente colocado diante dos estetas e críticos marxistas; mesmo naqueles cujo saber é grande, como Plekhanov ou Mehring, encontramos uma dualidade significativa quando tentam "conciliar" o ponto de vista sociológico do materialismo histórico com a assimilação de algumas das teses essenciais da estética kantiana. Lukács rejeita tal ecletismo e, sem sair do quadro da ontologia da existência social e da antropologia filosófica de Marx, empreende, resolutamente, a elaboração de um conceito independente e original para definir a natureza do fato estético.

O estudo do aparecimento de certas formas primárias da atividade estética, tais como o ritmo, a simetria, a proporção, a decoração primitiva, o levam, assim, muito perto dos exemplos escolhidos por Kant para ilustrar seu conceito de *beleza livre* (*pulchritudo vaga*), o mais puro dos elementos heterogêneos e o mais expressivo da ideia kantiana de autonomia do fato estético: papéis pintados, desenhos *à la grecque*, improvisações musicais sem tema etc. Eis aí, então, um terreno privilegiado, levando-se em conta dificuldades que, para testar a força explicativa do método lukácsiano, levanta *a priori* toda estética "conteudística".

A observação do ritmo começa pela gênese do movimento rítmico que afeta o trabalho do homem primitivo. Constata-se imediatamente que, uma vez adquirida, a ritmicidade do trabalho se acompanha, naturalmente, de um sentimento de prazer graças ao alívio da carga pela dosagem dos esforços e ao domínio harmonioso não só de seu próprio corpo, mas também do objeto do trabalho. A gênese do ritmo em si é um fenômeno que pertence exclusivamente ao trabalho e a mais nada. Estamos no plano da pura atividade utilitária e nada nos permite ainda decifrar aí a antecipação de um processo estético. Mas o olhar do esteta é forçosamente atraído pelos encadeamentos do processo que permite a passagem do plano da atividade utilitária, que é o da vida cotidiana, ao plano da atividade estética propriamente dita. Primeiro elo, o efeito subjetivo da generalização do ritmo no processo do trabalho. Por sua natureza, porque homogeiniza e regulariza a ação dos homens sobre a natureza, o ritmo reforça a consciência humana de si, o sentimento íntimo de segurança quando se enfrenta o ambiente. O sentimento de prazer ou de alegria, do mesmo modo que o fortalecimento da consciência de si, entendido como uma confiança em si aumentada, são os acompanhamentos emocionais do ritmo no ato de trabalho. O que era, no início, apenas um efeito secundário ("*ein Nebenprodukt*", dirá Lukács) da atividade propriamente utilitária contribui, no entanto, fortemente para destacar o ritmo de sua função original e torná-lo autônomo. As práticas mágicas, os rituais, as cerimônias vão largamente fazer apelo aos ritmos, não somente para a evocação de diferentes ações práticas coroadas de sucesso, mas também para amplificar os *sentimentos* (de prazer, de alegria, de segurança de si) ligados à presença do ritmo. Assim os ritmos adquirem, pouco a pouco, uma função bem diferente da função inicialmente adquirida de acessório próprio a suavizar o labor: guardam, a partir daí, um senso imanente, um poder evocativo e emocional imediato, tornam-se manifestações autônomas de certas disposições de espírito. É o que explica sua extensão gradual, seu uso cada vez mais difundido em contextos muito afastados daquele de seu aparecimento. A função evocativa, simplesmente derivada no início, se torna dominante, tanto nos cantos de trabalho como nas diversas danças e nos variados rituais mágicos. Lukács não perde a ocasião de sublinhar que, mesmo em suas formas mais evoluídas, admiravelmente descritas por Schiller em suas cartas a Goethe, aquelas em que a matéria artística é homogeneizada, levada ao essencial e unificada, a função estética do ritmo conserva uma evidente continuidade em relação a sua função inicial na *praxis* primitiva. O ritmo deve ser considerado uma forma de *reflexo* da realidade; mas essa forma só toma corpo, como tal, de maneira relativamente autônoma, quando sua função evocativa se torna *telos*. Eis, portanto, um primeiro exemplo convincente do método empregado por Lukács. O ritmo como elemento abstrato-formal que reflete atividades reais encontra, sem dúvida alguma, suas origens nas ocupações utilitárias do homem.[17] Entretanto, cair-se-ia numa vulgarização tristemente errônea se se deduzisse *diretamente* sua função estética da função prática. A mediação determinante, que Lukács introduz para explicar a origem do ritmo como fenômeno estético, é a função antropomorfizante da consciência. O ritmo perde sua função utilitária desde que é considerado à luz de seus efeitos no plano da consciência de si do homem. O desenvolvimento dessa função estética, graças à utilização múltipla e engenhosa dos ritmos, é, como vimos, constitutivo das práticas mágicas; mas, se ela desempenha apenas um papel intermediário, o fim que resta para influir nas forças transcendentes, será suficiente que, pouco a pouco, desapareça o envoltório mágico-transcendente para que ela apareça, às claras, como afirmação da consciência de si. Tomando o exemplo de uma forma elementar da atividade estética, o ritmo (cuja existência é, mesmo assim, condicionada por sua função específica na obra de arte), Lukács pode demonstrar que sua esteticidade tem por princípio gerador a afirmação harmoniosa das forças humanas interiores. O ritmo é um símbolo ou um hieróglifo daquele momento de plenitude humana. Lukács tem, portanto, razão em escrever: "O nascimento do fato estético é ... aqui ainda um processo de secularização, de conversão terrestre (*ein Irdischmachen*), de centralização do homem".[18]

As investigações no campo das origens da atividade estética apresentam um interesse bem particular pelo fato de que é nessas regiões liminares que é possível observar tanto a interpenetração estreita do útil ou agradável e do fato estético como as razões efetivas que determinaram o desprendimento progressivo e a autonomização final do fato estético. Do ângulo puramente teórico, as análises genéticas sistemáticas nos interessam principalmente pelo constante diálogo mantido com as teses de Kant na *Crítica do juízo*. Quando, por exemplo, analisa fenômenos como a simetria e a proporção, nosso esteta se vê diante de um

---

17 A obra de Bücher, *Arbeit und Rhythmus,* é, aqui ainda, largamente utilizada como contribuição.

18 LUKÁCS, G. *Die Eigenart des Aesthetischen* I, Halbband I, p.281. Obra doravante designada pelo título *Aesthetik.*

dos mais difíceis problemas: como pôde ser feita a passagem do sentimento puramente utilitário da perfeição técnica obtida pela descoberta e pela valorização adequada, no processo do trabalho, de relações de simetria ou de proporcionalidade para o sentimento propriamente estético da simetria ou da harmonia das proporções? A arte decorativa e ornamental apareceu em ligação estreita tanto com a tatuagem primitiva como com os progressos do conhecimento das formas geométricas: o que pôde determinar que houvesse a separação da atividade ornamental de sua esfera original do bom e do agradável (a tatuagem, a decoração dos objetos de uso corrente) e a sua constituição em atividade autônoma com função estética?

Desde as primeiras páginas da "Analítica do belo", na *Crítica do juízo*, Kant traça uma nítida linha de demarcação entre o agradável e o bom, de um lado, e o belo, de outro lado, como também entre o juízo de conhecimento e o julgamento estético. Os exemplos de formas "abstratas" da beleza (papéis murais pintados, ornatos em forma de ramos) lhe pareciam capazes de ilustrar melhor os atributos da beleza livre (*freie Schönheit*) – aquela que provoca um prazer não somente "desinteressado", mas que não supõe, igualmente, nenhum conceito (*ohne Begriff*) – como forma da finalidade, mas sem representação de fim. Quando analisa a simetria e a proporção, mas, sobretudo, a arte ornamental em que, pela primeira vez, se manifestam em uma expressão artística independente, Lukács não se afasta, portanto, dos exemplos-limite escolhidos por Kant para estabelecer as bases da autonomia radical do belo. Contudo, rejeita a ideia de uma fronteira tão rígida quanto a traçada por Kant entre a atividade útil ou agradável e a atividade puramente estética. Seu ângulo de análise, o da *gênese*, lhe permite conclusões diferentes das de Kant. O fio condutor de seus desenvolvimentos é a explicação da passagem da satisfação utilitária, decorrente do trabalho harmoniosamente realizado, para o sentimento da simetria e da proporção. A chave de sua argumentação é fornecida – tanto aqui como no caso do ritmo – pelo conceito da consciência de si (*Selbstbewusstsein*). No processo do trabalho, a valorização das simetrias e proporções perde sua significação puramente utilitária desde que sua percepção se realiza seguindo uma perspectiva inédita, a do valor *evocativo*: tal é a ideia de Lukács. O esteta, uma vez mais, chama para a realidade dos sentimentos de prazer que acompanham o trabalho perfeito do ponto de vista técnico. Nesse momento é que as regularidades e os paralelismos, a simetria e a proporção, descobertos a favor do progresso técnico, começam a representar, como uma visão materializada do poder humano, uma expressão da consciência de si e adquirem, dessa maneira, uma dimensão nova, diferente da dimensão estritamente utilitária, uma dimensão *evocativa*, que vai a par com a acentuação da *consciência de si*; nesse momento, pois, se operaria o deslocamento gradual da perspectiva utilitária para a perspectiva estética. O conceito de consciência de si, verdadeira pedra angular da estética lukácsiana, é constantemente tomado em sua dupla acepção corrente: exprime tanto a estabilidade e a autonomia do homem solidamente estabelecido em seu ambiente concreto como a iluminação da consciência (e da existência a ele subjacente) por sua própria reflexividade interna, por uma volta da força mental sobre si mesma.[19] A passagem do útil ou agradável para o estético se produziria, no que se refere às simetrias e proporções, no momento em que se criasse, de fato, na esfera da consciência de si do homem um sentimento de conformidade e de adequação entre essa consciência e o mundo, entre essa consciência e ele mesmo.

É importante que nos detenhamos sobre as analogias e divergências entre as teses de Lukács e as teses clássicas de Kant. Quando a consciência se fixa no caráter evocativo de certos fenômenos de simetria e de proporção e a percepção deles se acompanha de um sentimento de prazer, distinto do sentimento de satisfação utilitária (a satisfação do trabalho bem realizado, de acordo com o fim prático visado), é certo que existe aí uma ação de colocar entre parênteses ou de suspender os interesses práticos. Não encontramos aí, intacta, a famosa tese kantiana do desinteresse (*Interesselosigkeit*) ou do não prático como qualidade constitutiva do prazer estético? Lukács admitirá sem hesitação que a abstração feita aos interesses práticos inerentes à atividade humana da vida cotidiana é uma condição *sine qua non* para permitir à percepção ser captada pela função evocativa do complexo simétrico ou proporcional que a ela se oferece. Reconhe-

---

19 Ibidem, p.240.

cerá, então, que a teoria kantiana do prazer estético "desinteressado" contém um fundamento válido. Além do mais, sublinhará
com intensidade que o interesse estético se orienta não para a
existência real (pragmática) do objeto como tal (no caso, a simetria e a proporção *in re*), mas para seu reflexo na consciência;
que o comportamento estético exige que se destaque o objeto do
contexto empírico-pragmático e que se prenda à sua reflexão na
consciência. Kant tinha mostrado, logo no início da *Crítica do
juízo*, que o prazer estético se distingue pela perfeita indiferença
a propósito da existência *real* de seu objeto. Lukács reconhecerá,
aqui ainda, a "relativa justeza" do ponto de vista kantiano, mas
não admite a absolutização da distância entre a ficção artística e
a realidade. O método genético lhe permitirá esclarecer a fluidez
das transições entre o domínio do útil ou agradável e o domínio
da estética, a osmose dos diferentes tipos de atividade, o que o
levará a não aceitar o caráter abrupto e metafísico das oposições
fixadas por Kant. Na origem, não há fronteira absoluta entre o
prazer utilitário provocado pelo objeto harmoniosamente concebido em vista de um certo emprego e a revelação fulgurante,
"imediatamente sensível", da proporção, em uma visão global,
que marca o prazer estético. Teoricamente falando, a ênfase é
colocada no fato de que entre a revelação da *existência real* das
relações de simetria ou de proporção e o sentimento de prazer
estético haveria um elo estreito; a esse propósito sublinha-se que
não existe uma indiferença absoluta, como queria Kant, em
matéria de prazer estético e que convém submeter a teoria kantiana do "desinteresse" à reinterpretação e à correção radicais.

A análise da arte ornamental é ainda mais comprobatória,
talvez, para o assunto que nos interessa. Eis uma das formas *ini-
ciantes* mais típicas da atividade estética. Lukács formula muito
claramente a questão fundamental à qual pretende responder:
"Por que razão relações geométricas causam um prazer estético, por que possuem o poder de evocar sentimentos?".[20] A
simples indicação dos patamares necessários para chegar à atividade decorativa propriamente dita – um grau evoluído de capacidade técnica, a descoberta progressiva das propriedades geo-

---

20 Ibidem, p.325.

métricas no processo do trabalho primitivo, a autonomização das características geométricas no campo visual do homem – mostra outra vez a que ponto a atividade estética era pouco "original" e pouco "autônoma". *L'enjeu du débat* poderia ser determinado a partir das cláusulas da polêmica, outrora famosa, entre Gottfried Semper e Alois Riegl: o primeiro tinha deduzido a origem da arte ornamental dos progressos da técnica têxtil, enquanto Riegl, rejeitando violentamente tal tese, atribuía o aparecimento dos ornamentos a uma "vontade artística" pura. É verdade que Lukács considera, retrospectivamente, a polêmica entre Riegl e a escola de Semper "supérflua e escolástica", pois, segundo ele, é claro que o progresso técnico, por mais importante que seja, somente cria as condições de uma atividade decorativa e ornamental, sem explicar-lhe a origem; quanto à "vontade artística", parece-lhe ser um conceito desprovido de sentido, que apenas hipostasia o processo que precisamente deveria explicar. A propósito do conceito de *Kunstwollen*, Lukács emprega a expressão polêmica "*von Riegl aus der Pistole geschossene*" (atirado pela pistola de Riegl), reminiscência significativa de uma expressão polêmica similar utilizada por Hegel no prefácio da *Fenomenologia do Espírito* contra a "*intuição intelectual*", de Schelling, e frequentemente lembrada por Lukács em sua estética da juventude.

Segundo a lógica de seu método, o esteta examina a origem da arte ornamental em ligação direta com o impulso social gerador: o prazer humano de se enfeitar. Esta vez ainda, não deixa de criar polêmica contra aqueles que assimilariam o prazer humano do enfeite ao instinto animal. Sem pensar em negar o papel da sexualidade na incitação a enfeitar-se (Darwin forneceu numerosos exemplos em apoio a essa tese), devemos considerar que o caráter social da existência humana, devido ao trabalho, confere à atração do homem pelo enfeite uma dimensão radicalmente nova em relação aos impulsos animais da mesma ordem. Exatamente como no caso do ritmo, em que a fisiologia pode efetivamente explicar uma possibilidade de inclinação para o ritmo (o pulso, a regularidade da respiração etc.), a mediação decisiva da "troca material entre sociedade e natureza" ("*Stoffwechsel zwischen Gesellschaft und Natur*", segundo a célebre expressão de Marx) é fortemente valorizada para explicar a especificidade humana do ritmo ou do enfeite. O esclarecimento do papel determinante dessa mediação permite a Lukács alimentar com novos e poderosos argumentos seu debate fundamental contra a tese que defende a existência de uma espontaneidade estética original e de um instinto inato do "belo". O fato de que a decoração do corpo (tatuagem) ou de diversos instrumentos teve inicialmente uma função utilitária ou mágica lhe parece indubitável, o que é atestado pela arqueologia e pela etnografia. É o momento escolhido para criticar de novo a tendência da maioria dos sistemas estéticos do passado para os quais o "belo", e não a atividade estética, monopolizava o interesse central, enquanto para Lukács o "belo" não é senão um caso particular e privilegiado no interior da atividade estética.

Do ponto de vista puramente filosófico, é interessante notar a recusa a projetar na imanência do comportamento primitivo uma intencionalidade (estética, no caso) surgida durante uma fase muito mais avançada da evolução social. Eis-nos em presença de uma aplicação típica do procedimento de pensamento que caracteriza as últimas obras de Lukács; encontra-se aí a recusa de toda concepção finalista da história, de toda veleidade de atribuir aos períodos inaugurais da atividade humana um alcance que os resultados dessa atividade terão apenas progressivamente e muito mais tarde. A esse propósito, colocam-se uma vez mais em evidência a mobilidade e a fluidez das transições entre a atividade puramente utilitária, a que é agradável, e a atividade estética propriamente dita. Foi necessário um período histórico bastante longo para que as regularidades e os paralelismos descobertos durante o processo do trabalho primitivo adquirissem a autonomia da atividade ornamental propriamente dita. O "acaso" desempenhou um papel considerável na metamorfose de produtos com finalidade inicial útil ou agradável em criações com efeito estético. A osmose dos diferentes tipos de atividade era bastante perfeita para que fosse verossímil que os homens fizessem suas primeiras realizações estéticas sem ter consciência disso, pensando que faziam apenas coisas úteis ou agradáveis.

A hipótese de Lukács que explica a gênese da arte ornamental como atividade autônoma é simples e convincente. No processo da passagem da simples satisfação utilitária ou agradável à satisfação estética, a mediação determinante viria de uma feliz revelação emocional e intelectual: a descoberta, pela consciên-

GEORG LUKÁCS   221

cia primitiva, no caos e nas trevas circundantes, de uma ordem
necessária, o prazer e a satisfação que dá o sentimento de insta-
lar um domínio estável entre a perturbadora mistura dos fenômenos que se manifestam em torno. O princípio gerador da
eflorescência da arte ornamental, forma de atividade artística
dominante em todos os povos na aurora da humanidade, seria o
pathos do domínio triunfante da natureza, o prazer *sui generis* da
revelação de uma ordem harmoniosa no mundo circundante.
Lukács invoca a tese hegeliana da anterioridade do conhecimento do abstrato em relação ao concreto, nos graus sucessivos do
conhecimento, para explicar o aparecimento explosivo da arte
ornamental. As relações abstratas entre fenômenos, materiali-
zadas por suas propriedades geométricas, se impõem à consciência de modo imperioso antes de seu conteúdo concreto, sendo o
concreto apenas uma conquista mais tardia da atividade cognitiva. Convém assinalar a constatação de Weyl, em sua obra sobre
a simetria, segundo a qual a ciência do século XX validou, ma-
tematicamente falando, o conjunto das combinações geométricas da arte decorativa e ornamental egípcia. O que era simples
intuição encontrou uma fundamentação científica na matemática recente.[21] Essa constatação justifica a tese de Lukács sobre
a união estreita da arte e da ciência nas origens, assim como sua
explicação da prioridade da arte ornamental no *devir* das formas
de atividade artística. Tem o mérito não somente de ter demonstrado a relativa identidade do objeto da arte e do objeto da ciência (nesse caso, da arte decorativa e da geometria), mas, sobretudo, de ter evidenciado a especificidade estética do reflexo da
geometria na arte decorativa. A ênfase é colocada no sentimento inspirador, no imaculado "*pathos* estético-cognitivo" engen-
drado pela revelação de uma ordem harmoniosa e transparente,
que animaria e informaria, nas origens, o jogo das formas geométricas da arte decorativa primitiva.
    A significação filosófica das análises de Lukács ultrapassa o
quadro do problema puramente genético relativo a uma forma
de atividade estética em suas origens. É suficiente pensar, como
já dissemos, que no que se refere à ornamentação encontramo-
-nos no terreno das formas escolhidas por Kant na *Crítica do juízo*

_____

21 Ibidem, p.330.

para ilustrar a noção da *beleza livre* (*freie Schönheit*). Lukács encara, então, o formalismo estético da famosa tese kantiana da beleza livre como produto de um prazer "sem conceito" e como a representação de uma finalidade sem fim, em seu próprio terreno privilegiado de exemplificação. Por seu caráter "desprovido de cosmicidade" (*weltlos*) e "abstrato", a ornamentação parece ilustrar maravilhosamente a tese kantiana a propósito das verdadeiras características do prazer estético: a ausência de todo interesse, de toda dependência em face da realidade, de todo conceito do objeto representado e de toda finalidade objetiva.[22] A questão assume um enorme interesse teórico. Lembremo-nos de que Benedetto Croce radicalizará, em um certo sentido, a posição kantiana, censurando Kant por ter instituído a dualidade da beleza livre e da beleza aderente (que supõe um conceito do objeto representado: palácio, igreja, figura humana) e afirmando terminantemente a *a-conceptualidade* como qualidade constitutiva da arte como um todo.[23] Ora, o esforço teórico das análises de Lukács visa mostrar que a "ausência de conteúdo" (*die Inhaltlosigkeit*) da arte ornamental, essa ausência que despertava o interesse maior de Kant porque deixava o campo livre para todos os jogos da imaginação, seria apenas uma aparência. Aqui descobrimos *in nuce* algumas das particularidades de seu método de análise dos processos estéticos. Afasta-se, quando analisa a arte ornamental e decorativa, tanto da atitude intelectualista (que atribui o prazer estético à operação puramente intelectiva de reconhecimento de propriedades geométricas) como da visão utilitarista (que liga a gênese da ornamentação à busca do aperfeiçoamento técnico), mas rejeita a noção kantiana do "prazer sem conceito". Seu método genético-ontológico o autoriza a definir com precisão a relação entre uma atividade

---

22 Lembremos que os exemplos de Kant eram os desenhos *à la grecque*, os ornatos em forma de ramos dos papéis pintados, as improvisações musicais sem tema e mesmo toda música sem texto: todos situados, consequentemente, na vizinhança ideal da arte ornamental.

23 Croce, aliás, não aceitava mais o formalismo. Para ele, a arte como "pura forma" não significava "desprovida de conteúdo", mas "sentimento transfigurado em imagem". O "conteúdo" da arte era, para ele, o sentimento, o "lirismo", e nunca um conceito ou uma "ideia".

estética específica, no caso a ornamentação, e a fase histórica de seu aparecimento. O caráter ao mesmo tempo simples e abstrato das formas geométricas da arte ornamental, sua falta específica de cosmicidade (*weltlos*), sua mistura de materialidade e de imaterialidade, sua aura esotérica e alegórica, a perda, no decorrer dos séculos, de sua significação alegórica e a perpetuação do efeito estético em uma direção real única, a do prazer produzido por uma ordem "não pesada" e, ao mesmo tempo, "espiritualizada", tudo isso é realçado com muita elegância. A conclusão é que, mesmo no caso das formas de atividade estética aparentemente desprovidas de qualquer conteúdo determinado, como a ornamentação, não nos encontramos, como acreditava Kant, diante do exemplo típico da "ausência de conteúdo" e, consequentemente, do verdadeiro prazer estético que teria retirado toda correlação possível com um "conceito" determinado; ocupamo-nos somente com um conteúdo abstrato, isto é, com uma forma muito especial do conteúdo na arte, expressão do estágio histórico específico que viu o aparecimento da arte ornamental. Foram o contentamento e a alegria que afetam a sensibilidade humana durante a revelação original de uma ordem no mundo, expressos no frenesi imaginativo da ornamentação primitiva, que perenizaram, na continuação dos tempos, o prazer estético experimentado diante dessa ordem.

Gênese e estrutura

O problema das relações entre o ponto de vista *genético* e o ponto de vista *estrutural* na análise dos fenômenos de cultura está longe de ter encontrado uma solução unanimemente aceita. É evidente, por exemplo, que um abismo separa o que se chamou bastante aproximativamente de "a estética sociológica" de Lucien Goldmann (o sociólogo e crítico francês falava frequentemente do "estruturalismo genético" de seu método) e o método descritivo e fenomenológico aplicado ao estudo da obra literária e das obras de arte em geral por Roman Ingarden, o bem conhecido discípulo de Husserl. Não há nenhuma dúvida de que as reservas e as objeções, se não os ressentimentos, a propósito dos métodos genéticos na interpretação da obra de arte foram particularmente mantidas pela escola fenomenológica na estética. Entre nós, Camil Petrescu[24] fornece um exemplo disso: o escritor não nutria nenhuma simpatia pela história literária como estudo das condições exteriores nas quais era engendrada a obra literária e exigia a concentração da atenção no *valor estético*, como produto de uma intuição de essência. O trabalho dedicado por Jacques Leenhardt à estética sociológica de L. Goldmann[25] demonstra o quanto esse último estava longe de admitir a existência da estética como ciência autônoma; segundo ele, o segredo da obra literária, como obra de arte, só pode ser descoberto nas *visões do mundo* consideradas realidades sociais e históricas determinadas, organizadas com o máximo de coerência no universo imaginário (não conceitual) da obra. O aspecto propriamente estético se reduz a uma soma de "técnicas" específicas, utilizadas para a organização das visões do mundo. Do trabalho de J. Leenhardt, resulta bem claramente que para Goldmann a ideia de uma análise imanente do fenômeno estético, como categoria autônoma do espírito, é uma coisa secundária, e até mesmo um anacronismo idealista. De onde se deduz que toda tentativa com o intuito de tornar autônoma a análise da literatura ou do fenômeno estético ocultaria em si o vírus do formalismo, uma dissociação fatal entre significante e significado. A timidez das incursões de Goldmann na zona, chamada tradicional, das formas literárias se explica pelo medo de abandonar a única perspectiva considerada válida: a obra literária como "prática humana". A conclusão é reveladora: "Marcar-se-á aí ... o ponto de flexão da estética sociológica à qual se ligava e da estética propriamente dita *à qual, finalmente, por sua parte, renunciava sem tristeza*".* A estética é dissolvida, de fato, em favor da sociologia da literatura.

O ponto de vista de Georg Lukács se situa nos antípodas de tal procedimento de pensamento. Não é de forma alguma fortuito que Lucien Goldmann, que afirmava sem cessar ser um discípulo

---

24 Romancista e dramaturgo romeno (1894-1957).

25 *Revue d´Eshtétique*, 1971, n. 2.

* Destaque nosso. (N.E.F.)

de Lukács (do jovem Lukács em particular), não tenha jamais manifestado o menor interesse pela obra do esteta, seu mestre. Poder-se-ia mesmo perguntar, sem apelar demais para o jogo de palavras, se o método utilizado por Lukács na análise do "específico da estética" não está muito mais próximo do método fenomenológico *da descrição das essências* do que daquilo que se chamou, a propósito de Goldmann, de estética sociológica. De fato, Lukács não colocou, no centro de suas considerações, a análise de uma "essência da estética" (*das Wesen des Aesthetischen*), vista como uma criação da consciência com um sistema autônomo de categorias, além da multiplicidade de suas formas históricas, aproximando-se dessa forma – parece – do ideal husserliano das descrições eidéticas, reivindicadas pelo fundador da fenomenologia para as formas puras e apriorísticas da consciência? Não existe um parentesco possível entre a finalidade das análises de Husserl, a descoberta de "relações de essência das configurações da consciência" (*Wesenzusammenhänge der Bewusstseinsgestaltungen*) e os resultados obtidos por Lukács na análise comparativa do sistema de categorias próprio aos diferentes tipos de atividade cognitiva? Tal paralelo, contudo, pode servir-nos para marcar, principalmente aqui, a distância entre a estética de Lukács e o que se chama habitualmente de estética sociológica, mas não para identificar, de algum modo (o que seria absurdo), os dois métodos de pensamento: fenomenológico, em Husserl; marxista, em Lukács. (Lembremos, todavia, que a influência de Husserl na estética da juventude de Lukács é uma realidade muito mais forte do que se teria suspeitado, como tentamos demonstrar no texto dedicado a seu manuscrito inédito.)[26]

Uma comparação entre a concepção de Roman Ingarden – talvez o mais fiel dos discípulos de Husserl no que se refere à estética fenomenológica – e o método de Lukács em *Die Eigenart des Aesthetischen* seria suficiente para medir a distância considerável que os separa e para valorizar a originalidade do autor aqui citado por último. Ingarden se dedica a uma análise verdadeiramente *eidética* da estrutura da obra literária (e da obra de arte em geral) e oferece uma seção longitudinal e latitudinal de sua anatomia e de sua morfologia. Sua descrição se mantém sempre no

---

26 Cf. o estudo consagrado a *Heidelberger-Aesthetik*.

plano da *intraconsciência*, se nos é permitido expressar-nos assim; a análise das quatro camadas essenciais da estrutura da obra literária, a "do esqueleto axiologicamente neutro" e dos "momentos axiológicos", a dos valores artísticos e dos valores estéticos, e também todos os atos intencionais correlativos, examina a obra literária na pura imanência da consciência, como uma realidade *autárquica* e *autotélica*, situada fora de todo contato com a realidade exterior. Não se vê aparecer em lugar algum a questão de saber como são geneticamente elaboradas tais qualidades constitutivas da obra literária como resultados de certas relações específicas entre consciência e existência, entre subjetividade e objetividade. Essas qualidades não aparecem senão como dados na intuição essencial da consciência fenomenológica.

A atitude negativa dos fenomenólogos diante de tudo o que é genetismo, historismo ou psicologismo é um lugar-comum. A célebre polêmica travada por Husserl contra Dilthey e contida em seu estudo *Philosophie als strenge Wissenschaft* [A filosofia como ciência rigorosa] visava justamente impedir toda confusão entre a filosofia como *Weltanschauung*, trazendo, por definição, o selo da relatividade histórica, e a filosofia como "*ciência* rigorosa", dotada de um sistema de categorias metatemporais (eternas). *Mutatis mutandis*, a estética fenomenológica seguirá uma semelhante descrição eidética e metatemporal da estrutura da obra de arte. O ponto de vista de Mikel Dufrenne, outro representante ilustre da estética fenomenológica, valida a interpretação mencionada acima. Além da variedade de suas formas históricas, a arte possui um mesmo solo, uma nostalgia permanente: a volta à natureza, a celebração de um estado originário indizível de fusão entre o homem e a natureza; se a investigação sociológica pode esclarecer a variação das formas da arte, a fenomenologia tem por missão elucidar sua vocação perpétua (ver, para esse assunto, o texto da comunicação ao Congresso de Estética de Upsala, intitulado, de maneira significativa, "Da sociologia à fenomenologia da arte"). Georg Lukács tende também a oferecer uma análise estrutural da "essência do fenômeno estético", apresentando o sistema de suas categorias constitutivas. Mas o que constitui a particularidade de seu método é que as diferentes propriedades do fenômeno estético não são ali desveladas segundo o método fenomenológico da descrição, graças a certas intuições de essência, mas deduzidas sucessivamente como resultados historicamente adquiridos pela consciência no processo da interação sujeito-objeto. A estrutura categorial do fenômeno estético aparece como um produto e como um resultado, como o termo *ad quem* de uma longa *gênese*. A estabilidade das categorias constitutivas da estética, que não é atribuída um só instante a um apriorismo da consciência (objeto, portanto, da famosa "redução fenomenológica"), se encontra explicada pela estabilidade de suas *funções* na economia da vida e do espírito. A constituição do fenômeno estético não poderia ser concebida sem a introdução de um feixe de condições determinadas. Em Lukács também existe, na verdade, uma polêmica reveladora contra o "historismo excessivo" (*eines überspannten Historismus*), contra a ideia segundo a qual a variação perpétua das formas da arte e a invenção como atributo consubstancial da criação artística tornariam inútil a própria ideia de uma essência estável do fenômeno estético (há aí um ponto de convergência bem natural com a atitude dos fenomenólogos). A força de sua argumentação reside justamente em seu antiapriorismo, na ideia de que a estabilidade de uma necessidade social específica é o que garante a estabilidade da estrutura constitutiva da estética. Assim, o ponto de vista genético surge na própria arquitetura interior da estrutura estética.

Em sua polêmica com Dilthey, Husserl deixa claramente entender que o método genético-histórico pode ser legítimo para compreender o *devir* da filosofia como uma *Weltanschauung*, mas para compreendê-la em sua essência supratemporal, como "ciência rigorosa", é necessário o método fenomenológico. Se nos lembramos disso, é que a ideia de um dualismo antinômico entre o ponto de vista genético e o ponto de vista estrutural-fenomenológico se encontrou muito tempo enraizada na crítica e na estética. Existe evidentemente uma reação bem conhecida contra a crítica genética ou historicista, vista como um modo de interpretação redutora da obra de arte, pela fixação da atenção no que a crítica francesa chama *les ailleurs de l'oeuvre* (ou, os italianos, *le allotria*): monopolizada pelo estudo das circunstâncias sociais, culturais, biográficas etc., que condicionariam a gênese da obra, afastar-se-ia inevitavelmente da estrutura estética propriamente dita. Lukács se ergue energicamente contra o relativismo histórico e sociológico na interpretação da obra de arte; defende a ideia da existência de uma estrutura categorial autônoma e relativamente estável dos fenômenos estéticos e, numa página de sua *Estética*, lamenta explicitamente que, a partir das sugestões de Marx, "tenha, durante muito tempo, predominado um método que se contentava com a dedução social (e mesmo 'sociológica') dos fenômenos ideológicos, sem estender essa explicação genética à pesquisa positiva (efetiva) de seu caráter específico".[27] E Lukács acrescenta: "Apenas com Lenin a cooperação e a ligação indestrutível do materialismo dialético e do materialismo histórico iria tornar-se um dos problemas centrais do método marxista".[28] Mencionemos que é justamente a distinção dos dois planos, o do materialismo dialético e o do materialismo histórico, extremamente circunstanciada e relativizada em Lukács, que levou Bernard Teyssèdre a ver aí o perigo de um dogmatismo, no sentido de volta à ideia de uma "essência intemporal" da arte, com seu corolário: o sacrifício de sua historicidade e de seu infinito mobilismo histórico.[29]

Além da reação anti-historicista e antipsicologista dos fenomenólogos, que, pela própria natureza de seu método, tendem a separar a análise categorial do fenômeno estético de toda consideração psicológica ou sócio-histórica (principalmente Ingarden), existe uma reação anti-historista (mais exatamente anti-historicista) num pensador orientado por toda sua filosofia e, de uma maneira aparentemente paradoxal, para o que ele mesmo chamava de um *storicismo assoluto*: Benedetto Croce. Encontramos nele uma página reveladora, na qual a distinção entre a consciência histórica e a atividade estética, entre o caráter circunstanciado, por definição, da primeira e a essência supra-histórica da poesia é formulada de maneira direta:

> *Il dominio della poesia è il dominio dell´umanità, non già nelle sue storiche determinazioni, ma nell´eterno ritmo al quale obbediscono di continua vicenda e trapasso di gioia e di dolore, di elevamento e di abbattimento, di essere, che è operare e vivere, e di nulla, che è incaglio*

---

27 LUKÁCS, Georg. *Aesthetik, Halbband* I, op. cit., p.627.
28 Ibidem.
29 *Les Sciences Humaines et l´Oeuvre d´Art*, p.34-5.

all'operare o senso di vacuo e di morte. Ogni poesia è soprastoria o sottostoria che voglia chiamarsi puramente umana.[30]

A posição de Georg Lukács é, desta vez ainda, a de um meio--termo. Recusa as tendências "genetistas" do gênero da teoria de Plekhanov: a missão do crítico é descobrir "o equivalente socio-lógico" da obra literária. Estigmatiza essas tendências – desde os anos 1930-1940 – como pertencentes à "sociologia vulgar". Lukács sublinhava claramente, em seu estudo *Narrar ou descrever?* (1936), que a simples investigação da *gênese social*, sem uma análise da atividade estética *imanente*, não pode resolver o pro-blema do juízo de valor: "Que as epopeias homéricas sejam na verdade epopeias, mas que as de Camões, Milton, Voltaire não o sejam, é um problema simultaneamente sócio-histórico *e* es-tético".[31] Sua *Estética* vai definir a arte como expressão "da cons-ciência de si do homem como espécie", oferecendo, assim, um fundamento sólido à ideia de que a gênese de toda obra de arte é, na verdade, determinada socialmente pelas relações de classe (*klassenmässig*), mas que a obra faz explodir, e sempre mais à medida de sua importância, "os limites sociais de seu nascimen-to e se revela capaz de adquirir uma influência universal, até nos homens situados numa posição de classe adversa".[32] A definição da arte como "a consciência de si da humanidade como espécie" aproxima certamente Lukács de Croce e da definição da arte como expressão da "humanidade pura" (Croce); a diferença radical é que, para Lukács, o fato de atingir um tal patamar pela arte aparece estreitamente ligado à gênese social e histórica que o condiciona. Se, evidentemente forçando as coisas, utilizásse-mos os termos da fenomenologia, diríamos que Lukács também faz uma distinção entre a gênese empírica (factual, mundana) e

---

30 [O domínio da poesia é o domínio da humanidade, não apenas em suas determinações históricas, mas no eterno ritmo ao qual obedecem em contínuas vicissitudes e passagens de alegria e dor, de elevação e prostra-ção, de ser, que é operar e viver, e de nada, que é encalhe ao operar ou sensação de vazio e de morte. Toda poesia está acima ou abaixo da his-tória que se queira chamar puramente humana. (N.E.)]. CROCE, B. *Il caractere della filosofia moderna*. 3.ed. Bari: Laterza, 1963, p.136.

31 LUKÁCS, G. *Probleme des Realismus*. Berlin: Aufbau Verlag, 1955, p.113.

32 LUKÁCS, G. *Schriften zur Ideologie und Politik*, op. cit., p.703.

a gênese transcendental das obras de arte, entre as intenções subjetivas, psicológicas e sociais do autor e o *valor estético objetivo* da obra. Sua polêmica contra a sociologia vulgar nos dá o direito de afirmá-lo. Para compreender esse meio-termo de que falamos acima, convém mostrar que um comentador da fenomenologia tão ponderado quanto Jacques Derrida se empenhou em demonstrar, em um texto importante, como a filosofia de Husserl aceita, ao mesmo tempo, o ponto de vista *estrutural* e o ponto de vista *genético* na interpretação das formas da consciência, mantendo-nos no espaço fenomenológico e transcendental da consciência.[33] O que singulariza a posição de Lukács é que faz entrar o ponto de vista da gênese sócio-histórica até na explicação das formas superiores da consciência (o que tinha sido, para Hegel, as formas do "espírito absoluto", para Croce "as eternas categorias" da "eterna constância do espírito humano", ou para Husserl e seus discípulos os valores transcendentais da consciência). O esforço teórico de sua *Estética* se concentra na descrição das principais mediações que unem o plano empírico-pragmático da vida humana, chamado por ele plano "da vida cotidiana", e o das objetivações superiores da consciência, a arte em primeiro lugar. A análise de tipo *genético-ontológico* da constituição do fenômeno estético nos parece assumir uma significação metodológica mais ampla, pois tende a oferecer, enfim, uma solução às antinomias tradicionais entre o ponto de vista genético-histórico e o ponto de vista estrutural ou axiológico na interpretação estética.

A *mimesis*
O ilustrativo e o decorativo

Quando se contempla o esforço impressionante de Lukács para reconstituir a gênese do fato estético a partir das formas da vida espiritual primitiva, uma questão surge naturalmente: os resultados compensam essa tarefa gigantesca? Para julgar isso, à guisa de único critério válido, cabe referirmo-nos às *novas luzes*

---

33 "Gênese e estrutura e a fenomenologia", no volume *L'Ecriture et la différence*, p.229-51.

projetadas na estrutura do fenômeno estético graças ao método utilizado. Mencionamos, em diversos lugares, a dúvida que suscita de imediato o que se arrisca a tomar por uma superfetação: se a reconstituição genética não é possível sem um conceito bem definido da estrutura do fato estético (assim como postula explicitamente o próprio Lukács) não poderíamos ser levados a pensar que uma simples análise descritiva, de caráter estrutural, do fenômeno estético chegaria a conclusões quase idênticas às obtidas, ao preço de um extraordinário esforço, pela análise lukácsiana de tipo genético? Se a monumental tentativa de Lukács devesse satisfazer unicamente sua posição teórica de demonstrar que a estrutura do fenômeno estético pode ser reconstituída com a ajuda do materialismo histórico e pelo método genético, seguramente não haveria aí razão de entusiasmar-nos. Contudo, como tentamos sugerir acima, o método genético empregado por Lukács visa muito mais. Propõe-se introduzir uma perspectiva nova quanto à própria estrutura do fenômeno estético. Deve-se sublinhar que o princípio da estreita correlação entre *função* e *estrutura* não se aplica unicamente às origens da atividade estética, mas é um componente da atividade artística alçada ao estágio de sua plena autonomia. As análises cuidadosas consagradas à gênese do fato estético devem, consequentemente, ser objeto de uma dupla leitura: a seu interesse propriamente histórico para a autonomização do fato estético a partir do plasma original da vida espiritual é preciso sobrepor, em filigrana, o interesse estritamente teórico pela estrutura autônoma dos processos estéticos. É, não obstante, a razão pela qual nos insurgimos contra a ideia de que tais análises não mereceriam senão um interesse "arqueológico". Sem dúvida, seria absurdo aplicar mecanicamente ao estudo dos fenômenos estéticos o princípio de que a ontogênese repete a filogênese. O processo que destaca a arte de sua simbiose original com as atividades mágicas pertence especificamente ao tempo dos começos, portanto a uma época irremediavelmente acabada. Se, apesar de tudo, a análise desse processo que Lukács efetua nos parece apresentar um interesse teórico intrínseco, é porque encontramos aí o "modelo" sempre válido das interações complexas e múltiplas que regem os domínios da vida cotidiana e da criação artística. Para nos fazer compreender melhor, lembramos que, no capítulo "Técnica da crítica e da história literárias" dos *Principes d'Esthétique*, G. Calinescu negava completamente que se pudessem descobrir pontes entre a história do espírito público da época de Eminescu* e a estrutura do romantismo ou da poesia eminesciana.

O romantismo é a atitude exclusiva dos grandes românticos; generalizou-se, em seguida, naturalmente por meio da imitação. Podemos explorar tanto quanto quisermos ... o espírito público, na Romênia, até 1871. Aí não encontraremos traços de eminescianismo. O eminescianismo é um produto de Eminescu.

Seus ataques contra as explicações genéticas de tipo positivista e contra a historiografia governada por tal método eram dos mais legítimos. Quanto a esse ponto, sua posição não está muito afastada da de Croce, de quem é a tese, lembrada em outro lugar, de que o artista cria não sob o impulso do "espírito do tempo", mas "acima do tempo, um tempo próprio e uma época própria; ele cria um tempo eterno e uma arte eterna"; tal tese radicaliza, portanto, a heterogeneidade dos dois planos. A reticência do esteta italiano em relação aos estudos consagrados à origem da arte nos é bem conhecida. Falando de uma obra de Julius von Schlosser, que se tornaria seu amigo, aplaudia as zombarias que fustigavam as tentativas positivistas, então em voga, de basear a origem da arte na "*teoria imitazionistica della natura*" (a música imitando o canto dos pássaros; a arquitetura gótica inspirada das florestas germânicas; a arte ornamental derivada da geometria etc.). Croce considerava que o problema da origem da arte tinha relação com a psicologia e não com a história, o que o levava a negar-lhe *a priori* qualquer interesse teórico.[34] Como acontece habitualmente, a reação às vulgarizações positivistas nutre o idealismo filosófico. As pesquisas de Lukács sobre o modo como a arte se destacou do sincretismo espiritual original nos interessam, então, em primeiro lugar, porque estabelecem um quadro das mediações que religa o plano da vida

---

* George Calinescu, ver nota p.181, capítulo precedente. Mihai Eminescu (1850-1889), o maior poeta romeno. (N.E.F.)

34 Cf. *Conversazioni critiche*, vol.1, p.12.

prática ao da criação artística, em outras palavras, de um ponto de vista sobretudo teórico, mas com incidências sobre o trabalho do crítico ou historiador da arte (e vimos que G. Calinescu postulava uma distância sideral entre os dois planos).

Encontramos o caráter duplo e indivisível, mimético e evocativo das produções artísticas nas atividades mágicas. A tese, cara a Lukács, que defendia que a atividade artística se destacou da agitação da vida cotidiana primitiva de modo *involuntário* e não graças a uma "vontade artística" qualquer tem consequências teóricas mais extensas. Permitir-nos-á compreender que, mesmo durante a fase da plena separação da arte, sua autonomia não poderá se afirmar a não ser que esteja indissoluvelmente ligada a sua heteronomia. Não é, de modo algum, desprovida de interesse a ideia de que uma rede de categorias estéticas se implantou nas regiões da consciência humana antes mesmo de o homem desenvolver uma atividade artística independente. As elaborações miméticas apareceram no tempo das práticas mágicas. Trata-se, todavia, de atividades mágicas com caráter homeopático ou imitativo, às quais se acrescenta a magia de transferência (segundo a terminologia de Frazer) e não de rituais extáticos. A magia imitativa chegou a utilizar danças ou fábulas próprias a seus desígnios de que nasceram, pouco a pouco, as situações típicas, a colisão, a entonação (*Stimmung*, tonalidade afetiva que se torna entonação), categorias características das formações artísticas futuras. A *mimesis* tinha, nas ritualizações mágicas, um caráter profundamente *evocativo*, a ação imitativa visando despertar no auditório representações, sentimentos, convicções determinadas. Lukács dá uma atenção particular à ideia de que a *mimesis* assumiu, desde o início, um caráter antinaturalista; a incorporação da essência na fenomenalidade das representações era ditada pela função evocativa da *mimesis*, função que implica discriminações e hierarquizações espontâneas na articulação das imagens. O naturalismo é uma perversão tardia na evolução da arte. O caráter evocativo da representação pelos atos da magia imitativa levou a uma faculdade importante para a estrutura das formações estéticas ulteriores: a *evocação dirigida* (*die leitende Evokation*, ou o que Nicolai Hartmann chamará de "*die Lenkung*"). Essa faculdade aparece diretamente ligada à função das produções miméticas e evocativas assumindo um caráter mágico. Sua ação visava o "homem completo", na integralidade de seus caracteres, e não um efeito particular no intelecto ou nos sentimentos. É o que explica sua não conceitualidade ou, mais exatamente, sua transconceitualidade.

A conduta da evocação obedece a um móvel preciso, a finalidade da ação mágica. Aparece, então, comandada não por uma razão estritamente imanente, mas "de fora". Estamos, no momento, em condição de compreender melhor os fins perseguidos por Lukács durante sua profunda incursão arqueológica, na qual segue o desenvolvimento da gênese do fenômeno estético. O fato de que nos complexos miméticos iniciais a conduta da evocação era movida por uma determinação vinda "de fora" (a orientação dos pensamentos e sentimentos na direção designada pela intenção mágica) não tem apenas um interesse puramente genético ou histórico. Ao contrário, permite inferir uma conclusão importante referente à estrutura durável das produções estéticas. Há uma tese célebre de Goethe, contida em uma carta sua para Schiller, a propósito da inquietude que se apodera dos poetas modernos confrontados com sua missão e expostos a sofrer uma certa lei da arte. Segundo essa tese, "as indicações específicas devem, justamente, vir de fora, se não se comete um engano, e determinar a ocasião, o talento". Lukács associa, imediatamente, essa tese aos resultados de suas investigações. O estudo da gênese vem apoiar uma conclusão importante do domínio da análise estrutural. Constatando que a evocação dirigida nasceu sob a ação dos estimulantes exteriores, o esteta está autorizado a ver aí sua permanente *ratio essendi*. A homogeneização da subjetividade no ato da produção estética só seria concebível como "resposta" a um impulso vindo de fora; o estudo da gênese justifica a ideia de que a tensão específica entre subjetividade e objetividade é uma lei da criação artística. A impotência de certos artistas modernos para encontrar em uma realidade tornada prosaica o suporte de sua criação – tendo como corolário a afirmação do caráter absolutamente autônomo da atividade estética – é considerada um sintoma de crise, uma derrogação, explicável sócio-historicamente, mas esteticamente trágica, à verdadeira lei da elaboração estética.[35]

---

35 Trata-se aí de um problema (ver nosso estudo: *Aux origines de la pensée esthétique de Lukács*) que preocupou intensamente Lukács quando escre-

É interessante examinar os resultados do método de Lukács num terreno dos mais nevrálgicos, aparentemente, levando-se em conta seu ângulo de análise: esse terreno é o da relativa *a-pragmaticidade* da arte. As propriedades constitutivas do fato estético são o produto da dialética das necessidades sociais, tal é a tese de base de Lukács; como se comportará, a partir daí, para explicar o aparecimento deste traço essencial que é a ficção da arte, a qual se manifesta justamente pelo adormecimento das necessidades práticas, pelo abandono da órbita da vida utilitária? Toda recaída no utilitarismo, levando inevitavelmente à alteração da natureza inata da arte, provocaria, a justo título, os sarcasmos dos defensores da estética idealista. A tese de Lukács é que a evocação mimética de acontecimentos e personagens nas composições mágicas (danças guerreiras, fábulas etc.) engendrou, na consciência receptora, pela primeira vez na fenomenologia do espírito, uma conduta específica do "distanciamento" em face da vida imediata e de seus imperativos, uma disponibilidade que permite fixar a consciência num papel contemplativo. Como a organização evocativa tem em vista despertar as representações e os sentimentos determinados, implica uma "conversão teleológica" dos elementos: as personagens e os acontecimentos não são mais contemplados em sua realidade material, mas como expressão figurada dos sentimentos evocados. Começam a ser tomados como *mimesis*, e não como realidades brutas. O método contrapontista da reconstituição genética conduz Lukács a sua conclusão favorita: ainda que tivessem, em última análise, uma função prática, os complexos mimético e evocativo da magia terminaram por engendrar um prazer inédito, o prazer de contemplar uma ficção significativa. A substituição da expressão direta dos sentimentos por sua *evocação*, modalidade relacionada com a própria definição da atividade estética, tem, inicialmente, uma função prática. Quando a *evocação* (a *mimesis*) começou, por um efeito de certa forma indireto, a ser tomada por si mesma, quando se tornou o princípio constitutivo autônomo das elaborações, a atividade estética se libertou da

---

veu seus ensaios da juventude, reunidos em *A alma e as formas*. A análise da poesia de Stefan George partia justamente dos dilemas inicialmente formulados por Goethe.

tutela da magia e pôde afirmar sua independência. Lukács descreve um processo ao qual Camil Petrescu, em *La doctrine de la substance*, deu o nome de "hibridação teleológica". O que era inicialmente dotado apenas de uma presença latente e de uma função acessória adquire progressivamente preeminência e provoca uma mutação na ordenação das formas do espírito.

Convém, no momento, observar o ardor com o qual Lukács distingue o conceito de *mimesis* da simples transcrição direta da realidade. A evocação dos sentimentos é um processo radicalmente diferente de sua expressão direta. Lukács concorda completamente com a tese de Croce sobre o caráter *teórico* da atividade estética. Se Lukács fala da arte como de um "reflexo da realidade" e Croce como de uma intuição lírica (*"teoresis del sentimento"*), é que há, sem dúvida, divergências filosóficas entre os dois estetas. Contudo, quando Lukács, com a ajuda do célebre *Paradoxo sobre o comediante*, de Diderot, insiste na verdade de que "a grandeza de Shakespeare é determinada não pela 'autenticidade' dos gritos de dor, mas por seu reflexo verdadeiro, amplo e profundo",[36] devemos observar que o conceito *lukácsiano* de "reflexo da realidade" (a *mimesis*), tantas vezes questionado, é, no fundo, sinônimo da "idealidade" e do "caráter teórico" da arte elogiados pelo idealista Croce. Voltaremos às divergências mais sérias que traduzem as diferenças de terminologia nos dois pensadores. Croce rejeita, como se sabe, o conceito de *mimesis* aplicado à arte, ainda que reconhecesse o sentido profundo da tese de Aristóteles.

A estética de Georg Lukács é de tal modo recheada de postulados pertencentes ao campo da filosofia geral que nos parece útil examinar por um instante a legitimidade dessa maneira de agir. As objeções e repugnâncias, explícitas ou tácitas, à estética filosófica são inspiradas pela convicção de que, para tratar os problemas especificamente estéticos, não há nenhuma necessidade de recorrer aos teoremas do domínio da filosofia geral. É bem possível, principalmente quando se trata da *Estética*, que se imponha a muitos espíritos a impressão de uma preponderância esmagadora do discurso propriamente filosófico em relação à

---

36 LUKÁCS, G. *Aestehtik* I, *Halbband* I, op. cit., p.437.

noção corrente da estética. O tipo do crítico, e até mesmo do esteta não filósofo, é relativamente difundido, principalmente nos tempos mais recentes. Paul Zarifopol* (cuja formação filosófica era, no entanto, mais sólida do que a da maioria dos críticos de sua geração e mesmo da geração seguinte) teorizou uma oposição estrutural entre o gênero filosófico e o gênero artístico. Pretendia que, levado à abstração por natureza, o pensamento filosófico seria inapto para captar o conteúdo propriamente estético das obras de arte. Ainda que admirador fervoroso do pensamento de Croce, não hesitava em escrever: "A estética dos filósofos pode, sem dúvida, fornecer-nos informações psicológicas interessantes para o conhecimento do tipo filosófico como tal, para mostrar-nos de que maneira a arte é recebida pelos espíritos abstratos; mas só ajudou muito pouco na compreensão da própria arte". Não devemos esquecer que as simpatias de Zarifopol, quanto ao pensamento estético, tendiam para as posições rigorosamente autonomistas da escola da "visualidade pura" (inaugurada por Fiedler e Hildebrand, continuada por Wölfflin), das teorias de Hanslick no campo da estética musical, do purismo estético de Flaubert, das análises de Otto Ludwig dedicadas ao drama shakespeariano etc. Limitar a análise ao plano da intuitividade pura, do conteúdo sensível da arte (sua definição como *oratio sensitiva perfecta*, segundo Baumgarten, poderia convir-lhe maravilhosamente), sem a possibilidade de introduzir-se no espaço das ideologias sociais e morais, parecia-lhe o meio de preservar sua autonomia. A pesquisa *técnica*, isenta de toda intromissão ideológica, era, consequentemente, a única verdadeiramente aceitável. Daí a antipatia de Paul Zarifopol pelas construções grandiosas que colocavam a arte em relação com a religião ou com a metafísica e a designavam, à maneira de Hegel, como a "representação sensível da Ideia" etc. De fato, ele identificava, um pouco apressadamente, a ideia de estética filosófica e a de construção especulativa que leva à abstração.

É provável que se achem surpreendentes as objeções similares muito mais recentemente dirigidas, desta vez, à estética de Lukács, provenientes de um ângulo muito diferente daquele em

---

* Crítico literário e ensaísta romeno (1874-1934). (N.T.)

que se situava o crítico romeno. Estamos falando da estética matematizante, inspirada na teoria da informação de Max Bense. O capítulo da *Aesthetica*[37] intitulado "Exkurs über die Aesthetik Lukács" apresenta a estética de Lukács como exemplo acabado de "estética interpretativa", especulativa por hipótese, oposta ao que Max Bense chama de "estética de constatação" (*Feststellungs-ästhetik*), de qualquer forma uma estética positiva, a única que ele tem por racional, científica e realmente moderna. Não é nossa intenção demorar-nos na maneira simplista, algumas vezes caricatural, como Max Bense expõe a estética de Lukács.[38] Mas a posição de Bense é representativa na medida em que critica Lukács por tratar a obra de arte como um ato de "comunicação" espiritual e não como um "objeto" puro e simples; o caráter *filosófico* e humanista da estética lukácsiana se torna um pecado, a utilização de conceitos relacionados com a filosofia do espírito (*geistesgeschichtlich*), uma tara, enquanto a única abordagem científica e moderna concebível da obra de arte consistiria em tratá-la segundo o espírito dos métodos das ciências da natureza (*naturwissenschaftlich*) com os meios da estatística e da quantificação tirados da teoria da informação. Eis Hegel e Lukács reunidos sob uma mesma acusação, a de professar uma concepção da estética contrária aos princípios das ciências da natureza (*nichtnaturwissenschaftliche*).[39]

Aproximar objeções dirigidas contra a estética filosófica, mesmo quando provêm de horizontes diferentes, parece-nos justificado pela ideia, que lhes é comum, de defender que a análise adequada do objeto estético postularia um grau tão elevado de especificidade e tecnicidade, que a utilização de noções de competência da filosofia geral voltaria, definitivamente, a afastar-se

---

37 BENSE, Max. *Aesthetica*. Agis-Verlag, 1965.

38 Para dar apenas uma amostra, à guisa da exposição do método "dialético" de tratamento dos problemas – método que carrega pejorativamente o epíteto de "especulativo" –, atribui-se a Lukács uma representação triádica, de tipo hegeliano, aplicada ao processo artístico: "tese, antítese, síntese". Ora, todo leitor atento da *Estética* lukácsiana é capaz de conhecer a oposição resoluta de seu método genético e materialista a essas esquematizações anacrônicas e o vigor que leva Lukács a criticar todo logicismo idealista.

39 Op. cit., p.205.

da adequação e a derrogar, por um viés filosofante, a lei íntima do objeto analisado.

Ora, um dos traços constitutivos da estética de Lukács reside precisamente na convicção de que não existem problemas especificamente estéticos (mesmo que fossem de aparência puramente técnica) que pudessem ser tratados fora de toda opção filosófica determinada. Sua *Estética* poderia ser considerada o terreno privilegiado da experimentação das "zonas fronteiriças" onde a resolução de problemas especificamente estéticos se vê converter, espontaneamente, em apelo às verdades relacionadas com a filosofia. Não queremos negar o fato de que, bem frequentemente, os grandes sistemas filosóficos do passado imolaram o sentido puro da arte no altar da especulação metafísica ou de preconceitos doutrinários. Além disso, é certo que, levando-se em conta suas opções filosóficas marxistas, devemos ficar constantemente atentos, ao longo do percurso da *Estética* de Lukács, à harmonia e à coerência entre a autonomia dos processos estéticos e os postulados filosóficos; devemos ter cuidado para que essa autonomia dos processos estéticos não sofra nem amputação nem alteração pelo fato de um "apriorismo" filosófico qualquer, no sentido negativo dessa palavra (apriorismo comparável ao dos sistemas metafísicos lembrados acima). É, pois, a função heurística do marxismo que está em jogo, como método de explicação e de interpretação da atividade estética. A título de exemplo, examinemos as soluções encontradas para os problemas relacionados, sem dúvida alguma, à "pura estética" (problemas formais da arte ou, como diz o próprio Lukács, "puramente técnicos na aparência"): aparecimento da "cor local" na pintura, ou relação entre "ilustração" e "decoração" nas artes plásticas, ambos os problemas ligados à constituição do caráter de "mundo autônomo" de cada obra de arte. Quanto à utilização das cores, em pintura, para compor um espaço concreto, articulado como um conjunto homogêneo, é um problema cuja solução não lhe parece considerável sem a discussão prévia de uma tese de ordem filosófica geral que se refere aos efeitos da socialidade do ser humano sobre seus instintos naturais, efeitos que se exprimem pelo "recuo das barreiras naturais" ("*das Zurückweichen der Naturschranke*", como diz Marx) e pela constituição de uma "segunda natureza". Ou ainda a solução não lhe parece considerável se não se evocarem os móveis que, na constelação da vida social, determinaram a elaboração dos quadros como "mundos autônomos". Do ponto de vista estritamente pictórico, o problema é compreender de que modo a harmonização decorativa das cores – conforme a sua complementaridade – ditada pelas leis naturais (fisiológicas) do espectro pôde ocasionar a utilização das cores para fins infinitamente mais complexos: a criação de um espaço visual que dá o sentimento da totalidade intensiva de um *mundo*. A célebre tese de Goethe visando os "efeitos sensíveis e morais das cores" oferece efetivamente a solução do problema. Mas para dar-lhe uma base sólida é preciso partir da tese fundamental de Marx: a troca material (a interação) entre a sociedade e a natureza (*"der Stoffwechsel zwischen Gesellschaft und Natur"*) é a chave do *devir* do homem. A utilização das cores para contornar um espaço articulado de modo homogêneo (problema da "cor local") de uma maneira que ultrapassa as leis naturais do espectro não se torna inteligível senão quando levamos em conta a influência da condição sócio-histórica do homem sobre sua sensibilidade à cor. Em outras palavras, as cores são diversamente dotadas de significações segundo a ação que exerce a evolução sócio-histórica sobre a acuidade e a orientação da percepção das cores.

Mais importante é o problema teórico levantado pelo espaço pictórico erigido em "mundo" autônomo. Para esse assunto, Lukács formula um dos postulados essenciais de seu pensamento estético: a arte tem por missão propor uma representação plenamente objetiva do mundo olhado da perspectiva única de sua conformidade com as aspirações humanas. A simplicidade dessa fórmula, que reaparece qual um *leitmotiv* ao longo da *Estética*, não deve enganar. Ela intercepta o que Lukács chama constantemente de "o fecundo paradoxo" do fato estético. O estudo de sua estética da juventude nos mostraria que para o jovem Lukács o "princípio transcendental" da esfera estética era a criação de um objeto "conforme às exigências do puro vivido" (*reines Erlebnis*). A ênfase vigorosa que põe no caráter de "evocação dirigida" da imagem estética na *Estética* da maturidade prova a continuidade das ideias iniciais. No presente, contudo, o centro de gravidade está ocupado pela ideia de *mimesis*, pela evocação da totalidade intensiva de um *mundo*, com seus múltiplos determinantes. Não acreditamos que estejamos errados ao afirmar que o esforço teórico de Lukács visa, sem cessar, defender a presença simultânea das duas funções complementares do objeto estético: a evocação mimética da realidade enquanto institui um "mundo" e sugere uma infinidade de determinantes, de um lado, e, de outro, o desdobramento dessa evocação na imanência da sensibilidade, no "meio homogêneo" forjado por uma aptidão sensitiva humana (queremos falar da aptidão que permite a recepção da realidade, seu "vivido" e sua evocação segundo o critério da conformidade com o movimento da sensibilidade humana).

É a recusa a dissociar a organização sensível da obra, como, por exemplo a "paginação" de um espaço pictórico, de sua função estética primordial, a evocação mimética de um "mundo", a recusa, então, a considerar separadamente o aspecto *plano* e o aspecto *em profundidade* da obra, que explica a polêmica engajada contra a famosa dicotomia instaurada por Bernard Berenson entre o aspecto "ilustrativo" e o aspecto "decorativo" de uma obra plástica. Não somente esses dois aspectos seriam bem distintos mas, segundo a concepção de Berenson, só o *decorativo* preencheria a função estética propriamente dita, enquanto o *ilustrativo* (mimético-evocativo, diria Lukács) se situa, por hipótese, fora da zona do fato estético. Lukács repele e não dá ganho de causa a nenhuma das partes: o conteudismo daqueles que se inclinariam a dar atenção apenas ao aspecto "iconográfico" de um quadro, sem levar em conta os acentos e tonalidades que fazem sua organização pictórica, e também o formalismo daqueles levados a reduzir a atitude estética à contemplação dos aspectos puramente *decorativos* (no sentido que Berenson dá a esse termo) da forma e da composição, do emprego das cores e da organização da matéria. "A *ilustração* é tudo o que, na obra de arte, nos interessa, não pelas qualidades intrínsecas de forma, cor ou composição, mas pelo preço que se prende ao assunto representado, quer seja tomado no mundo real ou no mundo dos sentimentos".[40] Quanto ao conteúdo iconográfico (ilustrativo), Lukács afirma que não se torna interessante esteticamente falando a não ser que o percebamos impregnado das tonalidades

---

40 BERENSON, Bernard. *Les Peintres Italiens de la Renaissance*. Trad. Louis Gillet. Paris: Gallimard, 1935, p.125.

afetivas e dos acentos evocadores da sensibilidade do artista; não é possível assegurar que tais tonalidades e acentos não tenham relação com o conteúdo iconográfico; também não podemos considerar a organização decorativa da obra (a bidimensionalidade do quadro) fora de sua função evocativa. O fato de que a maioria dos mestres holandeses tenha executado retratos dos regentes, assunto favorito da pintura dos Países Baixos no século XVII, no espírito de uma organização "coordenada" da composição, enquanto em seu *Staalmeester* Rembrandt adotou uma organização de tipo "subordinado", está relacionado com suas orientações espirituais diferentes: a incoercível tendência de Rembrandt à visão dramática das coisas, que explicaria, segundo Alois Riegl, a escolha da "subordinação" como forma de composição, é associada por Lukács à *Weltanschauung* do pintor, principalmente sua profunda tendência a descobrir no universo da segura sociedade burguesa, exaltada por seus contemporâneos, uma contradição dramática. As diferenças de organização decorativa das obras são, portanto, postas em relação com os movimentos mais profundos da sensibilidade. O decorativo e o ilustrativo, nitidamente dissociados por Berenson, são considerados por Lukács em sua unidade orgânica e dialética.

O dualismo instaurado por Bernard Berenson entre a decoração e a ilustração teve mais tarde uma grande repercussão na estética. Sua oposição ao conteudismo abstrato na interpretação estética levou Benedetto Croce a adotar a distinção de Berenson. O esteta italiano via aí um instrumento de luta eficaz contra os espíritos a-estéticos, inclinados a identificar o conteúdo ideal da arte com o "assunto" ou com o "conteúdo material", isto é, com a matéria extraestética; em pintura, por exemplo, com o "literário" ou com o anedótico. Eis a definição de Berenson: "Por *decoração* entendo os elementos da obra de arte que se dirigem diretamente aos sentidos (cor, tonalidade) ou que provocam em nós ideias de sensações (forma e movimento por exemplo)".[41] Quanto a Croce, lembra que, no fundo, a distinção entre a poesia e a não poesia significa a distinção entre seu valor "decorativo" e o que nela é valor "ilustrativo". Acrescenta que seu volu-

---

41 Ibidem, p.123.

me *Poesia e non poesia* poderia muito bem ser intitulado "Valores decorativos e valores ilustrativos em poesia".[42] Nas últimas páginas de sua última obra importante referente à estética, *la Poesia* (1936), insiste de novo na notável fecundidade da distinção de Berenson, mostrando que a discriminação entre "fábula" e "lírico", entre "estrutura" e "poesia", ou ainda a afirmação polêmica de que em música não existem sentimentos "definidos" mas somente "indefinidos", correspondem inteiramente à separação operada por Berenson entre o "ilustrativo" e o "decorativo" em pintura. É certo que a tese do célebre crítico de arte americano só poderia fortalecer a posição de Croce contra as interpretações conceptualistas ou ideologistas da obra de arte. Poder-se-ia enxergar, mais uma vez, a atitude de Lukács como um meio-termo. Recusa aceitar uma separação completa entre os aspectos puramente "sensíveis" e os valores "significantes" ilustrativos da obra de arte, que conferiria somente aos primeiros os atributos *estéticos* e lançaria os segundos nas regiões *exteriores ao fato estético*. Lukács admite sem dificuldade que, em numerosos casos, a maneira de tratar o conteúdo iconográfico de uma obra é independente das exigências estritas da criação artística (trata-se do conteudismo abstrato que Croce repudiava igualmente) ou que, inversamente, em outros casos, a matéria iconográfica serve apenas de pretexto aos efeitos decorativos.[43] A orientação de sua estética mostra que a homogeneização no plano do imediatismo sensível constitui para Lukács uma condição da existência artística, semelhante à que Croce postula, dirigindo sua polêmica contra a estética da "Ideia" sendo análoga à do esteta italiano. No entanto, Lukács concebe um imediatismo sensível da obra de arte aperfeiçoada de "significações", entendendo por isso a expressão da consciência de si da humanidade numa etapa histórica de seu desenvolvimento (voltaremos a esse problema decisivo). O "conteúdo", ou a matéria iconográfica, é visto por Lukács como um espaço de jogo (*Spielraum*); exprime, em sua generalidade, o "comando social" de que o artista deverá, contudo, individualizar um conteúdo por hipótese particular à sua obra. Infelizmente, o exame concreto dos problemas ligados à relação

---

42 CROCE, Benedetto. *Conversazioni critiche*, op. cit., v.5, p.36.
43 LUKÁCS, Georg. *Aesthetik*, op. cit. 1/1, p.504.

conteúdo/forma na arte estava destinado à segunda parte de sua estética, que ele não teve o prazer de redigir.[44]

Hegel-Fiedler: a síntese impossível?

Se nos pareceu interessante considerar a atitude de Lukács a propósito de um problema à primeira vista tão particular como o da relação entre o "ilustrativo" e o "decorativo" em arte, é porque aí existe um terreno privilegiado da afirmação da "autonomia do fato estético". Benedetto Croce, como já dissemos, se apressou em fazer sua a distinção postulada por Berenson e estendeu sua esfera de aplicação ao universo da arte como um todo. Com a diferença – num sentido positivo – de alguns de seus predecessores, críticos e estetas marxistas, Georg Lukács é dota-

---

44 Para precisar mais os pontos de vista de Lukács quanto à relação entre "ilustração" e "decoração", devemos observar que voltará à tese de Berenson em um contexto diferente. No capítulo de sua *Estética* que trata de *psicologia* e discute a proposição de um terceiro sistema de sinalização, ao lado dos dois já postulados por Pavlov, o sistema de sinalização I´ que designa a atividade sintética dos sentidos, bem distinta dos reflexos condicionados (primeiro sistema de sinalização), mas também da atividade de generalização do tipo conceitual-intelectivo (segundo sistema de sinalização), Lukács mostra que o campo especificado por Berenson sob o termo de *decoração* se sobreporia, em grande parte, ao da atividade do sistema de sinalização I´, enquanto o campo do *ilustrativo* englobaria conteúdos que provêm predominantemente do segundo sistema de sinalização. A análise dos desenhos e obras plásticas tendo a ver com a arte patológica, como as que realizam os esquizofrênicos, ratificaria a conclusão de que, se esses últimos podem perder as funções do segundo sistema de sinalização (isto é, as da linguagem e do pensamento), podem, contudo, conservar as aptidões decorativas, isto é, uma atividade sintética dos sentidos segundo o sistema de sinalização I´ (*Aesthetik*, I, Halbband II, p.90-1). A esse propósito, Lukács observará que nada do campo convencionalmente designado como o *ilustrativo* tem existência artística a não ser na imanência do imediatismo sensível e da atividade evocadora, que é a do sistema de sinalização I´ (portanto do *decorativo*), mas, ao mesmo tempo, dará a entender muito claramente que a arte se privaria de sua autêntica dimensão se não fosse capaz de converter e incorporar, em seu "segundo imediatismo," os sentidos fundamentais da existência do homem no mundo.

do de uma receptividade e de uma sensibilidade mais agudas a respeito dos aspectos específicos da atividade estética. Sem dúvida não é difícil imaginar o estremecimento de um partidário ortodoxo da "autonomia do fato estético"[45] diante da ligação estabelecida entre as normas de composição a que obedece a pintura de Rembrandt e a *Weltanschauung* do pintor (exemplo típico do método lukácsiano); imaginar, em outros termos, a repugnância do "esteta" em ver utilizar os conceitos que apresentam o sentimento de segurança da sociedade burguesa tradicional e a impressão de crise dessa mesma sociedade burguesa triunfante em relação com a oposição entre Rembrandt e seus grandes contemporâneos holandeses. Lukács se ocupou da pintura de Rembrandt de modo muito mais aprofundado do que deixaria pensar o exemplo mencionado acima, muito rapidamente, e principalmente quando estudou a "luta para libertar a arte" da tutela da religião, no último capítulo de sua *Estética*. Seguindo Max Dvorák, Lukács reúne, desta vez, Tintoretto e Rembrandt como expressões diferentes, em etapas distantes da evolução histórica, de uma grande crise: a provocada pela descristianização do mundo na aurora da época moderna, pela profunda nostalgia religiosa da subjetividade, pela aspiração dessa à reconquista do equilíbrio e pela impotência dramática para reencontrá-lo. Lukács assim conclui: "Rembrandt tem um lugar enorme na história mundial da arte porque conseguiu realizar (para empregar a expressão favorita de Cézanne) uma tal *mimesis* objetiva, destacada da subjetividade, e, ao mesmo tempo, irradiada em todo lugar por uma subjetividade impotente em face da objetividade".[46] É evidente que nem a primeira caracterização, anteriormente lembrada, nem a última, de porte antes *geistesgeschichtlich* (isto é, relacionada com a "história do espírito" e do método inaugurado por Dilthey), poderiam recolher a adesão dos defensores da "autonomia do fato estético". Observemos rapidamente que Lukács se apóia frequentemente, ao longo de sua *Es-*

---

45 Para evitar mal-entendidos, precisemos que a teoria da "autonomia do fato estético" designa a doutrina que nega todo elo necessário entre a arte e o desenvolvimento da sociedade e das diversas formas da consciência social.

46 LUKÁCS, Georg. *Aesthetik, Halbband* II, op. cit., p.721-2.

tética, sempre que se trata de artes plásticas, nas pesquisas dos historiadores e críticos inspirados na linha da *Geistesgeschichte*, manifestando, assim, uma afinidade reveladora com o espírito dos trabalhos de Max Dvorák, Alois Riegl, Wickhoff. De fato, o marxista Lukács conservará, na ordem estritamente teórica da filosofia e da filosofia da arte, uma atitude resolutamente crítica a respeito de Dilthey e seus discípulos. É principalmente no domínio da crítica e da história literárias que sua oposição às tendências *geistesgeschichtlich* é categórica. E, no entanto, não é muito notável que Max Dvorák tenha considerado a obra célebre do pré-marxista Lukács, *A teoria do romance*, "a mais importante produção nascida dessa corrente" das "ciências do espírito" (*"geisteswissenschaftlich"*), como o próprio Dvorák devia declarar, em 1920, a Lukács?[47] Da mesma forma, é bom lembrar que, ainda que fossem sumárias por si mesmas as individualizações das grandes figuras de artistas em sua *Estética,* Lukács não deixa nunca de estabelecer relações entre a condição espiritual do artista, dependendo de sua ideologia, e a organização formal específica das obras. A título de exemplo, a dramatização das *iluminações* coloridas (*des farbigen Scheins*) nos quadros de Tintoretto era colocada em estreita correlação com a extrema tensão espiritual que domina a obra do grande artista veneziano.

Benedetto Croce nos servirá ainda de padrão de referência ideal para analisar a posição de Georg Lukács no problema da autonomia do fato estético. Escrevendo sobre um opúsculo de crítica de um italiano do século passado, Vittorio Imbriani, Croce subscrevia a querela feita à "ideomania" nas cartas do referido autor sobre a pintura. "Ideomania" quer dizer "pintura com intenções filosóficas, morais e satíricas", e Croce manifestava um real entusiasmo diante da rejeição categórica da tese hegeliana que destina a arte (no caso, a pintura) a "representar a Ideia". Imbriani tinha nutrido simpatias hegelianas, mas em seus textos chegava à conclusão de que a pintura deve figurar não pura e simplesmente a "Ideia", mas a "ideia pictórica", e essa era para ele sinônimo de *mancha* (*"la macchia"*). Croce podia descobrir

---

47 LUKÁCS, Georg. Prefácio. In: _____. *La Théorie du Roman*, op. cit., p.7.

aqui uma feliz convergência com sua própria teoria da arte como "pura intuição". O esteta italiano dava sua plena aprovação à tese de Imbriani segundo a qual a célula geradora da criação pictural é "*la macchia*" (a mancha, "a concordância de tons, de luz e de sombra, apta a suscitar um sentimento"); estava encantado com ela e a aplicava à esfera da arte como um todo:

> O valor da poesia reside, exatamente como o da pintura, na *mancha*, na onda lírica, e não na riqueza e na importância dos pensamentos, dos sentimentos e observações realistas e históricos, ou ainda na capacidade de desvelar segredos. Sua razão de ser e sua sedução se prendem à *mancha*, ao ritmo, ao motivo.[48]

Eis-nos em presença de um texto significativo para situar a "autonomia do fato estético", tanto pela polêmica contra o conteudismo de fonte hegeliana como pelo modo expressivo com que se expõe a tese autonomista.

É evidente, nessas condições, que apreciações das obras pictóricas como Lukács formula a propósito de um Rembrandt ou de um Tintoretto, e que levam a evocar um universo espiritual ligado à situação sócio-histórica do artista, só poderão ser consideradas, aos olhos de um partidário da autonomia do fato estético, no caso adepto de Croce, como tantas derrapagens fora do terreno do fato estético e como outros tantos prolongamentos de um conteudismo estético do tipo hegeliano ou diltheyiano. Benedetto Croce censurava à crítica de inspiração hegeliana uma concepção estética "*filosofistica o mitologistica*" afirmando que o pensamento hegeliano seria impermeável ao "*caráter sentimental e lírico* da arte".[49] O livro de Dilthey *Das Erlebnis und die Dichtung* (1910), que além de tudo tinha produzido uma forte impressão no jovem Lukács, como confessou em seu prefácio de 1962 à *Teoria do romance*, era citado por Croce em *La Poesia* como um exemplo da "passagem da história da poesia para a história do espírito ético e social". E na pena de Benedetto Croce isso equi-

---

48 CROCE, B. Una teoria della "macchia". In: _____. *Problemi di estetica*, op. cit., p.239-94.

49 Ver: CROCE, Benedetto. De Sanctis e l'hegelismo. In: _____. *Saggio sullo Hegel*, op. cit., p.388.

valia a um julgamento absolutamente negativo. *"Il Dilthey, che con molta finezza sapeva cogliere gli svolgimenti morali, religiosi e filosofici, non pare che avesse pari disposizione felice nelle cose della poesia propriamente detta"*, escrevia Croce.[50] As observações que precedem devem permitir-nos esclarecer melhor o aparente paradoxo da posição de Lukács.

Devemos constatar, por ser revelador, o fato de que a estética da juventude de Lukács traía a sensível influência das ideias estéticas de Konrad Fiedler, teórico conhecido da arte como "pura visualidade" (*reine Sichtbarkeit*), o mesmo que tinha exercido uma atração e uma influência incontestáveis sobre Croce. Ora, as ideias de Fiedler têm uma presença considerável ainda na estética final de Lukács, mesmo se este as submete, a partir de então, sistematicamente a revisão crítica. Na filosofia alemã da arte da segunda metade do século passado, ninguém mais do que Fiedler valorizou tão fortemente a autonomia da atividade estética. A faculdade de *ver*, único instrumento da atividade estética no âmbito das artes plásticas, segundo Fiedler, que a concebia como uma força autárquica cujo desenvolvimento e cuja proliferação davam origem, por uma dinâmica própria, às obras de arte. A atividade estética só toma realmente corpo no momento em que *a vista* (a faculdade visual) chega a rejeitar toda ingerência ou tutela, toda aderência dos sentimentos ou da reflexão que a acompanham espontaneamente na vida corrente. No processo da criação artística, o visual reprime todos os outros componentes da personalidade humana e se erige em energia espiritual autotélica. A obra de Fiedler não oferece, por sua vez, um eloquente exemplo da indissolubilidade da estética e da filosofia: o visual se torna, em Fiedler, uma atividade criadora autônoma por analogia direta com a atividade cognitiva do sujeito transcendental kantiano. Além disso, o neokantiano Konrad Fiedler se esforça resolutamente, ao modo de todo o neokantismo moderno, para expurgar a hereditariedade kantiana da tão incômoda "coisa em si", a fim de assegurar à atividade criadora da consciência uma

---

50 [Dilthey, que sabia colher com muita delicadeza os desenvolvimentos morais, religiosos e filosóficos, não parecia ter esta feliz disposição em relação à poesia propriamente dita. (N.E.)] CROCE, Benedetto. *La Poesia*, prima edizione economica, op. cit. p.316-7.

soberania sem entraves. Na ordem da criação artística, o sentido da visão seria assim liberado de toda pressão ou condicionamento exterior, elaborando de modo livre e autônomo, em concordância exclusiva com sua lei interna de afirmação. O radicalismo de Fiedler, quando se trata de dissociar a faculdade figurativa de todas as outras forças espirituais – a vida afetiva, assim como a atividade intelectiva vistas como neutralizadas e suprimidas pelo ato da "pura visualização" –, contribuiu certamente para dar uma ampla audiência a suas ideias e para levá-lo a ser considerado um dos pais modernos da autonomia do fato estético. Esse radicalismo estipula que toda afirmação de caráter sentimental, reflexivo, filosófico a respeito da arte só poderá alterar-lhe a essência se seu acesso estiver reservado a um número bem pequeno daqueles capazes de transportar-se para o universo da pura visualidade.[51]

É a Konrad Fiedler que pertence igualmente a tese de que *a arte*, em geral, não existe; só haveria *artes* particulares, cada uma tributária de um dos sentidos ou de uma das faculdades sensíveis do homem. O preâmbulo de sua obra fundamental[52] assegura, aliás, que toda a teoria desenvolvida nesse tratado se refere apenas ao domínio das artes plásticas, sem nada inferir delas quanto às outras formas de arte. Mas, de fato, não é difícil adivinhar que o método fiedleriano de análise do fenômeno estético poderia referir-se à esfera geral das artes. Georg Lukács compartilhará plenamente a ideia programática de Fiedler que visa a descontinuidade da cadeia estética e a preeminência da atividade artística especializada em relação à ideia genérica da arte, enquanto Benedetto Croce a repelirá sem considerações, levando em conta as distinções entre as diferentes artes como desnudadas de significação filosófica e como uma reedição do velho engano de Lessing. Contudo, não obstante suas reservas notáveis, Benedettto Croce tinha uma grande estima pela teoria estética de Fiedler. A posição contra as interpretações sentimentalistas ou intelectualistas da arte, a maneira vigorosa com que estava

---

51 Ver, em sua totalidade: FIEDLER, Konrad. Über den Ursprung der künstlerischen Tätigkeit. In: _____. *Schriften zur Kunst*, I, W. Fink Verlag, 1971, p.183-386.

52 Ibidem.

esclarecida a unilateralidade da atividade estética, a supressão de um *hiato* entre visão e expressão, atitude anticonteudística que Croce denominava "*il gioiello delle dottrine fiedleriane*", eram celebrados pelo esteta italiano com uma explicável gratidão.[53] Muito mais significativo e importante para o nosso propósito é o fato de que Georg Lukács assimilará e integrará, inteiramente, em seu sistema estético final a descrição do imediatismo do processo de criação dado por Fiedler. Sem contestar de modo algum a força da convicção de Lukács em formular sérias reservas em relação a Fiedler, devemos convir que a influência das ideias fiedlerianas permanece em Lukács muito maior do que ele gostaria de admitir. É assim quando Lukács concebe o processo imediato da criação artística como um movimento *redutor*, operado pelo sujeito, no sentido de uma necessária redução da matéria percebida por um sentido determinado (no caso, a visão). Dá-se o mesmo para a recusa de deixar macular a imanência sensível pela contaminação exterior de outros sentidos, atividades intelectivas ou volitivas etc. Estamos, então, em face desse paradoxo estético de que falávamos antes: de um lado, Georg Lukács se mostra fiel à tese do autonomista Fiedler que erige a atividade sintética dos sentidos em um único órgão da criação artística e que proíbe todo transbordamento do meio homogêneo da pura visualidade (por exemplo em direção do prático ou do intelectivo) sob pena de fazer sair a obra plástica da esfera da atividade estética; mas, por outro lado, o mesmo Lukács une à análise das obras de grandes pintores critérios de ordem ideológica ou *geistesgeschichtlich* inscritos na filiação hegeliana ou mesmo diltheyana, e que, por sua natureza, se situam nos antípodas da teoria estética da "pura visualidade". Lukács seria prisioneiro de uma hereditariedade híbrida? Não se pode pensar que, aos olhos de todo partidário da autonomia do fato estético, tal reunião de aquisições da estética hegeliana e da teoria fiedleriana seria seguramente considerada a realização da *quadratura do círculo*? No entanto, é verdade que mesmo Benedetto Croce dirigirá a Fiedler a crítica fundamental de ter permanecido ilhado na esfera gelada da visualidade pura e de ter desconhecido a fonte

---

53 Ver: CROCE, Benedetto. La teoria dell'arte come pura visibilità. In: _____. *Nuovi Saggi di estetica*, op. cit., p.235-50.

de energia espiritual que anima a atividade intuitiva e lhe dá calor, quando o sentimento se torna objeto de contemplação.[54] Nesse terreno, Georg Lukács encontrar-se-á com Croce, mas sua crítica terá muito mais envergadura. Não é menos certo que a separação completa operada por Fiedler entre a atividade estética do espírito e suas ações mentais ou volitivas será considerada por Croce uma aquisição definitiva da autonomia da arte. Como devemos, então, compreender a tentativa de Lukács de realizar o que aparece como uma "síntese impossível"?

Subjetividade e objetividade

A solução só se evidencia quando se têm presentes ao espírito os dois traços fundamentais, estreitamente ligados, da atividade artística: o caráter de *mimesis* e a vocação antropomorfizante da arte. As análises estéticas de Lukács só se tornam compreensíveis através da presença simultânea e constante dos dois atributos.

É bem possível que seja precisamente a restauração em seus direitos do antigo conceito de *mimesis* – restauração perseguida com uma obstinação teórica sem precedentes na história da estética moderna – que provoca as mais vivas resistências à estética de Lukács.[55] A dificuldade reside na inteligibilidade da simultaneidade dessa dupla exigência postulada em relação à arte: conservar, através da *mimesis*, a objetividade do mundo em si, inalterada pelas ilusões ou pelos preconceitos, mas evocá-la exclusivamente em função da amplificação e do fortalecimento da subjetividade. A abertura à plenitude do mundo exterior seria uma condição inelutável da constituição da arte como "mundo autárquico". De um outro lado, a nítida afirmação da ideia de que é a *autocontemplação da subjetividade (die Selbstbetrachtung der*

---

54 Ver-se-á o purismo de Fiedler tratado por Croce de "claridade sem calor" (*chiarezza senza calore*): art. cit., p.246.

55 Mostramos, em outros lugares, que Benedetto Croce estabelecia uma oposição absoluta entre o conceito aristotélico da arte como *mimesis* e seu próprio conceito da arte como *intuição lírica*.

252 NICOLAS TERTULIAN

Subjektivität) que constitui o móvel da atividade estética parece indicar um movimento na direção oposta e de natureza a satisfazer até mesmo os partidários da tese da arte como intuição lírica.

A concepção estética de Lukács se apóia evidentemente em toda uma filosofia da gênese e da constituição da subjetividade humana. O conceito de *mimesis* não deve enganar: longe de atribuir à arte a missão de evocar a realidade em sua neutralidade e sua indiferença, em sua pura exterioridade, os acentos decisivos estão colocados na vocação da arte para intensificar a subjetividade, para criar, segundo a fórmula significativa de Lukács, uma "ênfase" da subjetividade. A particularidade mais tocante de sua estética é, como já observamos, a lógica da articulação dos teoremas estéticos a partir de uma ontologia da existência social e da epistemologia correspondente. A coincidência no processo da atividade estética de dois movimentos aparentemente divergentes, o mergulho na imanência da realidade objetiva e a intensificação da subjetividade, poderia parecer a um espírito não prevenido um simples artifício dialético, até mesmo um paradoxo, irrealizável na intuição direta. No entanto, Lukács parte de uma verdade familiar à antropologia filosófica e à ética: o conhecimento de si do homem não ocorre sem o conhecimento do conjunto de suas relações com o mundo.

Uma passagem memorável das conversas de Goethe com Eckermann e uma outra das *Máximas e reflexões* do grande poeta servem de ponto de apoio ao esteta. O "conhece-te a ti mesmo" (*Erkenne dich selbst*) não seria de modo algum a expressão de uma ascese, não teria nada de comum com a "heautognose de nossos modernos hipocondríacos, humoristas e outros Heautontimoroumenos", mas simplesmente prescreveria a observação das relações com seus semelhantes e o mundo.[56] A extrapolação dessa verdade para a fenomenologia da criação artística constitui o ponto nevrálgico da argumentação de Lukács. Lembremos o ponto de partida: a missão da arte é evocar a realidade em sua plena objetividade, mas da perspectiva única de sua *conformidade* com as exigências humanas.

O conceito de *conformidade* (*Angemessenheit*) deve ser apresentado com precisão para evitar as ambiguidades que provoca

---

56 LUKÁCS, Georg. *Aesthetik*, op. cit., Bd. I, p.241.

GEORG LUKÁCS

sua generalidade. A troca material de substância entre natureza e sociedade, para retomar os termos de Marx, supõe a incessante transformação da natureza de acordo com as exigências da vida social e a modelagem das relações sociais em função dos imperativos da vida humana. O homem, com o conjunto de suas faculdades, é o produto integral desse processo. A ideia de "conformidade" (ou de adequação) pode ser tomada inicialmente numa acepção prática: os exemplos da culturização de antigos desertos e do corte de madeiras de cimos outrora arborizados que Lukács[57] dá justificam tal acepção. Ninguém, no entanto, poderá pretender que se trata aí de processos devidos a uma atividade estética.

Para entender a "conformidade" segundo a acepção desejada por Lukács, como base da atividade estética, devemos encará-la num contexto mais vasto. Em outras palavras, é preciso compreendê-la como uma adequação do mundo (vista sob a forma da "troca material de substância entre sociedade e natureza") às exigências do homem tomado em sua *essência humana*, como sua conformidade com os atributos – equilíbrio ou perturbação, bem ou mal – da personalidade humana em sua integralidade. Só assim, em nossa opinião, é que se torna inteligível uma afirmação como esta: "Desde o idílio até a tragédia, essa troca (metabolismo) entre sociedade e natureza engloba todos os fenômenos vitais do mundo dos homens, seu ambiente, a base natural de sua existência e as suas consequências sociais".[58] As coisas se tornariam ainda mais precisas se fizéssemos entrar na linha da importância um segundo conceito fundamental da estética de Lukács: o da consciência de si (*Selbstbewusstsein*). A consciência de si deve ser entendida como a reflexão da vida interior e exterior na certeza e na plenitude da consciência.

Numa página reveladora de um subcapítulo, "A obra de arte como sendo para-si", contido no segundo volume da *Estética*, Lukács distingue muito nitidamente a vida sentimental da consciência com sua onda de pulsões do fenômeno da consciência de si. A intensidade das paixões não tem nada a ver com a amplitude da consciência de si. "As paixões da vida provocam efetivamente uma tomada de consciência naqueles de que se apode-

---

57 Ibidem, p.556.
58 Ibidem.

ram, mas, nesse caso, trata-se apenas aí de um produto secundário de qualquer maneira." Os sentimentos e as paixões são formas da vida prática do indivíduo; a consciência de si toca em sua área de reflexão na autenticidade e na integralidade da personalidade. Situa-se, então, em um nível superior, tal um *dieu caché*, que seria, ao mesmo tempo, participante, testemunha e juiz implícito das peripécias da vida passional. As paixões, captadas por seu objeto, podem acompanhar-se de uma consciência de si "mas não conduzem para isso obrigatoriamente".

A distinção sutil e profunda de Lukács exige atenção: a consciência de si visa a região nuclear da personalidade humana, aquela onde se decidem, do alto da plenitude, a sanção e a harmonização de todos os acontecimentos da consciência. O esteta marxista redescobre, com seus próprios instrumentos, a profundidade do conceito aristotélico de *catharsis*: o fim da obra de arte é a "purificação" das paixões, sua elevação ao patamar da consciência de si.

A ideia cardeal de Lukács permanece, embora a intensificação da consciência de si não seja possível fora do contato multiforme com a realidade do mundo objetivo. A circularidade do movimento que liga a consciência de si à consciência do mundo real se encontra na base de todos os seus teoremas estéticos. "*Ein ungegenständliches Wesen ist ein* Unwesen" (Um ser não objetivo é um *não ser*), a célebre tese de Marx nos *Manuscritos de 1844* pode ser vista como a célula de seu pensamento final. O elo indissolúvel entre o ato de objetivização e o desenvolvimento da sensibilidade humana, a correlação permanente entre os dois planos, é uma ideia de Marx integralmente valorizada por Lukács. Fundamentalmente, sua direção de pensamento visa prolongar a ideia formulada *in nuce* por Marx para as regiões mais complexas da vida espiritual. A estreita correlação entre teleologia e causalidade, entre as iniciativas da consciência e o estudo das séries causais objetivas ("sob pena de naufrágio", "*bei Strafe des Untergangs*", segundo a expressão de Marx), é uma outra pedra angular de seu pensamento.

O mérito de Hegel de ter situado o trabalho na base do *devir* do homem como pessoa humana, de ter criado as premissas para a compreensão da verdadeira relação entre causalidade e teleologia, este mérito estava colocado sob viva luz por Lukács em seu livro *O jovem Hegel*. Não podemos dar aqui a descrição da gênese e da totalidade das implicações da concepção filosófica de Lukács sobre a relação sujeito-objeto. Digamos somente que ele examina a partir de suas formas mais elementares, a partir do processo do trabalho, de que modo a auscultação dos segredos da matéria e o estudo de suas propriedades objetivas está a ponto de assegurar o sucesso das iniciativas subjetivas.

As teses de Hegel sobre a relação entre a subjetividade e a objetividade, desde a crítica aguda do idealismo subjetivo de Kant, Fichte e Jacobi em *Fé e saber* à crítica da "bela alma" e da "consciência infeliz", do estoicismo e do ceticismo na *Fenomenologia do espírito,* com este corolário de que a profundidade da subjetividade está na medida de seu enraizamento na objetividade, tornaram-se outros tantos pilares do pensamento de Lukács.

A força demonstrativa de sua estética se deve à extensão de certos teoremas fundamentais de caráter ontológico na área da atividade estética do espírito. É o que decorre, por exemplo, da ligação estabelecida entre a ideia de que as faculdades da personalidade humana, das mais elementares às mais complexas, nasceram da interação com a realidade objetiva, e a descrição do processo de criação artística sob a fórmula do duplo movimento de alienação e perda de si do sujeito na totalidade do mundo objetivo e de volta a si, amplificado e enriquecido, como consequência do contato com o mundo. A circularidade do movimento entre o conhecimento de si e o conhecimento do mundo estaria na base do equilíbrio que flutua entre subjetividade e objetividade na imanência da criação artística.

À primeira vista, a ideia de Lukács de fazer da tese filosófica de Hegel sobre o movimento de "alienação" da consciência no mundo e de sua "reintegração", pela volta à consciência de si, um *modelo* para a descrição do processo de criação artística poderia parecer surpreendente e contraditória. Como se pode converter uma tese filosófica geral, específica do idealismo hegeliano, em paradigma do processo tão particular da atividade estética? Não se corre o perigo real de sacrificar o movimento próprio da criação artística a um modelo abstrato da relação filosófica sujeito-objeto? A resposta aparentemente paradoxal de Lukács é que o que constitui no âmbito da ontologia ou da teoria do conhecimento um *erro* – a tese segundo a qual "não existe objeto sem sujeito" – se torna no âmbito da estética uma viga mestra do sistema. A descrição hegeliana da relação sujeito-objeto como movimento de exteriorização e objetivização do sujeito, através do qual este perde seu imediatismo original, enriquecendo-se e amplificando-se graças à alienação de si e à submissão ao objeto, para voltar a si enriquecido de múltiplas determinações, aparece, em Lukács, em coincidência com a linha ideal de desenvolvimento do processo de criação artística. O que no plano ontológico e epistemológico é construção especulativa de tipo idealista pode ser considerado no plano estético uma descrição adequada da relação sujeito-objeto.

Lukács opera, sem dúvida, uma franca dissociação entre o movimento de alienação do sujeito no objeto e de supressão da alienação pela reabsorção do sujeito em si mesmo e a identidade mística sujeito-objeto da filosofia de Hegel ou de Schelling. A força de persuasão de sua tentativa de extrapolação da tese de Hegel sobre a alienação e da volta a si do sujeito no campo da atividade estética nos parece residir justamente no fato de que permanece fiel à autonomia do objeto em relação ao sujeito, postulado cardeal de seu materialismo filosófico, mesmo quando traça um processo em que tal autonomia é, por hipótese, neutralizada e suprimida.

Por outro lado, não devemos esquecer que, se em seu livro *O jovem Hegel* Lukács favorece o conceito hegeliano de *Entäusserung*,* é porque descobria em Hegel a determinação de fazer prevalecer o *assujeitamento à objetividade* (isto é, a "invo-

---

* O autor, N. Tertulian, utiliza, para traduzir esse termo em romeno, um substantivo derivado de um verbo que significa "tornar-se estrangeiro" ou "tornar estrangeiro". Mas, seguindo Jean Hyppolite (que criou "*extranéation*" para traduzir *Entfremdung* empregado por Hegel em um sentido muito próximo de *Entäusserung)*, recorremos à palavra "alienação" como tradução de *Entäusserung* (N.E.F.). [Não há ainda uma tradução para o português, que seja universalmente aceita, das categorias *Entäusserung* e *Entfremdung*. Em um artigo posterior ao presente livro, Nicolas Tertulian optou por traduzi-los por "exteriorização" e "alienação", respectivamente (TERTULIAN, N. Conceito de Alienação em Heidegger e Lukács, *Praxis (Belo Horizonte)*, n.6, 1996). Contudo, nesta tradução, seguimos a opção da edição francesa: "alienação" para traduzir *Entäusserung* e "estranhamento" para *Entfremdung*. (N.T.)]

GEORG LUKÁCS

luntária e inconsciente aplicação dos critérios materialistas do verdadeiro saber"), a limitação notável da preeminência e das prerrogativas da subjetividade no interior de seu idealismo filosófico, na diferença da "dogmática declaração" da soberania do sujeito e da aniquilação do objeto na filosofia de Kant e de seus contemporâneos Fichte e Schelling.[59]

O problema fundamental é este: uma análise do processo artístico, isenta de preconceitos, confirma o modelo teórico proposto por Lukács? Aqui ainda, a dificuldade é reproduzir, de modo convincente, as modalidades da incessante conversão da subjetividade em objetividade e da objetividade em subjetividade, no cerne do processo de criação artística.

Devemos reconhecer que, citando certos testemunhos, Lukács produz argumentos eloquentes em favor da força constrangedora da *objetividade* no ato de criação. É assim quando, em sua *Estética*, invoca a seguinte confissão de Tolstoi (dirigindo-se a Gorki):

> Somos todos sagrados "inventores" e eu não sou exceção. Quando escrevo, pode acontecer que uma personagem desperte subitamente minha compaixão, e, então, apresso-me a prestar-lhe um traço mais favorável, mas compenso isso retirando um traço de outra personagem, de modo que o ambiente não se torna muito terno ... Não se trata de descrever a vida real como é, mas o que pensamos da vida. Quem tem necessidade de saber como *eu* vejo essa torre, ou o mar, ou essa Tartária?

Ou quando lembra os propósitos que vão no mesmo sentido, de Theodor Fontane, mostrando a contradição entre os impulsos do criador e as exigências objetivas da criação: "Quando é nosso gosto ... que determina nossa *produção*, a natureza, que segue outros caminhos, nos abandona, e nossa tarefa fracassa. Realizada a obra, foi segundo a nossa vontade, mas ela é natimorta". As pulsões e os movimentos da subjetividade, que contêm os germes arborescentes da criação, são consideravelmente desviados e amplificados em contato com a objetividade; mas a emergência da subjetividade germinal no campo da objetivida-

---

59 LUKÁCS, Georg. *Der Junge Hegel*. Berlin: Aufbau Verlag, 1954, p.608-10.

de, até a "perda de si", como diz Lukács, só pode ter como termo final a intensificação da subjetividade, a volta a si depois de um longo e laborioso desvio.

A originalidade do pensamento estético ao qual chegou Lukács reside justamente no modo como é desvelada a importância excepcional do momento da *objetividade* no *devir* do ato de criação, sem alterar ou diminuir, em quem quer que seja, a tese que coloca no centro da finalidade do referido ato de criação o reforço e a expansão ilimitados da subjetividade humana. É o sentido exato que convém conceder a seu conceito fundamental de *mimesis*. Os impulsos e tensões da subjetividade constituem o princípio germinal da atividade estética. Mas Lukács tem principalmente o mérito de ter esclarecido que o desenvolvimento e a amplificação da emoção inicial no processo de criação são devidos a uma espécie de despossessão de si, ou de rejeição de si do sujeito, para deixá-lo fundir na realidade objetiva, até o reencontro de si – pela anulação do movimento de alienação – de um sujeito modificado em contato com a objetividade.

Acreditamos que Camil Petrescu teria plenamente aderido a esse modo de ver as coisas. Levada a correção ao momento estritamente subjetivo, sob os auspícios da objetividade, a correção era uma ideia familiar para um adepto da fenomenologia. Distinguindo a sinceridade "subjetiva" da sinceridade "autêntica", reivindicando em proveito dessa última o controle noético da objetividade pela inteligência, ele escrevia: "Em um sentido substancialista, a sinceridade autêntica supõe a desconfiança em relação à qualidade da sinceridade própria e constitui o primeiro elo da cadeia noocrática".[60]

A osmose entre os teoremas da filosofia geral a propósito da relação sujeito-objeto e a análise imanente do processo de criação artística se verificam de novo. A suspeita insidiosa de que Lukács admitiria a força coercitiva e imperiosa da objetividade do mundo real, tal qual existe em si, independentemente do sujeito, mesmo no cerne de um processo em que se afirma a hegemonia expansiva da subjetividade, por fidelidade a suas escolhas

---

60 Autor de um ensaio filosófico que ficou em manuscrito, *A doutrina da substância*, Camil Petrescu elogiava a "noocracia", isto é, o poder político confiado aos intelectuais.

filosóficas de base relativas ao objeto refletido pelo sujeito e não a partir da observação isenta de ideias preconcebidas da atividade estética pura, essa suspeita pode, agora, passar por uma prova decisiva. Se não se admite a emergência da subjetividade na densidade e na substancialidade da realidade objetiva, suprimindo sua opacidade e tornando-a transparente, não se pode conceber nem a articulação da obra de arte como um "mundo", nem a elevação da subjetividade contingente ao nível da subjetividade estética (universal). Que Lukács estivesse o mais distante possível de sacrificar a autonomia da atividade estética a um "objetivismo" filosófico qualquer, a-estético por natureza, vê-se não somente pela firmeza da distinção entre "consciência-de" (*Bewusstsein-über*), próprio da ciência, e a "consciência de si-a-propósito-de" (*Selbstbewusstsein-von*), específica da arte, mas igualmente pela reveladora afirmação de que o termo "conhecimento" lhe parece impropriamente aplicado à atividade artística. Demonstrará que a arte pode ser ao mesmo tempo mais e menos que o conhecimento: mais, no sentido de que as revelações sobre o mundo e o conhecimento de si obtidos através da arte não poderão jamais ser o objeto de uma perfeita transposição conceitual; menos, no sentido de que, do ponto de vista do discurso científico, conservam inevitavelmente um caráter "factual" e particular.[61]

A concrescência da subjetividade e da objetividade, antes de ser um postulado da atividade estética, é uma realidade da vida social. Não podemos discutir aqui, a fundo, as teses de Lukács a propósito da dupla estrutura da vida social: produto da atividade teleológica dos homens, segundo a célebre fórmula de Vico, citada por Marx, ela não revela menos a autonomia de sua objetividade além das intenções subjetivas dos indivíduos. Só uma análise da *Ontologia do ser social* permitiria um exame aprofundado da justeza dessas teses. Em sua *Estética*, Lukács mantém um circuito onipresente entre as análises que visam a estrutura da vida social e aquelas a propósito de suas formas superiores de objetivização, a arte em primeiro lugar.

O *telos* da atividade artística é a evocação do mundo *sub specie subiecti*, mais exatamente a criação de um objeto destinado a fazer

---

61 LUKÁCS, Georg. *Aesthetik* I, op. cit., Halbband I, p.512-3.

aceder as múltiplas faculdades da alma a uma disposição feita de harmonia e de plenitude. Vimos a estreita ligação estabelecida entre a ideia de conformidade ou adequação (*Angemessenheit*) do mundo às aspirações da subjetividade e a de intensificação da consciência de si. Uma citação de Klopstock ilustra essa ideia:

A essência da poesia decorre do fato de que ela mostra, com a ajuda da linguagem, *um certo número de objetos que conhecemos ou de cuja existência suspeitamos* a existência, sob uma luz que *engaja* tão fortemente as faculdades *mais elevadas* de nossa alma que, uma acionando a outra, coloca a alma inteira em movimento.[62]

Ora, a tese ontológica central de Lukács nos parece defender que tal estado de harmonia e de equilíbrio das faculdades da alma não pode ser obtido sem o domínio concomitante da realidade objetiva, aquela que condiciona tanto a dissolução como a realização da personalidade. (Em seus estudos críticos Lukács utiliza a expressão *Bewältigung der Wirklichkeit*, dominação da realidade, dando-lhe um valor supremamente positivo.)

Encontramos, então, a ideia da fecunda tensão contraditória na imanência da atividade estética, uma das mais profundas de Lukács. O caráter mimético por definição da atividade artística, no sentido filosófico do termo, que é a criação de um objeto destinado a figurar os movimentos e tensão da subjetividade pode igualmente ser expresso pela ideia de que a amplificação e a intensificação da subjetividade, pela realização de um estado de plenitude, têm por base a conquista e a intensificação concomitantes da objetividade.

Atingimos aqui um dos mais delicados e mais importantes problemas da estética de Lukács. Constatamos, por um lado, sua viva insistência sobre o movimento de autodissolução da subjetividade na objetividade e de reflexo do mundo em si como uma condição fundamental da criação artística e, por outro lado, o igual vigor que incute ao sublinhar que a finalidade do ato artístico é a retroversão do mundo nos movimentos da subjetividade, o reflexo da realidade exclusivamente em função da cons-

---

62 *Gedanken über die Natur der Poesie*, citado por Lukács in *Aesthetik* 1/1, p.534.

ciência de si humana. Um espírito malicioso poderia se perguntar se essa dupla exigência não é o reflexo das antinomias interiores ao pensamento e à personalidade de Lukács, contradições de uma consciência desejosa de conciliar os imperativos da teoria do reflexo com a liberdade e a autonomia da fantasia artística, de preferência a uma verdadeira base estrutural do processo de criação. Talvez esteja aí o sentido da surpreendente afirmação de Istvan Mészáros[63] a propósito do caráter de *esboço* (*Rohentwurf*), e não de síntese acabada, da obra monumental de Lukács e de suas contradições internas: "*It reveals heterogeneous layers of the development of his thought, left side by side*".[64]

Os que conhecem a obra de Lukács sabem realmente a importância enorme do problema das relações entre subjetividade e objetividade em sua evolução espiritual. O abandono da concepção de origem hegeliana que visa a identidade sujeito-objeto ou a coincidência entre os atos de objetivação (*Vergegenständlichung*) e de estranhamento (*Entfremdung*) e a revelação do fato de que a objetivação é uma condição inelutável da prática social marcaram a passagem definitiva para seu pensamento da maturidade. (O prefácio, de 1967, à *História e consciência de classe* lembrava o choque e a mudança de perspectiva provocados em Lukács depois da leitura dos *Manuscritos de 1844*, de Marx, desde sua descoberta em 1930.)

Que uma dramática experiência espiritual de ordem pessoal esteja subjacente às proposições da estética especulativa de Lukács é, para nós, de natureza a aumentar seu interesse e sua credibilidade, na medida do caráter positivo de tal experiência, evidentemente. Lukács teve a revelação da "opacidade" do real (para empregar uma expressão de Sartre), de sua densidade e de sua substancialidade e chegou à conclusão, presente como um *leitmotiv* em sua última obra, *A ontologia do ser social*, de que nenhuma realização da subjetividade tem uma chance de sucesso sem a consideração das séries causais objetivas.

---

63 Contida no estudo "Lukács' Concept of Dialectic", em *Georg Lukács, the Man, his Work and his Ideas*. Editado por G. H. R. Parkinson, London, 1970.

64 [Isso revela camadas heterogêneas do desenvolvimento de seu pensamento, deixadas lado a lado. (N.E.)] Ibidem, p.63.

A *Estética* não derroga, de modo algum, essa aquisição fundamental de sua reflexão, mesmo quando o sentido da atividade estética é exatamente contrário ao da impessoalidade e da objetividade desantropomorfizantes do pensamento científico. O paradoxo fecundo da atividade estética é, como vimos, que a imersão cada vez mais profunda da subjetividade na realidade objetiva, o reflexo sempre mais amplo do mundo-em-si, permanece constantemente no horizonte e na imanência da subjetividade, e tem por finalidade a estimulação e o reforço da consciência de si.

Descobrimos aqui a raiz de uma das ideias favoritas de Lukács, que contraria muita gente: o realismo é um caráter congênito da arte de todos os lugares e de todos os tempos, e não uma simples questão de um estilo entre outros.[65] O sentido exato de sua tese não pode ser captado a não ser que se leve em conta que, longe de fazer do reflexo do mundo-em-si, independente da consciência, o *telos* da atividade estética (o que rebaixaria sua concepção do realismo a uma visão niveladamente vulgarizada da relação sujeito-objeto no domínio estético), Lukács, ao contrário, situa a intensificação da consciência de si e a ênfase *sui generis* da subjetividade no centro de sua concepção estética. O movimento circular entre a consciência de si e o conhecimento do mundo, entre o conhecimento de si e o enraizamento na experiência do mundo, entre a interioridade e a exterioridade permanece certamente sua tese cardeal. Numerosas passagens de sua obra mostram que, se ele faz da fidelidade à realidade em si e a suas proporções objetivas uma condição *sine qua non* da autêntica emergência e autoafirmação da subjetividade estética, só a considera um momento necessário da alquimia da criação artística, mas não sua finalidade primordial. A realidade objetiva independente da consciência permanece como uma simples presença necessária, muitas vezes invisível, na imanência da consciência, pano de fundo e cena para o drama da consciência de si humana.

A impregnação da subjetividade pelos atributos do mundo objetivo determina, na combustão da criação artística, não sua

---

65 LUKÁCS, Georg. *Aesthetik* 1/1, op. cit., p.566.

reabsorção ou sua anulação na objetividade, mas, ao contrário, sua verdadeira eclosão. A criação de Camil Petrescu, um exemplo tomado entre muitos outros, pode servir-nos para ilustrar os teoremas de Lukács. Os sentimentos de desolação e contrariedade diante do mundo onde os valores afetivos e intelectuais são perpetuamente transformados em zombaria aparecem, ao mesmo tempo, como acontecimentos da personalidade biográfica (da subjetividade contingente) do escritor e como o germe arborescente de sua criação. A transição da subjetividade particular para a subjetividade estética, que constitui o princípio coagulante dos romances e obras dramáticas, supõe justamente a alta "objetivação" da subjetividade germinal de que fala Lukács: a desolação e a contrariedade se organizam em verdadeiros dramas da alma e do espírito, todo um universo social aparece evocado em múltiplas dimensões, como um pano de fundo ativo das deslocações e tragédias da consciência, a subjetividade se amplifica e ganha em acuidade, graças à tensão enriquecedora que a afronta à objetividade, até o estágio da catarse dramática ou trágica.

A consciência de si do homem como espécie

Pode-se dizer que a estética de Lukács culmina com a descrição do termo *ad quem* da metamorfose que sofre a subjetividade particular do artista no processo de criação. Se nos contentássemos em afirmar que ele o representa como uma passagem do contingente ao universal, da particularidade à generalidade, não diríamos nada de muito exato, mas *sob* uma forma de tal modo abstrata e vaga que daríamos a impressão de reeditar as antigas verdades da estética clássica. De fato, estamos aqui em presença do que é, talvez, a mais importante tarefa inovadora do pensamento de Lukács em suas últimas grandes obras de síntese. Trata-se da análise dos conceitos de espécie humana, de consciência e consciência de si da espécie humana (*Selbstbewusstsein der Menschengattung*).

Digamos imediatamente que a utilização dos conceitos lukácsianos abre uma brecha definitiva na tradicional interpretação, estritamente "sociológica", dos fenômenos de cultura.

Poder-se-ia esperar que o uso extenso fizesse que tais conceitos em uma obra de doutrina marxista provocassem vivas reações provenientes tanto do lado do "estruturalismo genético", de Lucien Goldmann, como, principalmente, do lado do marxismo althusseriano. Com efeito, quando analisa a noção de espécie humana (*Gattungsmässigkeit*), Lukács se apóia constantemente nos trabalhos da juventude de Marx, e, em primeiro lugar, nos *Manuscritos de 1844*, que Louis Althusser recusava alegando pertencerem ao período da influência do antropologismo feuerbachiano e da ideologia hegeliana, portanto, como anteriores ao marxismo autêntico. Explica-se, de modo inteiramente contingente, que tais reações não sejam produzidas até o presente pela autossuficiência que cultivam os diversos cenáculos de teóricos marxistas, com seu corolário, a ignorância de uma das obras mais importantes do marxismo de nosso século.

Para elucidar o sentido do conceito de "consciência de espécie" humana, partiremos de um exemplo escolhido pelo próprio Lukács: a oposição que existia, no início do século, entre a concepção dos marxistas reformistas, como Edouard Bernstein, e a dos marxistas revolucionários. A dissociação do "movimento" do proletariado de seu "objetivo final", a colocação das reivindicações imediatas no primeiro plano, e das grandes opções revolucionárias entre parênteses, defendidas por Bernstein, parecem a Lukács uma tentativa típica de opor metafisicamente o transitório e o durável na ação do proletariado e de excluir dela precisamente o que tem relação com os interesses superiores da humanidade (o que é *echt menschheitlich*). Quando prescreve que se vejam, na imanência das reivindicações práticas e de alcance limitado do proletariado, objetivos que visam a condição humana em sua universalidade, quando recusa dissociar o programa das pequenas reformas do objetivo final que é o salto do domínio da necessidade para o da liberdade, procura, ao fazê-lo, tornar sensível a consciência de espécie da humanidade como realidade constitutiva do movimento do proletariado. O exemplo é instrutivo, pois permite precisar que os traços que pertencem à espécie humana e seu complemento, a consciência de si como espécie, não têm existência autárquica, de tipo supra--histórico, mas são os produtos imanentes do *devir* histórico; não existem, como dirá Lukács, senão "como um lineamento, como uma nuance, como uma tendência" do movimento de grupos sociais determinados (classes, nações etc.).[66]

A *Ontologia do ser social*, o último grande texto de Lukács, mas só lançado depois de sua morte, introduzirá uma nova distinção importante: aquela entre a existência da espécie humana em-si e a existência da espécie humana como realidade para-si. As discussões giram, habitualmente, em torno da distinção entre as ações práticas, com finalidade imediata, para a conservação e o melhoramento da espécie humana e os atos ou objetivações pelos quais é assumido o destino do homem como *homem*, tomado em sua totalidade. Lukács afirmará que a maioria das ideologias são colocadas a serviço da conservação e do desenvolvimento da espécie humana em si, orientadas para resolver os problemas concretos atuais (ou ainda, como dirá outras vezes, destinadas a responder exclusivamente às "exigências do dia", "*der Forderung des Tages*"). Somente a grande filosofia e a grande arte (ao lado das condutas exemplares de alguns homens de ação inscritas na memória da humanidade) se erguem até aquela altura onde se encontra engajado o destino do homem como *homo humanus*, de onde a existência humana é vista em sua dimensão essencial, isto é, como afirmação do princípio de liberdade.[67]

Sem entrar na exposição e na análise das teses do domínio da ontologia, limitemo-nos a ver suas aplicações, de uma importância enorme, na área estética (aí, além do mais, onde foram inicialmente formuladas pelo autor). É habitual procurar estabelecer discriminações entre o transitório e o durável no *devir* da espécie humana. A novidade do ponto de vista de Lukács reside, como já dissemos, em sua firme recusa a dissociar a constituição dos caracteres da espécie humana do condicionamento espaciotemporal, da evolução concreta das formações sociais (família, classe, nação etc.): historicidade e universalidade estão, para ele, indissoluvelmente ligadas. Sua contestação da tese da exis-

---

66 LUKÁCS, Georg. *Aesthetik* 1/1, op. cit., p.609.

67 Ver o texto de apresentação da *Ontologia*: "As bases ontológicas do pensamento e da atividade do homem", 1968, em *Ad lectores* 8, Luchterhand Verlag, p.163. [Edição brasileira: São Paulo: Ciências Humanas, 1978 (Temas, 4). (N.E.)]

tência metatemporal do "humano em geral" volta constantemente em seus textos.

Não se trata evidentemente de fazer jogo de palavras: é claro que, no âmbito da arte e da estética, Lukács procura o critério que permite distinguir o que tem um valor estritamente "histórico" das obras com poder de esplendor durável e suscetíveis de viver além da época de sua gênese sócio-histórica. Contentamo-nos em enunciar que o histórico e o universal são estreitamente ligados, enquanto importa justamente distinguir os produtos espirituais, cujo valor está restrito a um período histórico determinado, daqueles que fazem parte do tesouro durável da humanidade. O que Lukács nos oferece é uma escala de gradação das hierarquias da subjetividade.

Suas teses importantes estão expostas não somente na seção intitulada "Do indivíduo particular à consciência da espécie humana" do primeiro volume da *Estética*, mas também na seção consagrada ao *agradável* (*das Angenehme*) no segundo volume, sem falar da grande *Ontologia*. O processo de combustão e de transmutação da subjetividade particular em subjetividade estética pode ser ilustrado notadamente pelo exemplo de casos-limite: a subjetividade particular de um Balzac é a de um "legitimista inteligente normal", e ela não teria sido suficiente para levar o escritor à elaboração de uma obra da envergadura universal de *A comédia humana*.

Qual é, então, o segredo de tal transmutação? Lukács submete a uma ampla análise, sem precedente na literatura marxista, a ideia de "espécie humana" ou de "caráter de espécie" (*Gattungsmässigkeit*) esboçada por Marx em suas obras da juventude e retomada por ele em uma passagem célebre sobre o salto do domínio da necessidade para o da liberdade no fim de *O capital*. As teses de Marx levam Lukács a precisar que, enquanto as características das diferentes espécies animais são *dados*, em outras palavras, a simples generalização dos traços comuns aos diversos exemplares da espécie (a generalidade da espécie tem, portanto, aqui um caráter "mudo"), as qualidades da espécie humana são constantemente amplificadas e enriquecidas pelo efeito das modificações sucessivas intervindas na troca de substância entre sociedade e natureza, e das múltiplas iniciativas criadoras dos indivíduos. As ações dos indivíduos, certamente, sempre acontecem no interior de grupos sociais determinados (família, clã, classe social, nação), mas repercutem incessantemente na generalidade da espécie humana.

O fato moral constitui uma das mais eloquentes ilustrações da presença e da força imperativa da humanidade como espécie; a consciência que dita a ação ética é precisamente a do gênero humano. A natureza de espécie da humanidade aparece sob a forma de um *corpus* de características em perpétuo *devir*, acolhendo as experiências decisivas, positivas ou negativas, da humanidade nas diversas etapas de seu desenvolvimento.

A experiência estética fornece um terreno privilegiado para a pesquisa de uma presença da consciência de espécie da humanidade. Quando falamos da escala de gradação das hierarquias da subjetividade estabelecida por Lukács, pensamos que uma distinção tão importante do ponto de vista da relação estética quanto a operada entre as obras "literárias"* devidas às preocupações morais e sociais imediatas e às verdadeiras e puras obras de arte que a memória da humanidade incorpora, como tais, em seu patrimônio supõe que as primeiras sejam inevitavelmente a expressão de uma subjetividade situada no estágio da particularidade (de grupo, de classe, nacional etc.), enquanto as segundas exprimem a consciência de si da humanidade em um certo momento de sua evolução. O processo de criação artística desembaraça a subjetividade da hipoteca da particularidade e da finitude estritas. A originalidade das análises de Lukács está em que ele liga ao ato da *mimesis*, ao processo de alienação de si e de reintegração em si no curso do qual a subjetividade sofre uma confrontação extremamente intensa com as dimensões objetivas do real, o movimento de purificação e de amplificação da subjetividade, até a constituição de uma experiência significativa para o destino do homem como espécie.

As metamorfoses da subjetividade durante o processo de criação aconteceriam segundo um célebre princípio spinoziano: "Uma causa não pode ser impedida ou suprimida a não ser por uma causa contrária ou mais forte do que a causa que deve ser

---

* Lukács emprega o nome "*Belletristik*" (forjado em diversas línguas a partir de *belles-lettres*) para designar esse gênero de literatura que não sobressai na arte universal. (N.E.F.)

impedida". Trata-se consequentemente de uma dialética da alma específica, que aprofunda e purifica os sentimentos primeiros, os quais tomam novos acentos e modulações, e neutraliza por conservação e ultrapassagem o que é treinamento imediato. O movimento que simultaneamente intensifica a subjetividade através da *mimesis* e a fortalece tem por resultado que a subjetividade revela em suas profundidades o que tem de "humanidade" no sentido universal da palavra e transforma o que pertence à consciência de si da espécie humana em princípio organizador de sua atividade criadora.

Podemos acompanhar no tecido vivo de uma obra tal movimento de purificação da subjetividade: no romance *A última noite de amor, a primeira noite de guerra*, de Camil Petrescu, o ciúme mórbido do herói cede lugar, depois da experiência esmagadora da guerra, a uma indiferença de morte em relação à mulher amada. A guerra foi um fator catártico para a consciência de Stefan Gheorghidiu e permitiu-lhe o acesso a um sentimento e a uma compreensão infinitamente superiores do mundo e da vida. (O exemplo pode ilustrar o princípio de Spinoza lembrado acima, que Lukács aplica ao processo de criação artística.) O romance termina pela evocação de um "acento transcendental" na consciência do herói, marcando de uma certa forma sua conversão em um momento da consciência de si, com valor de universalidade.

O processo de combustão da subjetividade particular no ato de criação artística e de seu acesso ao nível de um equilíbrio da alma superior foi eloquentemente traçado também por Benedetto Croce, em uma página de seu estudo "O caráter de totalidade da expressão artística", cujo espírito está muito próximo do espírito da estética de Lukács:

> Que importância pode ter o fato de um artista se propor exprimir através de sua criação artística seus sentimentos de ódio ou de ciúme? Se é verdadeiramente um artista ... o sentimento de amor brotará acima do ódio e aparecerá para nós como obra realizada, como um homem justo, não obstante sua injustiça profunda. E que importância pode ter o fato de que um outro qualquer desejasse aviltar a poesia para fazer dela cúmplice de sua própria sensualidade ou dissipação, no momento em que, sob o domínio do

trabalho, a consciência artística o força a colocar um fim na desordem interior, de tal forma que entoará, a contragosto, um canto de terror e de tristeza?[68]

Lukács faz, então, da presença da consciência de si do gênero humano a marca distintiva das obras de arte verdadeiras, diferentemente dos produtos com veleidades artísticas, próprios a satisfazer as inclinações de uma subjetividade individual ou de um grupo social. (Essas últimas pertenceriam, em diversos graus, ao domínio do *agradável*, e encontrariam sua mais alta expressão nas obras relacionadas às *belas-letras*; é o caso das produções iniciais do drama burguês, o qual não chegará ao patamar da arte a não ser com Lessing, Schiller e Beaumarchais.) Como, no entanto, reconhecer a presença da consciência de si do gênero humano em uma obra e como o próprio artista pode pressentir que chegou a exprimi-lo, uma vez que a linha de demarcação entre as diferentes categorias de produtos artísticos aparece de tal forma sem nitidez e difícil de fixar?

Lukács observa sutilmente que o artista não pode nunca ter a absoluta certeza de que chegou, através de sua obra, ao nível da consciência de si com valor de universalidade (enquanto a ciência ou a moral, em sua área específica de atividade, podem ter tais certezas). Ele se lança *à corps perdu* na criação de sua própria obra, e todo ato de criação artística comporta, em todo momento, o sentimento do risco.[69] Uma segunda observação importante, estreitamente ligada à precedente, é que o acesso à consciência de si da espécie humana pode, em matéria de arte, ser o produto de um ato de vontade, e em nenhum caso pode ocorrer "contornando" os condicionamentos particulares da subjetividade do artista (individuais, de classe, nacionais etc.). Obras realizadas com a consciência de um pertencer exclusivo a um *hic et nunc* temporal e geográfico podem implicitamente atingir o nível da universalidade humana, enquanto outras, concebidas com a vontade expressa de chegar ao patamar do "humano em geral", podem rapidamente cair no esquecimento.

---

68 CROCE, Benedetto. *Nuovi saggi di estetica*. Bari: Laterza, 1969, p.127.

69 LUKÁCS, Georg. *Aesthetik* 1/1, op. cit., p.583.

Lukács reconhece, com franqueza, que a presença do caráter de espécie do homem é um momento "*a priori* impossível de distinguir" em suas produções artísticas. Só o curso da história sanciona o que é transitório e o que é duradouro. No entanto, é certo que a interiorização de uma experiência individual e sócio-histórica até sua transformação em um ato que implica o destino da humanidade como espécie constitui o privilégio da grande arte.

Camil Petrescu confessava que o desejo de fazer o processo da "traição burguesa" (durante a Primeira Guerra Mundial e na década que a seguiu) foi uma das razões decisivas para escrever seu romance A *última noite de amor, a primeira noite de guerra*. O romance deixa transparecer essa intenção, mas é certo que, se ele não tivesse ido além, o resultado teria sido um simples romance "social" com coloração humanitarista e antiburguesa. Mas, se o texto de Camil Petrescu se ergue acima da habitual literatura tendenciosa, é justamente porque as experiências do herói atingem uma outra dimensão, relacionada com a condição humana em sua generalidade. Estamos, a partir de agora, em presença do drama sem saída de uma consciência superior no mundo dos espíritos mercantis e do egoísmo vulgar.

A relação entre Shakespeare e seus contemporâneos, os dramaturgos da época elisabetana, aparece para Lukács como o exemplo ideal para ilustrar suas teses. A época elisabetana teria conhecido uma significativa estratificação de suas produções. Após os simples lamentos, de tema cruel, ou as farsas ordinárias, sem nenhum valor artístico, pois as peças de teatro visavam apenas as emoções e prazeres imediatos, oferecendo, então, o caráter do "agradável", encontramos as obras mais importantes, mais imperfeitas em razão de uma concepção contraditória ou caótica (alusão possível a John Ford, de quem Lukács tinha falado em O *romance histórico*) para chegar, enfim, à obra dramática de Shakespeare. Lukács descobre aí os graus mais diversos da expressão das mesmas "necessidades do tempo", a estratificação de um imperativo social seguindo formas de expressão hierarquicamente diferentes. Shakespeare aparece como o ponto culminante de uma massa de produções inspiradas por um certo sentimento do mundo.

Se essa obra culminante se separa das outras produções contemporâneas, situadas em níveis inferiores, é porque a subjetividade estética do artista chega, em sua evocação do mundo, à perspectiva da consciência de si da humanidade em um estágio determinado de sua evolução. Individualidade e universalidade se combinam em uma perfeita fusão. As transformações que a ação sintética da criação artística impõe à matéria artística se explicam precisamente pela missão da grande arte de encarnar *a consciência de si da espécie humana*. Georg Lukács encontra assim, sem se dar conta, uma ideia cardeal de Benedetto Croce.

Lembremo-nos de que, em um certo momento, em *La poesia*, Croce assinala a crítica que Flaubert faz ao célebre romance de Harriet Beecher-Stowe *A cabana do pai Tomás*, que obedece a "um ponto de vista moral e religioso" e não a um ponto de vista estritamente "humano". Croce mostrava que satisfazer tal exigência teria precisamente marcado a passagem da retórica literária para a verdadeira poesia. A distinção estabelecida por Croce entre os textos de circunstância relacionados com o conceito de *letteratura* e que fazem obra social (*"opera di civiltà"*) e os da "humanidade pura", de "poesia", que fazem obra de verdade (*"opera di verità"*) reaparece, em Lukács, com a discriminação operada entre as "belas-letras" e as composições artísticas, no sentido rigoroso da palavra. (Digamos de passagem que Lukács parece incluir o romance de Harriet Beecher-Stowe na segunda categoria, como se conclui de uma passagem de sua *Estética*. Contudo, as divergências dos julgamentos de Croce e Lukács relativos a certas obras, divergências evidentes igualmente no caso das obras literárias de Lessing ou de Schiller, interessam bem menos a nosso propósito atual do que as analogias que marcam sua posição no importante problema teórico debatido aqui.)

A posição de Lukács tem isto de particular: procura dar um fundamento *objetivo* ao acesso da subjetividade estética ao nível da consciência de si da humanidade como espécie. Considera que a substância humana possui uma existência não menos objetiva que a família, a classe, a nação etc., isto é, as formações sociais concretas na imanência das quais se manifestou até o presente. Aparece, como já dissemos, como um *corpus* de características submetidas, por uma espécie de espontaneidade objetiva, a um incessante processo de triagem e seleção.

A reflexão subjetiva, no plano da consciência de si, das experiências da humanidade como espécie, isto é, dessa substância objetiva na presença latente até aqui, constitui a missão e o privilégio da arte. (As analogias com a "doutrina da substância" de Camil Petrescu são marcantes, pois a distinção que faz este escritor entre a "evolução de subespécie" e a evolução substancial corresponde completamente à demarcação de que se tratou mais acima.) O momento de objetividade da subjetividade estética chega quando, sem abandonar a historicidade de suas experiências, ela deixa transparecer, sob a forma de consciência de si, a própria substância humana em sua universalidade.

O conceito de "meio homogêneo" e a solução de uma antinomia

Quando lemos invariavelmente, ao longo da *Estética* de Lukács, que cada obra de arte importante encarna a consciência de si da humanidade em um certo estágio de seu desenvolvimento, temos legitimamente o direito de nos perguntar se não se trata, em definitivo, de uma volta aos velhos moldes hegelianos. Pode-se temer, com efeito, ver a obra de arte sobrecarregada por um caráter excessivamente *representativo*, no sentido de que sua individualidade se tornará o simples ponto de interferência das correntes espirituais e das tensões morais, num momento dado da história.

Não podemos deixar de falar da energia desenvolvida por Benedetto Croce para lutar contra a posição tomada de levar prejuízo à singularidade irredutível de cada obra de arte e de fazer dela simplesmente o receptáculo de ideais e de tendências históricas ultrapassando a pessoa do autor. A crítica fundamental que dirigia à escola hegeliana era justamente a de sacrificar o movimento lírico próprio das obras a entidades sociais, morais ou filosóficas de caráter impessoal. (E não procuramos, aqui e agora, saber se a acusação que Croce fazia a Hegel e à sua estética estava fundamentada ou se marcava somente a separação entre duas tendências de caráter antinômico da história da estética moderna.)

Qual é a posição de Lukács em relação a essas controvérsias? É uma das questões-chave para caracterizar sua estética. A apreensão de ver utilizar os velhos moldes hegelianos de pensamento dos quais falamos não pode ser dissipada a não ser que se leve em conta outro componente fundamental do processo de criação descrito por Lukács: a homogeneização da matéria desse processo acontece sempre no campo de um *sentido* ou de um *meio* determinado. (É claro que a distinção de "componentes" está aí apenas por necessidades de demonstração no desenvolvimento do discurso teórico sobre a arte. No processo de criação há indivisibilidade.) Eis-nos então de novo em presença do binômio antitético Hegel-Fiedler e da "paradoxal" tentativa de Lukács de unificar harmoniosamente o que parecia inconciliável nas duas direções opostas de pensamento estético. A mediação entre os dois "polos" do ato da criação – a expressão da consciência de si do homem como representação da humanidade (da espécie humana) em um certo estágio de sua história e a realização do ato de criação no espaço exclusivo de um sentido determinado (de um "meio homogêneo") – não pode se encontrar em outro lugar senão no caráter por definição antropomorfizante da arte. Se é verdade que a missão da arte é evocar um "mundo" impregnado e saturado em sua capilaridade pelos impulsos e aspirações da subjetividade, parece claramente que todo vivido intenso do mundo se desenvolve sob o signo e na imanência de um dos sentidos ou de uma das faculdades da sensibilidade humana. É o que Lukács chamava de descontinuidade do domínio estético e, ao fazê-lo, prolongava diretamente a ideia de Konrad Fiedler de que não existe arte em geral, mas somente artes particulares, e ele a radicalizava nesse sentido de que é a obra de arte, em sua singularidade, que constitui a unidade de medida da esfera estética.

É um fato que Lukács queira muito distanciar-se da concepção que faz da arte uma simples emanação da "Ideia", como de todo logicismo ou intelectualismo na interpretação estética (tema de acusação favorito de Croce contra Hegel e os pós-hegelianos). Essa vontade aparece igualmente no episódio da polêmica engajada contra uma sugestão de Brecht no *Pequeno organon para o teatro*. Brecht, constantemente oposto à "cozinha" do sentimentalismo na arte e à estética da identificação (*Einfühlung*), sugeria uma "estética das ciências exatas". Galileu, Einstein, Oppenheimer eram evocados para apoiar a tese de que se poderia muito bem falar da função estética de um teorema, de uma verdade ou de uma conduta científica. Lukács protestava vivamente contra esse desconhecimento da diferença radical entre a atividade estética e o conhecimento conceitual (científico). A forma, dizia ele, não pode ser considerada, no caso da arte, a simples vestimenta de um conteúdo predeterminado e pré-formado (essa última noção estando implicada na ideia de Brecht), mas constitui com o conteúdo uma união indissociável. Além disso, o desacordo de Lukács se inscreve em sua atitude negativa em geral a propósito das tendências modernas que visam apagar as fronteiras entre as diferentes formas do espírito e, principalmente, fazer influenciar na arte o movimento desantropomorfizante da ciência.

O que prende nossa atenção, de um ponto de vista estritamente teórico, é a conclusão de Lukács de que, mesmo para obras de conteúdo "filosófico" ou de meditação profunda (como as poesias filosóficas de Goethe ou Schiller, a pintura do Rembrandt tardio etc.), seus "sentidos" só existem incorporados (*"calati e dimenticati"* teria dito Croce) na tonalidade lírica de seus versos ou nas luzes e sombras dos quadros. "São precisamente essas palavras", escreve Lukács, "são precisamente essas relações de luz e sombra que constituem também a profundidade de pensamento (*die gedankliche Tiefe*) de tais criações artísticas". Uma mudança na sucessão das palavras, o deslocamento de uma nuance, de uma gradação da cor etc. seriam suficientes para transformar essa profundidade de pensamento em trivialidade.[70]

Trata-se, sem dúvida, de verdades que, em nossos dias, podem parecer lugares-comuns da estética, mas que Benedetto Croce, por sua vez, não se cansara de repetir, durante décadas, para apoiar sua tese de que não existe na arte nenhuma separação entre a visão ou a intuição e a expressão, *"essendo il suo contenuto la sua forma stessa"*. Parece-nos interessante extraí-los das páginas da *Estética* de Lukács a fim de fazer sobressair sua igual hostilidade a todo "conteudismo abstrato" e de ilustrar uma significativa interferência, se não uma coincidência, Fiedler-Croce-Lukács.

---

70 Ibidem, p.680.

A análise do conceito de *meio homogêneo* nos leva ao princípio metodológico central do pensamento de Lukács que considera as qualidades constitutivas de uma atividade espiritual a expressão direta de sua gênese e de sua função na constelação das atividades humanas. É o que o Lukács do último período gostava de chamar de face *ontológica* de seu procedimento de pensamento, por oposição ao procedimento puramente epistemológico. O processo de criação artística é visto como a redução e a focalização do conjunto das experiências subjetivas no ponto de mira de uma emoção fundamental e de um sentido determinado. A eclosão da emoção primária acontece desde que se afaste do campo de sua afirmação de si tudo o que é heterogêneo, desde que se neutralize expressamente tudo o que poderia entravar sua expansão. A redução tem, então, por finalidade e por efeito uma notável intensificação da experiência do mundo, desenvolvendo-se, no entanto, na imanência de um "órgão" que permite captá-la e vivê-la. Formalmente, essa descrição parece com aquela proposta por Fiedler. Não há dúvida de que a tese de Fiedler a respeito do necessário estreitamento do horizonte no processo de criação de uma obra plástica, de modo a reduzi-lo ao ângulo da "pura visualidade" e de afastar dele tudo o que se destacasse para os outros sentidos ou para a atividade sentimental ou intelectual do sujeito, influenciou diretamente a tese lukácsiana do meio homogêneo. Entretanto, Lukács apresenta o móvel dos movimentos de redução e de homogeneização: a necessidade de suprimir as disparidades e discordâncias na experiência do mundo, a sede da subjetividade de criar-se um espaço de acordo com seus impulsos e aspirações. Uma conferência da juventude, *Formprobleme der Malerei*, dedicada aos problemas das artes plásticas, mantida inédita e descoberta após sua morte entre os papéis do pensador (referentes ao período da estética da juventude), criticava mesmo Fiedler por ter desconhecido o princípio inspirador do ato de criação: a vontade de colocar um fim no "sofrimento" diante da heterogeneidade e das dissonâncias da vida e de criar, pela estilização, um mundo "utópico" semelhante a uma "totalidade abençoada" (*beglückende Totalität*).

O sistema final da estética retoma integralmente e concretiza essas ideias da estética da juventude. O melhoramento decisivo que Lukács traz então para as teses de Fiedler se inspira em observações oriundas da antropologia: a experiência mostra que não existe nem separação completa nem autonomia absoluta no funcionamento dos sentidos humanos; ao contrário, a cooperação dos sentidos e a aptidão da vista ou da audição para "retomar" as funções dos outros sentidos são realidades incontestáveis. (A percepção visual ou auditiva acolhe abundantemente os resultados da percepção táctil, olfativa etc. Lukács utiliza aqui os trabalhos de antropologia de Arnold Gehlen.)

A observação antropológica precedente é invocada por Lukács como apoio à ideia de que o necessário movimento *privativo* do espírito no processo da criação, que reduz a experiência ao horizonte de um único "órgão" de recepção do mundo, longe de significar um empobrecimento do campo espiritual, se traduz por seu extraordinário reforço e amplificação; eis aí o efeito da impregnação do "meio homogêneo", reduzido pelas aquisições de todos os outros sentidos e faculdades. O esteta definirá esse ato redutor com a expressão *"reculer pour mieux sauter"*. Experiências correntes provam que o esforço de concentração da atenção, tendo em vista captar o mundo pelo canal de um sentido, equivale à intensificação e ao enriquecimento da percepção, não à sua diminuição ou ao seu enfraquecimento. Eis aí uma das ideias mais originais da estética de Lukács (já inteiramente contida na estética do período de Heidelberg, mas exaustivamente desenvolvida na estética final). O destaque necessariamente unilateral da experiência estética através de um sentido ou um "órgão" determinado de recepção do mundo, levando à homogeneização correspondente da matéria da obra, é descrito como um processo de condensação e expressão da personalidade integral. Lukács caracteriza este duplo processo de eclosão da imanência sensível e da elaboração em seu interior de um mundo *sui generis* como a necessária passagem da experiência heteróclita e disparatada do homem da vida cotidiana (*der ganze Mensch*) ao homem em sua plenitude, com todas suas pulsões e faculdades mobilizadas e condensadas, da subjetividade estética (o que denomina *der Mensch ganz*).

Longe de tratar a imanência sensível da obra de arte como o simples invólucro de um conteúdo espiritual (isso seria o "quase-hegelianismo"), Lukács nos introduz e nos mantém com rigor em sua dialética específica, de tal modo que não seria exagero dizer que, em sua concepção de "meio homogêneo" específico a cada obra de arte, ele se encontra de pleno acordo com a definição baumgartiana da arte como *oratio sensitiva perfecta*, muito significativamente valorizada por Croce. A onda lírica, a emoção dramática ou a tonalidade épica, ao lado da "pura visualidade" da pintura ou da "pura auditividade" da música (entre muitas outras), são outros tantos "meios homogêneos" na imanência exclusiva dos quais se realizará o ato de criação. Agora podemos captar melhor a intenção profunda da estética de Lukács. Ele se mostra tão intransigente e intolerante quanto um Fiedler ou um Croce em relação a qualquer transgressão, sem razão estética, do imediatismo sensível, da lei específica de cada "meio homogêneo", por exemplo, em relação à intromissão de intenções filosóficas, moralizantes, literárias ou anedóticas na pintura, indo além da "coerência fantástica" (segundo os termos de Croce) das luzes e das sombras, dos tons e das cores. A teoria da arte como "pura visualidade", uma das mais radicais expressões da autonomização do fato estético, fundamentada por Fiedler e calorosamente adotada por Croce (não sem importantes retoques), deixou traços duradouros no pensamento estético de Lukács. Mas ele sublinha que o movimento de redução e concentração da sensibilidade leva a uma intensificação e a uma homogeneização extraordinárias de todas as forças da alma, a uma expansão, no espaço limitado da imanência sensível, da "plenitude humana" da pessoa do artista. Cada acento ou cada traço de pincel aparecem penetrados da tarefa de forjar um mundo. Em suma, Lukács se dedica a dar uma base filosófica à principal orientação de sua atividade crítica e estética. Principalmente, seu esforço visa descobrir todo um universo de emoções e de significações, toda uma problemática espiritual e sócio-histórica na imanência do meio homogêneo singular específico de cada obra, em seus acentos e em suas tonalidades únicos, e sem jamais abandoná-las.

Rilke fizera uma observação bastante curiosa e aparentemente surpreendente a propósito de uma natureza-morta de Cézanne: "As maçãs de Cézanne não podem ser comidas, mas as de Chardin, e mesmo as de Manet, podem sempre ser mastigadas". Essa observação inspira em Lukács um certo número de reflexões a propósito da condição trágica do artista moderno e do processo de desumanização da arte, tendo como pano de fundo o combate sublime do grande pintor para a reconquista do equilíbrio perdido. A conclusão de Lukács é reveladora quanto a sua tendência típica, que acabamos de assinalar, a deslizar espontaneamente da análise estritamente pictórica (puramente "estética") para uma análise ideal que leva em conta a condição espiritual e a *Weltanschauung* própria do pintor. De fato Lukács escreve:

> Devemos mostrar, contrariando os teóricos que pretendem circunscrever a esfera do meio homogêneo apenas a seu único imediatismo sensorial, a infinidade de relações possíveis entre o homem e o mundo que pode conter a figuração puramente visual, pictórica, de uma maçã; e que sua representação pictórica, sem ultrapassar as fronteiras do pictórico, pode revelar situações sócio-históricas e ideológicas decisivas para o homem, como a posição deste em relação a essas situações.[71]

Uma influência das mais fecundas para a formação do conceito de meio homogêneo parece ter sido exercida pelas ideias do crítico de arte Leo Popper, amigo de juventude de Lukács, morto aos 25 anos (ao qual se dirige a carta que aparece no início de *A alma e as formas* com o título "A propósito da essência e da forma do ensaio"). Os textos de Leo Popper dedicados a Bruegel, o Antigo, e à escultura de Rodin e de Maillol foram recentemente reimpressos com uma introdução de Ch. De Tolnay, especialista renomado em Michelangelo, e precedidos da necrologia escrita por Lukács por ocasião da morte de seu amigo (1911) para o *Pester Lloyd*. É certo que o importante conceito da *forma* na arte foi também elaborado em estreita ligação com as ideias de Leo Popper. Suas teses a propósito da necessária distância entre a intenção do artista e a realização efetiva da obra, colocadas na margem da obra de Bruegel, foram desenvolvidas com uma extrema sutileza por Lukács em sua *Estética* e transformadas, de modo surpreendente, em uma lei geral da criação artística. Leo Popper tinha eloquentemente exposto a ambição de Bruegel de reproduzir cada figura e cada detalhe em sua unicidade e sua singularidade, mas tinha mostrado que, além da vontade do pintor, o ar e a cor criavam como que um fluido unificador

---

71 Ibidem, p.668.

entre a multiplicidade e a diversidade das figuras e os objetos evocados. "A flor tinha alguma coisa da água; a água, alguma coisa da rua; o metal, alguma coisa do céu; e não havia nada que não fosse modelado, de algum modo, a partir de todo o resto".

Lukács analisa com muita elegância, no prolongamento das reflexões de seu amigo, o modo como cada acento e cada momento da obra de arte se encontram em relação de comunhão dialética e de consubstancialidade com todos os outros; uns chamam os outros, segundo uma lei que lhes é interna. A sutileza consiste em aplicar *ad rem* as teses de Hegel a propósito do caráter *determinado* de cada negação, a alteridade de um momento em relação aos outros tendo necessariamente um caráter complementar. Cria-se, assim, uma espécie de força coercitiva do meio homogêneo que se exerce sobre a personalidade do artista, de onde resulta uma necessária discordância entre a intenção primeira e o resultado final obtido. Lukács vê o processo de criação como um ato de homogeneização e de essencialização da subjetividade que se realiza sob o domínio de uma emoção determinada (dramática, lírica, pictórica etc.). A homogeneidade específica do *meio* de cada arte (e de cada obra) não é, consequentemente, uma lei física, exterior, mas é ditada pela natureza *sui generis* da emoção geradora. Quando o esteta fala de "resistência" e até mesmo de uma espécie de intolerância do meio homogêneo a propósito de tudo o que derrogava de sua lei interna, pensa não nas regras ou nos cânones dos gêneros vistos por seu lado técnico e formal, mas na "repulsão" que engendra a emoção nuclear de encontro a tudo o que poderia transcender sua livre expansão.[72] "Isso parece com a ação de uma água-forte (*ein Scheidewasser*)", escreve Lukács a propósito da lei do meio homogêneo, "suas partes sadias desabrocham, ganham uma vitalidade, uma intensidade antes insuspeitadas, as partes doentes

---

72 Encontramos o não transcendido do caráter vivido (*Nicht-Transzendieren der Erlebnishaftigkeit*) de que falava a estética da juventude. "Repulsão" é um termo que empregamos seguindo Lukács, que no capítulo "Das Kunstwerk als Fürsichseiendes" ("A obra de arte como sendo-por-si") do segundo volume da *Estética* retirou de Hegel a ideia de "repulsão" em relação à alteridade, a fim de explicar a autossuficiência e o caráter de mundo fechado sobre si mesmo de cada obra de arte.

morrem, desaparecem".[73] Se sublinha, então, na esteira de Leo Popper, a existência de uma inevitável distância entre intenção e realização no ato de criação, é porque deseja valorizar a sujeição que sofre a subjetividade estética. Os preconceitos e as meias verdades são impiedosamente esvaziados, a vida rotineira da consciência desaparece, toda tentativa de impor, por um ato de vontade, uma intenção exterior à lógica imanente do meio homogêneo se choca com uma implacável resistência. O conflito entre intenção e realização é visto como uma fecunda contradição na relação sujeito-objeto, como um apelo dirigido à subjetividade e uma pressão exercida sobre ela para lhe fazer revelar seus estratos profundos. As resistências encontradas constituem um fator que estimula a eclosão, uma força que leva ao aprofundamento e à intensificação, até a realização da "plenitude humana" (der Mensch ganz) que é a marca da arte verdadeira.

Ludwig Binswanger, psiquiatra suíço muito conhecido, discípulo de Husserl e de Heidegger, foi um dos primeiros, depois do fenomenólogo Oskar Becker, a apreciar a função heurística dos conceitos lukácsianos, e fez dele um amplo uso em seu estudo sobre Henrik Ibsen e o problema da realização de si na arte.[74] Não é talvez inútil mencionar aqui o imenso interesse manifestado por Lukács, desde seus inícios, pelo papel do momento objetivo no ato de criação, com o qual esclarecia a eflorescência da subjetividade, sua purificação e sua absolvição através da forma. Isso para precisar que esse interesse (que ilustra as afinidades com as ideias de Leo Popper) explica igualmente o fervor espontâneo que lhe fez mais tarde abraçar a concepção da mimesis na arte, e talvez mesmo sua adesão definitiva ao marxismo, como doutrina filosófica da relação harmoniosa entre subjetividade e objetividade.

Se o conceito de meio homogêneo sensível, específico de cada obra de arte se encontra desenvolvido de modo tão vigoroso na Estética de Lukács, é a título de um antídoto mais eficaz contra o ideologismo e o conteudismo abstrato na interpretação estética, contra o perigo de dissolver a história da arte na história geral das formas de cultura, então, contra os perigos das tentações "qua-

---

73 LUKÁCS, Georg. Aesthetik 1/1, op. cit., p.676.

74 BINSWANGER, Ludwig. Henrik Ibsen und das Problem des Selbstrealisation in der Kunst. Heidelberg: Lambert Schneider, 1949.

se-hegelianas" ou do gênero "*geisteswissenschaftlich*" (perigos denunciados paralelamente por um Croce ou um Wölfflin). A análise rigorosa do movimento de expansão da subjetividade, no espaço particular e por definição limitado do meio homogêneo, até atingir, através de uma específica tensão sujeito-objeto, a consciência de si do homem como espécie, o qual interioriza – assumidas e ultrapassadas – as condições afrontadas, essa análise então visa dar, nesse plano igualmente, uma solução harmoniosa às antinomias tradicionais: as antinomias entre o autonomismo estético radical da teoria da "pura visualidade" e o conteudismo da crítica e da estética de inspiração hegeliana.

Um dos aspectos mais notáveis da estética de Lukács reside no modo como, seguindo o fio de suas ideias, encontra os grandes temas da estética clássica, enfrenta-os e os traz para uma vida nova. Foi assim com o famoso princípio kantiano sobre o caráter "desinteressado" (*die Interesselosigkeit*) do prazer estético, exposto nas primeiras páginas da "Analítica do belo", na *Crítica do juízo*. A natureza contemplativa da arte, por oposição, digamos, ao caráter por hipótese prático da ação moral é inegável para Lukács, tanto quanto para os grandes estetas idealistas, de Kant a Croce. Encontramos aqui as raízes de sua aversão constante ao conceito de "literatura engajada". Tal posição pode surpreender os críticos e os estetas marxistas que não meditaram sobre o objeto de que se ocupam. O problema das relações entre a estética de Lukács e a de Kant (muitas vezes encontrado) é apaixonante, mas pede para ser tratado à parte. Sem dúvida, por toda a sua concepção de arte como *mimesis*, Lukács não pode aceitar a ideia kantiana da indiferença da atividade estética à existência real do objeto representado (então, principalmente, o conceito kantiano de beleza livre, *pulchritudo vaga*). E, no entanto, quando descreve a atividade estética como um processo de homogeneização por concentração da subjetividade, a fim de realizar, em favor de um vivido específico, uma integralidade humana, pendente da consciência de si do homem num estágio determinado da história, Lukács descobre que a "suspensão" dos interesses práticos da consciência é a condição *sine qua non* para chegar a essa dimensão.

O processo de criação artística, como é visto por Lukács, comporta uma volta da subjetividade sobre si mesma, para revelar, através de uma estilização, na transparência das experiências individuais, seu núcleo de pura humanidade e para realizar a passagem do estado heterogêneo e diversificado da existência cotidiana ao estado de concentração e de harmonização na pessoa do "homem integral". Ora, a lógica de tal processo reclama, pela própria natureza da criação artística, o desligamento dos interesses práticos imediatos e sua colocação entre parênteses. O momento de universalidade, inerente à subjetividade estética, supõe a elevação a uma altura em que os sentimentos imediatos e os interesses práticos são neutralizados e desaparecem. Para voltar a esse famoso problema do "desinteresse" da arte, Lukács opta, mais uma vez, por um meio-termo. Sua atitude é polêmica quanto ao utilitarismo e ao pragmatismo estético daqueles que entendem subordinar a arte às intenções práticas imediatas e querem ignorar sua vocação para elevar a experiência à altura da consciência de si do homem como ser humano. Nesse espírito, Lukács sublinha o *relativo* desinteresse como um momento inerente à atividade estética. As obras que, no desconhecimento desse princípio, se viram rebaixar ao nível da literatura corrente "tendenciosa"[75] caíram em desuso.* Mas se Lukács recusa o caráter *absoluto* do desinteresse da atividade estética, na medida em que convida a se abstrair definitivamente da vida prática, é pela razão de que o efeito catártico da obra de arte – entendendo por isso o despertar da consciência de si humana em sua universalidade –, longe de significar um estado de *indiferença absoluta* da consciência criadora e receptora, chega, ao contrário, a imprimir-lhe uma orientação e uma atitude. Essa orientação e essa atitude (a que Lukács chama o *parti pris* imanente à obra de arte) visam contudo não a área dos interesses práticos imediatos, mas a metamorfose da consciência de si e seu acesso a um nível de alta generalidade. Mesmo as obras suscitadas por preocupações imediatas, de Goya a Daumier ou de Petöfi a Maïakovski, têm efeitos duradouros que transcendem o momento

---

75 Lukács dá o exemplo das peças de Dumas Filho, Augier, Sardou etc., e há ali uma nova e reveladora coincidência com os exemplos de "*non poesia*" que Croce cita em *La Poesia*.

* Convém dar o mesmo sentido à crítica dirigida contra o conceito de *littérature engagée*. (N.E.F.)

de sua gênese, quando esse nível foi atingido. O ato de contemplação estética não está, então, hermeticamente isolado do fluxo da consciência prática. Relações de osmose existem entre os dois planos.

Nada exprime melhor a alta ideia da arte proposta pela *Estética* de Lukács do que sua tese segundo a qual a arte teria por vocação dar ao homem sem pátria o sentimento de uma pátria.* O esforço imenso empregado para definir de modo rigoroso a autonomia da arte entre as formas do espírito está estreitamente ligado à valorização da função crítica e desmitificadora da arte no plano sócio-histórico. A tese a propósito da missão desfetichizante (desalienante) da arte é um ponto culminante da estética de Lukács. A opacidade que, muitas vezes, envolve nossa vida se dissipa; os fetiches que nos prendem a eles desaparecem; as fronteiras cruéis ou irritantes que separam a objetividade do mundo e as aspirações da subjetividade se apagam no espaço da obra de arte e na plenitude do prazer estético. É surpreendente que um pensador como T. W. Adorno tenha conseguido encontrar na antiga ideia de *catharsis* uma forma sublimada de *repressão* dos instintos e impulsos humanos, um instrumento "ideológico" de sua neutralização (o termo "ideológico" tomado em seu sentido negativo, de cumplicidade com a ordem estabelecida).[76]

Ao contrário, Lukács vê no sentimento de liberação e de purificação da *catharsis* a vocação irredutível da arte: a realização, em seu espaço homogêneo, de uma harmonia única entre subjetividade e objetividade, entre interioridade e exterioridade. O que tinha iniciado na crítica por um ensaio inspirado e compreensivo dedicado a Novalis, figura exemplar do romantismo europeu, permanecerá fiel, até em sua *Estética* final, à ideia de que a missão da arte é levar o destino e a alma ao ponto de harmonia e de fusão,[77] é restituir ao homem o sentimento de uma parte "natural".

---

* É preciso evidentemente entender a "pátria" em um sentido metafórico e abstrato. (N.E.F.)

76 ADORNO, Theodor. *Aesthetische Theorie, Gesammelte Schriften 7*, op. cit., p.354.

77 Novalis tinha definido a filosofia romântica da vida com as seguintes palavras: "Que destino e sentimento são os nomes de um conceito".

7. NOTAS SOBRE O ÚLTIMO LUKÁCS

A estética e a filosofia da história estiveram em Lukács sempre estreitamente ligadas. *A teoria do romance* já analisava o romance como expressão da "época da perfeita culpabilidade" (Fichte) e desembocava na aspiração a um "novo mundo", do qual Dostoievski devia ser o "novo Homero". As duras lições da História corrigiram o utopismo do jovem Lukács e levaram-no a modificar suas preferências literárias: Balzac tomou o lugar de Flaubert; Fielding, o de Sterne; Tolstoi, o de Dostoievski. A descoberta das astúcias complicadas da História, tendo como consequência a dissolução de uma concepção retilínea do progresso histórico, está na origem do culto do "grande realismo" na estética de Lukács dos anos 1930: o respeito diante das mediações complexas do processo histórico nutria sua oposição à "politização" simplista da literatura na época stalinista, tanto quanto sua recusa em aceitar as simplificações redutoras da arte de vanguarda.

Uma explicação sócio-histórica do pensamento estético e filosófico do último Lukács, de como tomou corpo em suas duas últimas grandes obras, a *Estética* e a *Ontologia do ser social*, deveria partir de sua atitude ambivalente a propósito dos regimes políticos estabelecidos nas sociedades do Leste. No plano da abstração conceitual, os teoremas estéticos e filosóficos de Lukács levam a marca de uma posição determinada quanto à realidade da época stalinista e pós-stalinista (como diria Adorno, são "criptogramas"). No plano político, naquilo em que podia exprimir-se, seu programa era promover reformas de estrutura mediante uma oposição construtiva no interior dos sistemas sociais do "socialismo real": queria ser um porta-voz no plano da teoria de uma *desestalinização* efetiva desses regimes econômicos e políticos, marcados ainda fortemente pela prática e pela ideologia de seu passado.

Suspenso do partido comunista depois dos acontecimentos do outono de 1956, durante os quais foi ministro da Cultura no governo Imre Nagy, permanecerá fora do partido durante onze anos: somente em 1967 voltará a ser membro do partido. A evocação desse episódio é necessária para marcar a ambivalência da posição de Lukács: demonstrava, com coragem, sua oposição à política stalinista e neo-stalinista, mas não pensava em cortar os elos com o partido. Ernst Fischer lhe escrevia, no outono de 1967, uma carta calorosa falando de uma *Bereinigung des Falles Lukács* (a regulamentação do caso Lukács) na ocasião de sua reintegração no partido. A resposta de Lukács é típica por sua reserva e por sua prudência: "A regulamentação do caso Lukács me parece uma coisa muito positiva, se significa o começo de um processo de regeneração ideológica, de que alguns sinais já aparecem", escreve a Fischer. Mas apressa-se a mostrar logo as suas incertezas, deixando transparecer, mal velado, um ceticismo tingido de impotência: "Naturalmente, não há ninguém que saiba como são constituídas, hoje em dia, as verdadeiras relações de força, em que medida o marxismo autêntico (*der wirkliche Marxismus*) pode assegurar-se um lugar na vida pública" (carta de 22-11-1967). Algum tempo depois, respondendo a uma carta de um estudante inglês que lhe fez saber que gostaria de vir a Budapeste para aprender o "verdadeiro marxismo" na universidade, Lukács o desaconselhava vivamente fazer isso: "Em nossa universidade de Budapeste, as coisas vão muito mal para o ensino do verdadeiro marxismo. Nas condições atuais, não se pode admitir nenhuma mudança radical num prazo previsível" (carta de 2-9-1968 para Riggins).

Nos últimos anos de sua vida, Lukács sentiu, com amargura, a contradição entre suas esperanças em uma desestalinização cada vez mais poderosa da vida social e as ações das forças conservadoras. Recebendo uma carta de Adam Schaff, que lamentava, com acentos próximos do desespero, a situação quase impossível imposta ao pensamento marxista na Polônia do fim de 1968 (estamos no período da ofensiva do grupo Moczar), o velho pensador húngaro não escondia, em sua resposta, seu pessimismo e encontrava na descrição feita por Schaff uma confirmação de seus negros pressentimentos: "É verdade ... sabemos que hoje, nesta parte do mundo, não se pode esperar, a não ser dificilmente, notícias alegres".

A invasão da Checoslováquia foi desaprovada, sem reserva, por Lukács, embora ele tenha evitado, por causa da posição tomada por seu partido, fazer declarações públicas. É muito significativo que, quando Bertrand Russell lhe envia um apelo para assinar uma carta coletiva de protesto contra o que se passou na Checoslováquia, no outono de 1968, Lukács, mesmo apoiando, no estilo de sua diplomacia pessoal, as iniciativas e as ações de Russell, não aceita associar-se a uma carta coletiva, argumentando que a justa crítica dos acontecimentos da Checoslováquia corria o risco de transformar-se, no momento em que Russell lhe envia a carta, em um instrumento de guerra fria. (Um pouco mais tarde, ia mencionar nesse sentido, sempre numa carta, as "declarações histéricas" de Ernst Fischer sobre os acontecimentos checos.) A carta de resposta a Russell, datada de 4 de novembro de 1968, trai a mesma ambivalência fundamental da posição de Lukács, sua vontade sincera de uma desestalinização autêntica, acrescida de uma preocupação perpétua em não comprometer a causa do socialismo; tenta andar *na corda tensa da história*, procurando, obstinadamente, uma terceira via entre as recaídas do stalinismo e o abandono das ilusões sobre o comunismo. Informava a Bertrand Russel, no fim de sua carta, que tinha a intenção de exprimir seus pontos de vista sobre o "problema central" dos "numerosos conflitos atuais", isto é, sobre a questão da democratização, num texto particular de caráter científico. Trata-se, com efeito, do manuscrito da *Demokratiesierungschrift*, redigido por Lukács no período seguinte, e que permaneceu até agora inédito.*

---

* O texto acabou sendo publicado, com a autorização do PC da Hungria, apenas em 1985, com o título *Demokratisierung Heute und Morgen* (Budapest, 1985). Em 1987, foi traduzido para o italiano por Alberto Scarponi (*L´Uomo e la Democratia*, Lucarini Editori, Roma, 1987) e em

A leitura da correspondência de Lukács durante os vinte últimos anos de sua vida, cujos textos se encontram classificados em ordem alfabética nos volumosos dossiês em posse dos Arquivos Lukács de Budapeste, é um instrumento de primeira ordem para compreender sua posição, principalmente no período final de sua atividade. Encontram-se frequentemente nas cartas, expressos com estoicismo, o sentimento de sua solidão ideológica e uma tranquilidade resignada diante da impopularidade de um procedimento de pensamento que se opunha conscientemente, com uma certa volúpia, de remar a qualquer preço "contra a corrente" das tendências dominantes no Leste ou no Oeste. Durante a primeira conversa que tive com Lukács em Budapeste, em outubro de 1965, comparava a situação dos marxistas à dos primeiros cristãos, obrigados a se encontrarem nas catacumbas; lamentava, assim, o isolamento forçado, ou mais exatamente o boicote a que estavam condenados aqueles que perseveravam em seguir a verdadeira linha do marxismo. Quando, em outra oportunidade, Adam Schaff se lamentava, em uma carta enviada no outono de 1965, pelos obstáculos encontrados para o desenvolvimento de um pensamento marxista autônomo, Lukács aferrava-se a sua opinião e representava claramente o isolamento fatal que cercava um pensamento marxista autêntico, não conformista e crítico por definição:

> ... [nossa atividade] está ligada a numerosos desgostos e decepções etc. Mas isso é inevitável. Se queremos fazer novamente do marxismo uma força viva, é preciso que sejamos necessariamente impopulares, porque representamos um meio-termo entre as tradições stalinistas e os preconceitos filosóficos ocidentais. Como marxista, não se pode ficar admirado de que se tente, nos dois campos, defender-se e impedir, ou, pelo menos, ralentar, a vitória da verdade. (carta de 22-11-1965)

Lukács se exprime algumas vezes como um doutor da fé ("a vitória da verdade" é antes a fórmula de um crente ou de um missionário), mas o que é preciso lembrar principalmente é a obstinação com que teima em sublinhar sua posição de *outsider*

1989 foi lançado na França (*Socialismo et Démocratisation*), numa tradução de Gérard Cornillet (Messidor/Editions Sociales, Paris). (N.E.)

diante das tendências políticas e ideológicas dominantes nos dois mundos. Alguns anos mais tarde, escrevia a um amigo soviético, que lhe tinha pintado o quadro da situação ideológica confusa e complicada em seu país, uma carta eloquente:

> Tudo o que você escreve é muito interessante e mostra o quanto são complicadas as frentes ideológicas hoje. Isso é válido tanto aqui quanto no Ocidente. Eu mesmo sou olhado aqui, frequentemente, como um revisionista, enquanto, no outro lado, tentam transformar-me em stalinista. Enquanto o problema da própria natureza do marxismo não for esclarecido do ponto de vista teórico, essa situação não pode mudar. É preciso estabelecer, antes de tudo, que Lenin era realmente o continuador de Marx, enquanto Stalin representa essencialmente uma alienação do marxismo (*eine Abwendung von Marxismus*), no melhor dos casos a sua vulgarização. Tento agora, em um livro extenso [*Ontologia do ser social*], esclarecer certas questões fundamentais. (carta de 15-2-1969 a Igor Al...witch)

Quando se trazia à baila "a lenda Naphta" (hipótese segundo a qual teria servido de modelo a Thomas Mann para a figura do jesuíta terrorista de *A montanha mágica*), Lukács reagia com mau humor, não hesitando em descobrir, na agitação em torno da pretensa identidade Naphta-Lukács, uma espécie de guerra fria contra seus textos, com a intenção de comprometê-los, exatamente no momento em que seu pensamento começava a ter audiência em certos países do Ocidente. Sabendo que Melvin Lasky o atacava no momento em que três de seus livros apareciam em tradução inglesa, Lukács respondia secamente: "Só se pode ficar contente em ter-se um Melvin Lasky como inimigo e não como amigo" (carta a Michael Lifschitz de 8-8-1964). Ao professor Podach, de Heidelberg, Lukacs escrevia no mesmo dia: "No que se refere ao caso Naphta, trata-se de uma velha fofoca literária. Hoje, que meus textos se espalham um pouco em toda parte, é colocado na berlinda. Não sei o que existe de verdade nesse boato, e isso não me interessa". Mas na carta que enviou a M. Lifschitz era, mesmo asssim, um pouco mais claro:

> Uma vez que Thomas Mann sempre tinha o hábito de utilizar, para os seus romances, traços de pessoas que conhecia, não se

pode excluir que exista uma certa verdade nessa história. Quanto a mim, acho que muitos traços exteriores, em Naphta, não têm nem mesmo uma verdade fotográfica; quanto a suas ideias, o próprio Thomas Mann reconhece que são de sua própria invenção.

Lukács consagrou os últimos quinze anos de sua vida a redigir suas duas grandes obras de síntese: a *Estética* e *A ontologia do ser social*. Começou a trabalhar em sua *Estética* antes de 1956, depois de ter terminado um livro de introdução à problemática que devia desenvolver em seu *opus magnum*: *Introdução a uma estética marxista*,[1] mas a redação foi interrompida pelos acontecimentos de 1956 na Hungria. Escrevia no dia 2 de agosto de 1956 a Bottigelli: "A viagem à Itália, nesta primavera, ao mesmo tempo em que as lutas ideológicas se alastram em nosso país, me afastaram de tal modo da *Estética* que quero ocupar todo o inverno exclusivamente com essa obra". Estava longe de imaginar que ia passar aquele inverno em condições bem diferentes, deportado na Romênia, para onde foi enviado com Imre Nagy e outros políticos protagonistas do outono húngaro de 1956, depois que deixaram juntos a embaixada da Iugoslávia onde se refugiaram. (Em seu texto autobiográfico *Gelebtes Denken* [Pensamento vivido],[2] redigido pouco antes de sua morte e inédito até o momento, Lukács qualificava, apesar de tudo, de "erro grosseiro" o fato de ter procurado asilo na embaixada da Iugoslávia, provavelmente porque julgava que esse ato pudesse ser interpretado como uma confissão de culpabilidade.) Voltando a Budapeste, após sua estada romena, em abril de 1957, pôs-se a trabalhar com furor, e em menos de três anos terminou a redação do manuscrito da *Estética*, uma obra de mais de 1.700 páginas, que em fevereiro de 1960 estava revisando. Durante uma conversa em Budapeste, confessou-me que, no início, uma vez terminada a

---

1 Lançado pela primeira vez, em italiano, em 1957, pela Editori Riuniti, e cujo prefácio está datado de Bucareste, dezembro de 1956. [Tertulian se refere ao livro *Über die Kategorie der Besonderheit*, publicado na Itália, com o título *Prolegomini a un'Estetica Marxista* e, no Brasil, como *Introdução a uma estética marxista*, numa tradução de Carlos Nelson Coutinho e Leandro Konder (Rio de Janeiro, Civilização Brasileira, 1978). (N.E.)]

2 Lançado na Itália, em 1983 (*Pensiero Vissuto*, Ed. Reuniti). [Trechos foram publicados na revista *Ensaio*, n.15/16, 1986. (N.E.)]

redação, encontrou muitas dificuldades para obter a autorização para enviar o manuscrito a seu editor alemão. A publicação na Alemanha Federal era admitida com a única condição de que ele próprio deixasse seu país, a Hungria; era, pelo menos, o ponto de vista do funcionário do partido que tinha lido o manuscrito. Aliás, no dia 7 de fevereiro de 1959, escrevera a Bottigelli: "Quão longo será o caminho até a publicação, realmente não sei. Esperei também para o *Hegel* dez anos" (trata-se de seu livro sobre *O jovem Hegel*, que terminou, em Moscou, durante sua emigração, em 1938, mas que não pôde ser publicado senão dez anos mais tarde, em Zurique e Viena).

A publicação da *Estética*, em 1963, pela Luchterhand Verlag esteve longe de provocar os grandes ecos que podiam ser esperados. Mesmo atualmente, essa obra de dois extensos volumes, a primeira tentativa de formular os princípios de uma estética marxista com instrumentos teóricos de grande envergadura, ficou em parte desconhecida ou pouco analisada em profundidade. George Steiner foi um dos primeiros a lhe consagrar uma resenha no *Times Literary Supplement* (junho 1964); assinalava a importância do livro, não sem esboçar algumas reservas e objeções de princípio. Lukács lhe escreveu uma carta acusando o recebimento do artigo, mas demonstrando sua convicção de que a verdadeira discussão do livro permanecia uma questão aberta para o futuro: "Um livro tão detalhado tem necessidade de um tempo de incubação de vários anos". Ernst Fischer esteve entre os raros a participar-lhe seu entusiasmo pela *Estética*, quando recebeu o livro e à medida que avançava na leitura, não hesitando em comparar a *Estética* de Lukács à de Hegel, mesmo se já deixava transparecer reservas (que, aliás, formularia de maneira mais explícita num estudo publicado, em tradução inglesa, no número especial consagrado a Lukács pela revista americana *The Philosophical Forum*, em 1972). Quando, em 1964, Fischer pediu a seu amigo mais velho notícias sobre o impacto de sua grande obra, Lukács lhe respondeu que não tinha podido registrar até o presente nenhum "eco razoável", e acrescentou uma breve observação seca, que traía seu tédio: "O que se escreve lá, na Alemanha, é um monte de tolices" (carta de 12-6-1964).

Lukács estava enfrentando havia muito tempo uma situação paradoxal: enquanto suas obras da juventude estavam cercadas, principalmente pela *intelligentsia* ocidental, de elogios muitas vezes desmedidos (podia-se encontrar mesmo o epíteto de "genial" aplicado ao jovem Lukács), suas obras da maturidade, aí compreendidas a *Estética* e a *Ontologia* (os fragmentos publicados), nas quais investiu o melhor de sua energia intelectual, impunham-se muito lentamente e com muita dificuldade, o que não deixava de ser reafirmado na solidão de sua trajetória. Para escolher um exemplo típico, Lucien Goldmann, que fez tanto pela exegese das obras da juventude de Lukács, acolheu o aparecimento da grande *Estética* sem a menor reação, com uma indiferença absoluta. É preciso dizer que, durante a remessa para Lukács de seu livro *Le Dieu caché*, que Lukács, aliás, apreciaria como uma obra interessante, Goldmann recebera daquela pessoa que não cessava de glorificar como "o maior pensador do século XX", mas, exclusivamente, pela contribuição trazida por suas obras da juventude, uma carta extremamente significativa que revelava claramente a sua intenção de não aceitar categoricamente todo o discurso goldmaniano sobre sua obra:

> Se eu estivesse morto por volta de 1924, e se minha alma imutável tivesse olhado vossa atividade literária do além, estaria plena de um verdadeiro reconhecimento por ocupar-vos tão intensamente com minhas obras da juventude. Mas, como não estou morto e, durante trinta e quatro anos, criei o que deve chamar-se de a obra de minha vida e como, em suma, para vós, essa obra não existe de forma alguma, é difícil para mim, como ser vivo, cujos interesses são dirigidos, evidentemente, para a sua própria atividade presente, levar em conta vossas considerações.

Essa carta, enviada no dia 1º de outubro de 1959 e que é uma amostra do estilo epistolar lukácsiano, mistura de inflexibilidade e cortesia, marcou profundamente o fim das relações propriamente ditas entre Lukács e Goldmann (que foram, aliás, muito pouco desenvolvidas no plano epistolar).

Os testemunhos de Lukács sobre suas próprias obras, recolhidos em suas cartas, mostram que ele se considerava um pensador de uma "época de transição", cujo trabalho teórico era inevitavelmente marcado por tentativas e incertezas. Longe de ter a segurança do filósofo que propõe, por suas obras monumentais, uma síntese da história, e cujo exemplo superlativo permanece em Hegel, rejeitava a comparação com esse último feita por Ernst Fischer, impressionado com a envergadura da síntese tentada pela *Estética* lukácsiana. A ideia que volta como um *leitmotiv* nas numerosas cartas dos dez últimos anos de sua vida era que, após a longa noite do período stalinista, que pervertera e mutilara o pensamento marxista em sua própria estrutura, as categorias fundamentais desse pensamento deviam ser submetidas a um reexame radical e que sua missão era ser, com sua *Estética* e sua *Ontologia do ser social*, um dos pioneiros desse "renascimento do marxismo". Encontram-se mesmo declarações autocríticas, bastante singulares, quando se pensa que ele não submeteu nunca a uma prova crítica séria a posição estética expressa em seus numerosos textos dos anos 1930, 1940 ou 1950, o período stalinista, portanto (mostrou-se, ao contrário, preocupado em enfatizar o caráter "oposicional" de sua posição em relação à linha oficial stalinista-jdanoviana): "Estamos todos em profundo desacordo (*tief uneinverstanden*) com os esquemas de nossa concepção passada da arte", escrevia a Fischer em uma carta de 23 de janeiro de 1961. Mas, nele, a crítica do dogmatismo se acompanhava, naqueles anos, da preocupação em se destacar simetricamente daqueles que, em nome da mesma crítica aguda ao stalinismo, lhe pareciam afastar-se dos próprios fundamentos do marxismo: "Quando se pensa – certamente, eles tratam de outros temas* – em pessoas tão dotadas como Kolakowski ou Lefebvre, podemos dar-nos conta claramente desse perigo". (É evidente que hoje não se admite mais colocar no mesmo plano os dois nomes, diante de sua evolução, posterior à carta de Lukács, que se revelou tão diferente.) À carta de Fischer sobre sua *Estética*, de Viena, datada de 5 de junho de 1964, que lhe dispensava muitos elogios, respondia mostrando-se aberto para receber objeções e críticas, mesmo se rejeitava com desdém as recebidas até aquele momento:

> Com tudo isso, não penso de modo algum que, em meu livro, não existam coisas muito discutíveis (*an dem Buch nicht sehr viel problematisches sein muss*). Eis por que eu estou muito ávido por ouvir tuas dúvidas e tuas objeções. A comparação com Hegel é

---

* Diferentes dos da estética. (N.E.)

naturalmente muito elogiosa, mas igualmente exagerada. Colo-cando-se de lado a diferença dos talentos, Hegel podia fechar um período, enquanto minha *Estética* não é muito mais do que o impulso de uma nova mola do marxismo. (carta a Fischer de 12-6-1964)

As divergências das concepções estéticas entre Lukács e Ernst Fischer merecem ser examimadas. Fischer se mostrava cada vez mais condescendente em relação às obras de vanguarda literária e artística do século XX, apresentando, em seus artigos, grandes elogios a escritores como Joyce, Musil ou Beckett. Lukács defen-dia com intransigência sua crítica de princípio a respeito desses mesmos escritores, com nuances, tentando, entretanto, em suas cartas explicar as razões profundas de uma posição estética ri-gorosa, que lhe valeu, aliás, críticas e ataques de uma violência inaudita – pensamos, entre outros, no famoso artigo publicado em 1956 por Adorno na revista *Der Monat* com o título "Erpresste Versöhnung" ("A conciliação forçada"). É preciso lembrar que os conceitos fundamentais da estética lukácsiana eram os de *integralidade humana* (*der Mensch ganz*) e de *muldimensionalidade* na evocação da vida. Uma vez aceita sua ideia de que nossa época é um "período de transição", isto é, de crise profunda dos antigos valores, tanto os do Ocidente capitalista como os do socialismo de caserna à Stalin, e de gestação incerta de novos valores, acreditava-se habilitado a questionar os escritores e os artistas sobre o modo como refletiam, em suas obras, essa crise, e, principalmente, sobre o modo de dominar e de controlar esse sentimento de crise com um trabalho intenso sobre sua própria subjetividade, mediante um enraizamento no que Lukács gosta-va de chamar de "a indestrutibilidade da substância humana". Em 1958, Ernst Fischer publicava, na revista *Sinn und Form*, um artigo ("Die Mystifikation der Wirklichkeit") no qual não fazia somente o elogio dos escritores do século XIX, como Melville, ou do século XX, como Maiakovski, Brecht, Laxness ou O'Cassey, como representativos de uma literatura impregnada de espírito humanista, mas falava também de Musil como um "grande es-critor", e de Joyce, Pound ou Gottfried Benn como artistas im-portantes, criadores de valores duráveis. Lukács aproveitava a ocasião desse artigo para tentar explicar, numa carta de 2-11-

-1958, a "sutil diferença" existente entre eles no plano do julgamento estético. Seu ponto de partida era uma reflexão sobre as ameaças poderosas e múltiplas que pesavam sobre o homem e sua substância em nossa época; na carta a Fischer, seu centro de interesse era a imagem literária dessa crise.

> A complicação nasce do fato de que distorções da imagem do homem aparecem também de um modo trágico, isto é, nas pessoas que perseguem o bem, que sofrem com essas distorções, que, do ponto de vista subjetivo, creem lutar contra elas. Acredito que a diferença entre nós reside no fato de que – ainda que eu compreenda igualmente todos esses motivos – defendo a causa de *um modo mais intransigente para a integridade dessa imagem* (uma tal diferença existe entre nós no julgamento sobre Musil) ... [destaque nosso]

E Lukács aproveitava a ocasião para observar essa viga mestra de todo o seu pensamento estético: a defesa da integridade humana, partindo de uma imagem muito exigente do que é a substância humana, esteve, no fundo, na origem dos numerosos ataques dirigidos "de todos os lados" contra seu pequeno livro *Wider den missverstandenen Realismus* [A significação presente do realismo crítico], lançado em 1958, ataques que repousavam, muitas vezes, numa incompreensão total de seu pensamento mais profundo (é verdade que Adorno percebia, por exemplo, no artigo supracitado, que Lukács dava involuntariamente uma espécie de "boa consciência" à posição soviética na matéria). "A essa incompreensão, devemos nos resignar", escrevia Lukács a Ernst Fischer, acentuando uma posição que ele reconheceria frequentemente: a de um pensador mal compreendido.

Anos mais tarde, encontra-se desenvolvida essa mesma ideia, dessa vez com uma argumentação muito mais histórica, numa carta endereçada a um de seus correspondentes privilegiados, o germanista italiano Cesare Cases. Lukács lembra, de passagem, sempre o caso de Musil, opondo-lhe o escritor que, para ele, mantém, quase em toda a parte, um valor exemplar, Thomas Mann:

> Acredito que a geração de escritores que é considerada hoje a mais decisiva passou por mais mudanças históricas do que qual-

quer outra antes dela (a Primeira Guerra Mundial, as revoluções de 1917-1918, o fascismo, a Segunda Guerra Mundial, a virada que começa atualmente) mas há muito poucos escritores que possuem o princípio de "*stirb und werde*" ("morre e renasce") na medida em que o possuía Thomas Mann. Você observou, de um modo notável, o enterramento (*das Steckenbleiben*) em Musil. Ora, eu não sei se não seria possível oferecer, a partir desse ponto de vista, um resumo dessa literatura, isto é, expor como agiu, no plano artístico, a compreensão ou a incompreensão de uma curva da História e onde se encontram as fontes do êxito (*der Bewährung*) ou do fracasso. (carta de 5-1-1966)

O calor, se não o entusiasmo, com o qual recebeu a novela de Soljenitsin *Um dia na vida de Ivan Denissovitch*, e seus dois primeiros romances, *O primeiro círculo* e *O pavilhão dos cancerosos*, se explica justamente por sua convicção de que, pela primeira vez, a grande crise histórica do stalinismo acabava de encontrar uma expressão literária adequada. Prestes a ver na literatura inaugurada por Soljenitsin a via de uma possível regeneração do "realismo socialista" (tomando-se o conceito na acepção rigorosa que gostava de dar-lhe, inteiramente oposta ao otimismo beato da acepção corrente), Lukács fazia questão de prevenir um de seus amigos soviéticos, na carta que lhe endereçava no dia 15-2--1969, que, do ponto de vista ideológico, segundo ele, Soljenitsin seria antes "*ein plebejischer Demokrat*" ("um democrata plebeu") e em nenhum caso "*ein marxistischer Kommunist (im guten Sinne)*" ("um comunista marxista, no bom sentido do termo"). Pela observação contida em seus parênteses: "*im guten Sinne*", pode-se dizer que Lukács conseguiu distinguir nitidamente os "bons" e os "maus" comunistas; quanto a seu julgamento sobre Soljenitsin, mereceria uma discussão aprofundada, que não cabe aqui.

Absorvido pela redação das grandes obras teóricas elaboradas no fim de sua vida, Lukács respondia muito raramente às críticas múltiplas, vindas de todas as direções, às quais os seus diferentes textos eram submetidos: quando acontecia de explicar--se a seus adversários, fazia-o, de preferência, por observações muito breves, alçando-se intencionalmente ao reino dos grandes princípios. As charges polêmicas de um Sartre ou de um Adorno ficaram sem resposta direta. Nunca se confrontou de um modo mais detalhado com os textos da escola de Frankfurt.

As observações intermitentes sobre um ou outro dos representantes dessa escola que se podem recolher em suas cartas nem por isso são menos interessantes para situar seu pensamento em relação a essa importante corrente de ideias. Já em suas *Conversas** (com Kofler, Abendroth, Holz) achou bom definir, com uma intenção polêmica manifesta, o espírito dessa escola como o de uma simples "secessão" no interior do academismo universitário alemão. Sua observação, formulada no prefácio de 1962 à *Teoria do romance*, sobre o caráter conformista do "não conformismo" de Adorno é bem conhecida. Em uma carta de 12 de agosto de 1967, endereçada a Cesare Cases, na qual respondia a seu correspondente a propósito da *Dialética negativa* de Adorno, encontra-se, sob uma outra fórmula, a mesma ideia: "Não li, até o momento, a *Dialética negativa* de Adorno, ainda que Agnes Heller diga também que, em alguns lugares, seja bastante interessante. Devo dizer que detesto profundamente esse revolucionarismo 'respeitável'". É evidente que Lukács não podia nutrir nenhuma simpatia pela sinonímia estabelecida por Adorno entre a lógica do coletivo e a "identidade repressiva". Durante uma de minhas últimas visitas a Lukács, no fim dos anos 1960, ele estava lendo a *Dialética negativa* de Adorno. Destacou, na conversa, a divergência radical que o separava de Adorno sobre um problema filosófico tão capital quanto o da *liberdade*: "Adorno nega o essencial do ato livre: o fato de ele estar fundamentado em *alternativas*", dizia mais ou menos Lukács. Quando lhe pedi que me indicasse o texto de Adorno que justifica essa afirmação, ele se levantou de sua escrivaninha e se dirigiu, com um passo rápido, a sua biblioteca, onde pegou a *Negative Dialektik*, fazendo-me ler, na página 223 da edição alemã, uma nota de pé de página marcada com lápis verde. Apresento aqui, como citação, duas frases extraídas da passagem incriminada por Lukács: "Só seria livre o que não tivesse que se dobrar a nenhuma alternativa, e, na efetividade, é um índice de liberdade recusar-se a toda alternativa. A liberdade significa a crítica e a transformação das situações, e não sua ratificação por decisões tomadas no quadro de sua estru-

---

* Edição brasileira: *Conversando com Lukács*. Tradução de Giseh V. Konder. Rio de Janeiro: Paz e Terra, 1969. (N.E.)

298 NICOLAS TERTULIAN

tura constrangedora".[3] Lukács tocava, com sua observação, nos fundamentos de suas divergências com Adorno: para ele não havia ato teleológico que não estivesse enraizado nas séries causais objetivas; a escolha diante das alternativas precisas lhe parecia ser constitutivo de cada ato livre. Enquanto Adorno ficava ilhado na antinomia entre a irredutibilidade da singularidade e da pressão repressiva da "generalidade" (sinônimo para ele de "coletividade"), desembocando inevitavelmente numa visão muito pessimista da História, Lukács continuava convencido da possibilidade de ultrapassagem da negatividade através das complicadas astúcias e das inumeráveis mediações da História. Uma passagem da *Dialética negativa* que tratava da morte e denunciava o discurso positivo sobre o "sentido da vida" estava anotada por Lukács com uma única palavra: *Semprun*; fazia alusão ao livro de Jorge Semprun *A grande viagem*, que admirava muito e gostava de invocar como ponto de apoio para uma de suas ideias preferidas: a não resignação e a não capitulação diante do mal.

Sobre Herbert Marcuse, encontra-se em uma carta dirigida a Ernst Fischer (que acabava de escrever a Lukács que tinha encontrado Marcuse em Salzburg) uma observação sumária, não obstante sintomática, da atitude de Lukács, que devia nutrir uma simpatia real pela crítica do homem unidimensional na sociedade do capitalismo tardio, mas também fortes reservas quanto à síntese entre a metapsicologia de Freud e o marxismo: "A conversa com Herbert Marcuse foi provavelmente muito interessante. O que li dele é uma mistura original de verdadeiro e de falso" (carta de 22-11-1967).

No que se refere a Ernst Bloch, deixando de lado algumas cartas trocadas entre os dois antigos amigos no último período de suas vidas, convém transcrever uma passagem da carta, resposta ao professor Podach, de Heidelberg, que reflete o resfriamento, nos anos 1960, das relações entre Lukács e Bloch, marcadas por divergências filosóficas e literárias importantes: "No que se refere a Bloch, fui um grande amigo dele durante minha primeira juventude. É certamente um homem cheio de espírito e um bom estilista. Mas quanto a *O princípio esperança* eu não posso testemunhar nenhum interesse" (carta de 13-1-1964).

---

3 Página 178 da tradução francesa, Edições Payot, 1978.

Gostaríamos de nos deter, enfim, num problema que forneceu, há anos, matéria para uma literatura crítica extremamente rica: as relações entre Lukács e Brecht. Parece-nos evidente que Lukács não compartilhava, de modo algum, as opiniões daqueles que atribuíam às divergências estéticas entre ele e Brecht um alcance considerável. Não sem assombro, e talvez não sem irritação, era obrigado a constatar que muitos de seus amigos olhavam os textos de Brecht a seu respeito como contendo material explosivo para todo o seu pensamento estético. Fingia não levar muito a sério o que ele chamava, em uma carta a Cesare Cases, de *"die sogennante Brecht-Lukács-Frage"* ("a pretensa questão Brecht-Lukács"). "Acredito que cada um de nós foi para o desenvolvimento do outro uma figura de tal forma episódica, que a rica literatura sobre essa relação se parece muito com uma discussão bizantina" (carta de 15-11-1966). Quando lhe participavam revelações contidas nos escritos póstumos de Brecht em que se descobriram textos de extrema violência (falavam-lhe de um livro de Helge Hultberg sobre *As visões estéticas de B. Brecht* a respeito de alguns de seus artigos dos anos 1930), pareceu tratar toda a questão com uma indiferença soberana: "Quanto à minha relação com Brecht, devo dizer que tenho muito pouco interesse pelo que vai ser publicado a meu respeito em seus textos póstumos" (carta de 20-2-1967).

Lukács exprimia muitas vezes em suas conversas seu grande pesar por não ter podido consagrar à obra de Brecht um amplo estudo crítico. Reconhecia de bom grado que as poucas páginas sobre Brecht que ele acabava de introduzir no texto de seu livro *La signification présente du réalisme critique* para a edição de suas obras pela Luchterhand, e que, aliás, figuravam também no prefácio a uma reedição de sua *Brève histoire de la littérature allemande* eram completamente insuficientes para substituir a análise de um escritor que considerava "o maior autor dramático realista de seu tempo". Diante das visitas que lhe lembravam as críticas de Brecht a seu respeito, gostava de lembrar, para mostrar o exagero do que se escrevia em torno de suas divergências, a visita que Brecht lhe fizera durante sua passagem por Moscou quando ia para os Estados Unidos, em 1941: naquela ocasião, Brecht lhe teria dito que havia pessoas que tentavam, a qualquer preço, aumentar suas divergências e semear a discórdia entre eles, mas que ambos deviam opor-se a tentativas semelhantes e fazer um pacto de solidariedade. Por outro lado, não se tem certeza de que Lukács tenha finalmente tomado conhecimento dos textos mais virulentos a seu respeito que foram encontrados nos papéis de Brecht.

Demonstrava, no mesmo sentido, as relações muito cordiais que se estabeleceram entre ele e Brecht nos últimos anos do poeta o fato de que, na morte de Brecht, a viúva desse último exprimiu o desejo de que participasse da cerimônia fúnebre (em que, aliás, pronunciou um discurso). Além disso, encontra-se entre os papéis da correspondência de Lukács a carta que Hélène Weigel lhe remetera naquela ocasião, de Berlim, datada do dia 16 de agosto de 1956:

> Como um dos amigos mais íntimos de Brecht, eu te peço que estejas presente, sexta-feira, aproximadamente às nove horas, para o seu enterro, no cemitério Dorotheen, em Chausseestrasse. Diante do desejo expresso por Brecht de que somente seus amigos mais íntimos estivessem presentes, eu te peço que mantenhas a mais absoluta discrição. Ton [Hélène Weigel].

É evidente que, evocando todos esse detalhes biográficos, e independentemente do que Lukács tenha pensado sobre isso, não temos de modo algum a intenção de diminuir a importância das divergências estéticas entre ele e Brecht. Sobre o fato de que essas divergências não eram puramente estéticas mas se enraizavam nas tomadas de posição política bem diferentes nas duas personagens na época dos anos 1930 encontra-se uma confirmação explícita da parte de Lukács em uma carta que endereçou, em 1961, a Hans Mayer. Lukács lembrava a oposição entre o espírito do discurso pronunciado por Brecht, em 1935, durante o primeiro congresso dos escritores antifascistas em Paris, no qual Brecht defendeu uma linha de *classe* fundamentada no antagonismo proletariado-burguesia na luta antifascista, enquanto Lukács era um defensor da política da frente popular, fundamentada em uma larga aliança das forças democráticas no combate antinazista.

No plano literário, isso se traduzia pela oposição entre o princípio da "figuração orgânica" das situações e das personagens, baseada no respeito às articulações e aos tecidos capilares da realidade, sem sacrificar a complexidade de suas mediações, defendido por Lukács, e o princípio do "teatro didático", de Brecht, no qual os "efeitos de distanciamento" e a "montagem" eram utilizados de um modo programático para marcar a tomada de posição do autor. Lukács defendeu até o fim, com inflexibilidade, a tese, aparentemente paradoxal, de que Brecht criou suas obras maiores, as de seu último período, não *conforme* seu programa estético, mas *a despeito* dele. Uma carta de 17 de setembro de 1966 endereçada a Cesare Cases contém uma passagem reveladora nesse sentido. Começava sugerindo a seu amigo que escrevesse um estudo crítico para demonstrar que a grandeza das peças de Brecht (fazia alusão, evidentemente, às do último período, inauguradas por *Mãe coragem*) tinha sido adquirida pelo "triunfo do realismo" (fórmula de Engels a propósito de Balzac) independentemente das intenções e do programa do autor.

Quer dizer que Brecht criou grandes coisas, não a partir das teorias modernistas, mas contra essas teorias. Tenho o hábito de dizer que, com uma grande intuição poética, Brecht nos mostra a filha de *Mãe coragem* como muda, para que, a priori, na última cena, soberbamente trágica, todo *"efeito de distanciamento"* (*Verfremdungseffekt*) se torne impossível.

Lukács tentava assim encontrar, mesmo nas obras daquele que era considerado por muitos seu perfeito antípoda, uma confirmação da justeza integral de seus princípios estéticos.

SOBRE O LIVRO

Formato: 14 x 21 cm
Mancha: 23 x 42 paicas
Tipologia: Goudy Old Style 11/13
Papel: Pólen 80 g/m² (miolo)
Cartão Supremo 250 g/m² (capa)
1ª *edição*: 2008

EQUIPE DE REALIZAÇÃO

Edição de texto
Maurício Balthazar Leal (copidesque)
Maria Silvia Mourão
e Alberto Bononi (revisão)
Oitava Rima Prod. Editorial (atualização ortográfica)

Editoração eletrônica
Oitava Rima Prod. Editorial

Imagem da capa: 42-17773041- © Hulton-Deutsch Collection/CORBIS/
LatinStock

Impressão e acabamento

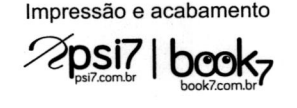